两岸一世情

我的大陆岁月

吴国祯 ◎著

中国文史出版社

CHINA CULTURAL AND HISTORICAL PRESS

吴国祯（2005年）

辑四　感言与思考：两岸关系探寻 ────────

辑五　怀念故友

辑一

与台湾青年朋友的通信

谈大学的学习（1）

我是1966—1970年在台湾清华大学化学系学习的。这虽然已是40多年前的事情了，但至今印象犹深。毕业后，我到金门当了一年兵，接着就到美国留学，因缘际会，在1977年就来到北京，在中国科学院化学研究所工作，1995年，转任北京清华大学物理系教授。这当中的时光，我一直都在学界工作，并且也一直都和学生有接触。经过这些经历，回忆过往，特别是在台湾清华大学四年的学习，现在我就较有把握，可以和年轻的朋友同学（包括大学乃至研究所的研究生也可以参考）谈谈如何过好大学的学习生活。

大学的学习，不论何系，我觉得最主要的是，学习好何谓真、善、美。所谓真，就是不论是文科，还是理科，都得在大学的四年中，具备基本的科学素养，正确的思维逻辑方式。善者，这较好理解，简单说就是有"悲天悯人的大爱之心"。美者，就是树立好较高超的对美好事物，不单是对绘画、音乐等艺术作品，而是包括科学之美、自然之美、世间一切之美的感受和鉴别能力。这样在我们未来的一生中，都能够有个坚实的自我认知，宽广的胸怀、视野，从而不论处在何种顺境、逆境，都能做到"自强不息"。不仅如此，对于我们生活的周遭世界，也能有所回馈和赋予——厚德载物。清华大学的校训：自强不息，厚德载物，是梁启超在清华大学一次的演讲中提到的，以后就成为清华人的共识。这八个字，高度概括了从个人到社会的关系，实在是人生的座右铭、人生的指南针。

大学的学习，也不论是理科、文科，我觉得很重要的是树立起一个有历史观的认知思维，做一个有历史感的人。我们生活的今天，是从昨日延伸过来的，我们的今天，也必然往未知的明天延伸。明天、未来是真的不可知吗？说是也是，说不是也不是。这是一个复杂的问题。但不论如何，一个知晓过往的人，总比不知晓的人，更能看清楚昨天和今天，也必然更能知晓明天和未来的可能。如此，这个人就说是较有"智慧"了。书本、课堂的学习更多的只能增加我们的知识，然而个人智能的提升，就更多的有赖于我们的认真学习、思考和探讨过往的历史。我以为这在大学的生活中，是非常重要的一个历练。经过大学学习，我们从一个"人云亦云"的小孩，能成长为一个具有历史概念、看事具有一定"智慧"的人，这不就是我们大学生的渴求吗？！如何学习历史，如何树立起历史的观感，当然也不是一个简单的问题，不论如何，这是我们一个努力的方向，我们追求的方向，不仅是在大学的这几年，而且可以贯穿在一生中。

历史的学习，自然不限于书本，而其内容也不限于"你争我杀"的政治斗争。历史的视野是宽广的。历史的空间也是无限的，不论古今中外。自然，我们个人的兴趣能量有限，学习历史也必然要有重点。我个人的爱好是人物的传记，特别是中国的历史人物。我以为人的一生就只能生活在一个特定的时间段，每人也只能过自己的一辈子，并且也差不多只能生活在一个相对固定的地理范围。然而，通过对历史人物事件的认知，就扩展了我们生活的时间和空间，这真是一个无尽无边的自由王国啊！历史的借鉴就是你能从古今中外的经验里面吸取一些可以超越自己局限的东西，让自己看事情看得明白，这就是智慧了。

2001年底，我曾到陕西韩城拜谒司马迁的祠堂墓地。元代忽必烈对司马迁特别推崇，现在的祠堂墓地是忽必烈给修建的，其上有一株忽必烈手植的古柏。此地处在一个高矗的山冈上，往东，可以远眺远处的青山和由北往南的黄河。青山黄河，伟大的山河哺育了伟大的史学家司马迁。

写于2011年3月

4

谈大学的学习（2）

大学里，一般还是以课堂的授课方式为主。然而，我们还得承认，课堂里老师所能教给我们的东西实在不多，如果再刨去一些无用的内容、课程，这样，我们在大学里所能从课堂里学习到的，也就很少了。现在，上网方便，网上的东西，无远弗届，瞬时可得，即便如此，我们还忽略不得图书馆的作用。大学的学习，我以为利用好图书馆是很重要的一环，最理想的是能规划好读书学习的内容。在我上台湾清华的那个时期，清华就已有了很不错的图书馆，特别是外文图书的方面，可谓全省第一的。我那时虽然上的化学系，但却从图书馆里学到了不少物理，以及历史方面的知识。所以，我很是感谢新竹的"清华"，从上图书馆，也培养了我一生自学的良好习惯。

一般人，可能不喜欢学习物理，然而学习物理是有趣的，因为它和我们的世界观、人生观有关。其实，不是专业物理的人也可以学习物理的，我也认为就算是专业学习物理的同学，将来也不一定从事研究物理学的相关工作。很多事实说明，学习好物理的人，将来不论他们从事哪个行业，他们的起点总会比别人高。这就是说，学习物理，不一定是"有用"的，但却是"很有用"的。

我对物理可谓情有独钟，我既学习了化学，又学习了不少物理的东西。在我的学术生涯中，物理的视角和思维方式，可谓助我良多。我们谈及文学、艺术、音乐的伟大作品时，总会带给我们难以言喻的"兴奋感动"，一种纯真的美。如此的美感其实和物理之美是相一致的。而对物理的感悟和探索，也和对历史的追寻（考古）是相通的——究天人之际，通古今之变。

现代物理学的认知，让我们更加深入地了解到"辩证唯物"的思维基础——物质是第一性的。诚然，如我们现在了解到时间、空间存在的基础是物质，易言之，没有了物质的存在，时间、空间也就不存在的。现在，我在北京清华物理系讲授"混沌动力学"，从中，我更加体会到混沌现象的本质就是紧

5

紧和辩证法的思维联系在一起的。大家或也熟悉佛法，特别是禅宗的内涵，也是和辩证法相扣的。关于这些有趣而重要的内容，以后我还会再提及。

说起物理学家，我最佩服的是费曼（R.Feynman）。坊间关于他的书籍不少，建议大家阅读。费曼不仅是位令人佩服的物理学家，更是一位纯粹的人。他鄙视世俗的庸俗，也是个非常浪漫、多才多艺的才子，仿佛是物理真、美的化身。我们不仅在学习物理，在其他方面，也要学习他的这种高尚的情操和素养。

大学里，其他要注意的内容还不少，我就简单再说几点：积极参加社团，结交不同专业的同学。虽然，现在打字代劳的情况多了，但能练好、写好一手漂亮的字，也是自己一辈子赏心悦目的事。有机会，除了英文外，能学个第二外语，如法语，也是很关键的。良好的生活习惯，不是天生的，完全是可以学习得来的。在大学里，注意借鉴同学们的良好习惯，为己之用，也将是一生之福。

总之，我们希望大学的学习，能让我们在各个方面都有一个较大的进步和变化。不仅学有知识，且能富有智能，成为一个"不和一般人一般见识"的人。

写于2011年4月

何谓科学精神？

我经常和学生讲到这个事情：

"文革"期间，有个在湖北下乡，当"赤脚医生"的女知识青年（当时的"知识青年"，就是初高中毕业生。"赤脚医生"就是农村的卫生员），在人们破除迷信的年代，冒险从烧毁迷信的火堆中抢回不少的算命书。这个女青年以为算命固然是迷信，但是这些算命书上有关人们指纹掌纹的记载，确是几百年，乃至几千年积累下来的可贵的"记录"。她于是潜心研究这些指掌纹。经过多年的探索后，她发现，一个人的指掌纹，随着年纪的增长是会变化的，指掌纹上还会留有家族的遗传病史的征兆，个人的病状也会在指纹上有所反映，还有中国各地区的人群有着不同的指掌纹特征（这反映人口不流动的现象），等等。（命好命坏经常和家族遗传病有联系。）

"文革"结束后，她把这些研究心得写成一本书出版。我是在80年代初期，在北京电视台的一个介绍她的经历的节目上，知道这事的。当时，电视台请她到北京的大钟寺（一个有名的古迹旅游地），为南来北往的游客"看手相"，主要看游人的病史和家族病史，当然都是一些常见的病，如心脏病、糖尿病，乃至癌症。结果，当然不是100%都准确，但也有高达约70%的确定性。

从这个事情，让我们了解到何谓科学精神！能正确认识到那些算命书上的指掌纹记载是和迷信无关的"记录"，就是科学对待客观事物的态度，就是科学精神。有了"客观的数据（记录）"，如果没有科学的方法，逻辑的分析，也就不会有科学的理解和结论。说算命是迷信，应不是指那些关于指掌纹的记载，而是对它们解读的方面。

"具体的情况，做具体的分析"是这个事情提示给我们，对待事物，思考问题的准则。算命书上的指掌纹记载和算命书上的"解读"是两个不同的"具体的事物"，不能将它们混为一谈，从而笼统地，不加分析、不加区别地一起批判，一起扔掉。事实上，从科学历史发展的过程，我们了解到，科学也是逐步从"迷信"中剥离出来的。在远古，医学就是和巫术一体的。

更重要的是，这个事情告诉我们，科学精神和学历的高低，学文、学理不是必然地联系在一起的。这个女青年虽然只有中学的学历，但她确实是具有科学的精神的！如此的科学态度、精神不是很多博士、教授也能具有的。

写于2011年7月

介绍一些物理知识

有学生（非理科专业）问我以下问题，我觉得很好，料也是别的同学会有的问题，其中一些还关乎"哲学"的方面，或许大家可以参考。为了简要点明概念，我就用不很严格的语言来说明。

问：何谓"热"？

所谓的"热"，就是指的粒子运动速度的体现。我们为何感到一杯开水比冰水热？就是因为开水中的粒子（水分子）运动速度比我们身体的快很多，而冰水的水分子，又比我们身体的慢很多。有了运动，就有了能量。这个能量是会传递的，运动快的粒子和运动慢的粒子相接触（碰撞），运动快的粒子就变慢些，而运动慢的粒子就会快些。这样，我们就感觉到"热"的传递了。所以，"热"是一个"表观"的现象，它的本质是粒子的运动能。如果粒子不运动了，静止了，这时，"热"的内涵就是最低了，也就是温度的最低点。

问：这样说，所谓绝对零度，就是一切运动停止时？

是的。但是，情况比我们以为的复杂些，如果粒子（如电子、质子等）被局限在一个小的空间的话，那它们是不能停止运动的。在绝对零度时，它们还是具有运动着的能量。

这也和辩证唯物的哲学观相一致——物质是运动着的，没有不运动的物质。

现代物理学对宇宙、世界的理解，一再揭示唯物辩证的思想——物质是第一性的。

所以，具有现代物理学基础的人，他不难认同唯物辩证的思想。

问：哲学大师冯友兰说过："物理学所说的物质，是自然界中的一种结构。哲学所说的物质，是独立于人的意识之外的客观实在。"

我认为两者其实是一回事。我们的物质世界，也是独立于人的意识之外的客观实在和存在。

问：物质是时间与空间的交叉，可以这样说？

这样说，是有语病的（或不合适的，或不对的），以为有独立于物质的时间和空间。物质是第一性的。时间、空间应说是物质的属性。物质的存在不能没有时间、空间。但是，不能没有了物质，而仍然存在时间和空间。这个思想，其实是爱因斯坦相对论的一个核心的思想。过去，从古代到牛顿到爱因斯坦之前，都认为时间和空间是独立于物质而（先）存在的。物质只是摆在某个时间和空间里。现在，物理学的实验证实这样的想法是不对的。我们的世界，宇宙，不是这样的。

问：到底是说，牛顿从苹果落地，而后知晓了万有引力的存在，还是说，牛顿因为了解到了万有引力，才解释了为何苹果会落地？

关于牛顿为何会想到万有引力，是因为他见到了苹果落地，从而受到启发，还是因为了解到了万有引力，才解释了为何苹果会落地？牛顿和苹果的这个故事可谓人尽皆知。但是，有证据说，这不是一个史实。这个不是很重要。这里的所问，其实牵涉到一个很基本的思维方式，是说：因为有了万有引力，然后苹果才会落地，还是说：因为苹果落了地，才让我们认识到万有引力的存在。这两个命题有何差别呢？前者说的是，因为有了万有引力的理论，所以会有苹果落地这样的现象，而后者说的是，因为先有苹果落地这个实验的观察，才让我们有了万有引力这样的理论。前者的思维是，先有理论的建立，后有实验的观察，而后者的思维是，先有实验的观察，后有理论的建立。

就物理学言，我们必须坚持实验观察的第一性，而理论的思维则为第二性。理论永远必须接受实验的检验，当实验的观察和理论不一致时，我们就得想到理论的可能缺陷。所谓实践是检验真理的唯一标准。

其实，苹果的落地，固然可以用万有引力的理论来解释，还可以用爱因斯坦的时空弯曲的理论来解释，就是所谓的广义相对论。它的核心是说，物质的存在，会引致周遭时空的变化。所以说，苹果落地这个观察不必然导致万有引力这个理论。

问：欧洲的撞击器，找所谓"上帝粒子"，撞开后，产生的高温会是空前的？有人说是大霹雳的样子，杞人忧天？时间极短，范围极小，不可能一个实验就把地球毁了吧？

不是的。这些都是媒体耸人听闻的不实之言。其实，为产生空前的高温，以了解宇宙产生初期的情况，固然是目的之一，更重要的是在寻找所谓的Higgs粒子。在我们日常的能量范围、日常的温度情况下，电磁的现象和所谓的"弱作用"（和原子核的蜕变有关的作用）是两回事的，然而，按照目前的理论，我们已知道在较高能量的范围，电磁的现象和所谓的"弱作用"会是一回事的。按照这个理论，还预言了一些粒子的存在，而这些粒子在过去的20年内都从实验上先后找到了。可见这个统一电磁和"弱作用"现象的理论是非常成功的，让我们了解了电磁的现象和"弱作用"的本质。这个认识过程和历史上，人们曾认为，电和磁是两个不同的现象，后来，知道了原来电和磁是同一种本质的过程，很是相似。

话说回来，按照这个理论，还预言了一个所谓的Higgs粒子，非常重要的是，Higgs粒子和物质为何会具有质量，或说是质量的来源这个问题有关。（物质和质量是不同的概念，如光是一种物质，但它并不具有（静止的）质量。）就是说，如果我们能找到这个Higgs粒子，我们也就清楚了"质量"的来源，或说是，就了解了物质为何会具有质量，这是个很基本，并且是非常重要的问题了。就是为了这个缘由，欧洲各国（美国等）不惜巨额投资，建了加速器，来了解这个问题——来寻找Higgs粒子。但是，这个加速器，能否找到Higgs粒子，目前人们也不敢保证。能找得到，那就是一个划时代的大事——人们认识我们这个世界的一件划时代的大事！但是，也可能找不到。找不到，不等于就是否定了Higgs粒子的存在，或说是否定了那个统一电磁和"弱作用"的理论。果如此，事情就吊在半空中，不能肯定，也不能否定了。

（注：几乎就在此文写后没多久的2012年7月，欧洲核子中心确认了Higgs粒子的存在。但情况似乎要比理论的预言复杂。所以，这个探索还在继续。也因此，2013年的诺贝尔物理学奖就颁给了预言Higgs粒子的两位科学家，Englert和Higgs。）

物理是很有趣的，它既是实验的科学，还牵涉到缜密的推理和思维，乃至想象，又是具高度的，关于我们对世界认识的总结。对于它的理解似乎也没有止境的。我有时读读过去学习过的物理领域，往往思而有得。这就表示，我过去没有那样（深入）理解它的意义。因此，有时一般的物理书，让同学们不是那么容易明白，很大原因是写物理书的人，也未必很懂得所写的内容。这样的书，要让读者读懂，自然也是不可能的。所以，我常和学生说，学习物理

（书）不懂，先不要怪自己（脑子不好），很大的原因是，老师或书没把事情说清楚。我以为真正懂物理的话，总能用最简单的语言，把概念说清楚的，而不是从数学的公式到公式这样的过程。

如果说哪个人最懂物理？我首推费曼（R.Feynman）。他的书值得读。费曼去世后，他的学生出版过他生前的讲课笔记，有一本是他讲的关于引力的课题。该书从头到尾，充满了丰富的物理思维、逻辑，但是，书的结尾的结论是，他的这些想法都行不通。我觉得他是真正懂物理的人。前几年，他的女儿，把他生前给朋友写的信出版了。这书台湾应该有的，大家可以看看，他确实是一位"实实在在的"人。他生前就很有名气了，1965年得了诺贝尔奖。但他确实是没有世俗的庸俗，他是一个真正的"科学家"。在东方的社会，大约很难找到像他那样的（自然科学）学者。

写于2012年7月

和北京清华同学谈学习

我有一个博士研究生赴日本学习了4个月。其间，他给我写了封信，谈及日本师生之间的关系密切。我遂给他回复，谈及日本和美国研究所作风的不同。

××同学：

谢谢你的来函。我很高兴你在日本除了专业的工作，也很认真关注一些别方面的事情。

日本（人、社会）有它很独特的风貌，就是团队的精神。在企业方面，很多情况下是一个人在一个公司干一辈子，视公司为自己的家。从学界来说，就是导师还负责学生毕业后的出路等等离开学校后的事情。

美国的风格就不同，注重个人的主体性、个人的利益。在企业方面，就是哪家公司给我好处多（薪金），我就往哪里跑（此处所言，当然不能绝对化）。在学界方面，一个学生毕业的那天，戴了博士帽后，就和导师（所谓的老板）平起平坐了，以后就靠自己了。老师最多只能起个帮忙的作用，这些帮忙都不是必然的。

二者应该说各有优缺点，日本式的优点，显见。缺点是论资排辈严重，一日为师，终生为师。严重的，一辈子被老师压着。美国式的优点是大家平等，各显神通，会有创造性。缺点是比较分散，难形成团队。美国没有如日本那样，大老板下还有小老板。（在美国也没人愿意当小老板。）

从科研的角度来说，我觉得还是应该在第一线为好。科研的工作是老老实实的工作，一个人当了大老板，靠小老板、研究生做科研，我以为这样不好。

我在美国做博士后的老板，之前在Princeton当教授，可能因为什么原因没有拿到终身教职（tenure），就离开了。但是，在Princeton那几年，也带出了博士生Smalley。这个学生就是后来发现C_{60}的那个人，得了诺贝尔奖。学生得奖，归学生得奖，我这个老板也并未因此而得到任何的"好处"。而这在日本就不一样了。

你所提有关清华物理系研究生的问题，值得系里老师的关注。不论如何，学校、物理系的上上下下，应该更多地关心同学们。你大约还有印象，我上第一堂课，总爱说的一句话：学不好，怪老师。此话虽有夸张，但就是一个意思，不要总把问题推给学生。学为人师、教学相长。Feynman说过，他很难理解一个不教课、不和学生相处的老师。他认为，他就是从和学生相处中，获得很多很多。

我也很赞同这句话，学校应能——把"差生变成普通生，普通学生变得优秀，把优秀学生变成精英"。

当然，我希望和我一起工作的研究生，对待工作都有"热情"。但是如果他们并不完全如我所期待的，那我也不会太失望。我会告诉他们：不要浪费做研究生这段学习的时间，固然你的"热情"不高，但应还是把工作努力做好。将来毕业出去了，再去做别的（非物理）事，也不迟。总之，不要浪费人生的一分一秒的光阴，你的努力，总不会白费的，即使你将来不再从事这个工作了。

不论研究生还是本科生的学习，都一样，要有"兴趣"，觉得"好玩"，有"意思"。我觉得这是科研中最重要的因素环节。

你最后谈及，国内外基础科学教育研究的差异何在？这个我说不准。可能最大的区别是我们这里"被动的学习"太多了，而缺少了"主动的学习"，例如：单纯笔试的多，而少了写文章论文方面的训练。

……

写于2012年10月

关于《史记》

百年前，发现的商代甲骨文，开启了我们对商代信史的了解。之前的商代只见于史书，因此曾引起一些人的怀疑，他们认为商代只是传说的，如司马迁《史记》中的《商本纪》之所述的商代的诸王世系，未必是真有的。

20世纪初，学者王国维从甲骨中，破解了商王的世系，令人吃惊的是，和司马迁《史记》中的《商本纪》所述的商代的诸王世系，完全一致。我们想到，司马迁那时应该未曾见过商代的甲骨和甲骨文的。那他如何从文献中，或其他的管道，如口传中，记录下这个可信的历史数据呢？不论如何，有一点是确切无疑的，那就是司马迁是个严谨的史学工作者。用我们今天的科学语言来说，就是他具有严密的科学精神，他掌握的历史数据是严格可信的。我经常给物理系的同学说这个事情，要他们注意，千万不能 MAKE DATA（伪造实验数据）!

多年来，出土青铜器上的铭文，也一一验证了《史记·周本纪》中所述的周王世系，只是《周本纪》中提及的孝王，却一直未见于青铜器上的铭文，这不免引起人们对司马迁《史记》记述的准确性的怀疑。然而 2003 年宝鸡农民无意中发现了属于单氏家族的青铜器，该青铜器上的铭文详细记录了这个家族世代勤周王的历史，其中明确提及了孝王。周孝王因为在位时间很短，所以，遗留下来的青铜器和铭文就很稀罕。这又一次证明司马迁《史记》的可信性。

由于《史记》的这些可信度，让人们对于《史记》中所记载的远古传说，如三皇五帝的真实性，感到了可能。最近，在山西陶寺发现的古代遗址，就有认为是尧所建都的平阳。

近年的考古还说明，司马迁《史记》中，关于阿房宫华丽建筑的记载，可能是源于阿房宫设计图纸的文献而已，而不是阿房宫真的已为秦始皇所建成，因为，在阿房宫的遗址并未见有过火的遗迹。这导致后人，如杜牧写的"楚人一炬，可怜焦土"，以为阿房宫被焚毁的说法。看来，阿房宫并不曾为秦始皇所建成。

另一点，让人瞠目的是，司马迁《史记》中的《秦始皇本纪》里，有"禁不得祠"四个字。禁不得祠的"不得"疑为BUDDHA（佛）。这点和法门寺出土的佛指舍利，何时传至中原地区的说法有联系。按可信的记载，法门寺出土的佛指舍利至少在北魏时，就已为朝廷所供奉。传说中的说法是，这些舍利子在汉以前就已经传来中土了。因此，完全有可能，秦代时，中原一带就有不少的佛寺。这导致秦始皇"禁不得（佛）祠"了。如此，佛教传入中国的时间应早于一般所认为的东汉永平年间，白马寺谅也不会是中国最早的第一座佛寺。佛教的传播，和文化的传播一样，应是一个逐步的历史过程，不会是"一匹白马驮着经书到洛阳的白马寺来"这么戏剧性。我查了一些《史记》中《秦始皇本纪》的译文，均对"禁不得祠"含糊过去，大约译者也是不懂其义的。

近年的考古发现越发证明司马迁是一个伟大的史学家，他治史的严谨性、科学性是让人景仰的。而近数十年的考古发掘成绩斐然，也改变了不少我们对先秦历史文化的看法，这些是很有趣的。

写于2012年12月

再访台湾史迹

我们看清朝的历史，清朝其实比中国各朝代都有为的，至少比明朝都有为，特别是清朝初期。中国现在的版图范围就是清朝初期确定下来的。

现在有一种误解，就是认为清朝对台湾的态度是认为台湾是化外之地，无所谓，甲午战败，所以就把台湾给割让了。这是一个普遍误解。怎么说呢？郑成功把台湾作为反清复明的基地，一直到康熙二十二年，被清朝统一了。统一以后，当然清朝早期那个年代，还有海盗的问题，也为了防止反抗势力，曾经有一段时间，是禁止福建的老百姓移民到台湾的。但是，这样讲不等于说清朝政府对台湾就不够重视或者怎么样，不能够简单这样讲。我在台湾时，就特意到台湾的一些古迹去看看。

新竹市有个城隍庙，城隍庙旁有一个夜市，这个夜市挺兴旺的，我念清华大学时，就很有名了，到现在还是很有名的。现在大陆的游客去台湾，很多都要到新竹城隍庙夜市去逛逛。这个城隍庙呢，我那次去看了以后才知道，它的历史都有200多年了，里面有一个光绪皇帝颁的大匾，写着"金门保障"，是光绪皇帝亲笔写的。后来，我到了台南的"全台首学"，俗称孔子庙的地方。台南是台湾开始有科举的地方，像北京的国子监那样的。古代读书人都拜孔子，里面有一个个清朝皇帝颁的匾额，除了顺治之外，康熙、雍正、乾隆、嘉庆、道光、咸丰、同治、光绪，每个皇帝都给颁了匾，宣统的没有，宣统三年就灭亡了。当地的馆长说中国有两个地方，皇帝都给题字，颁了匾，一个就是他们这里，还有一处就是曲阜的孔子庙。中国古代孔子的地位很高，皇帝下来就是孔子了。清朝除了顺治、宣统之外，康熙以后的皇帝都给题匾，够荣幸了。

还有一处是延平郡王祠，俗称郑成功庙的地方。郑成功家族灭亡以后，该处是当地人怀念郑成功的祠堂。到了清朝同治年间，沈葆桢意识到日本人对台湾有野心，那时还发生有中法战争，所以沈葆桢就给同治皇帝写了一封奏折，意思是希望朝廷能给郑成功一个定位，能把当地一般老百姓拜郑成功的那个祠堂变成一个正式的、官方认定的祠堂，就是今天我们所看到的延平郡王祠。沈葆桢还引用了康熙皇帝的一句话，说"朱成功系明室遗臣，非朕之乱臣贼子"，说郑成功不是他的乱臣贼子，是明室的遗臣。所以说，康熙皇帝非常有政治眼光和气度。这个奏折是同治十三年十月写的，也没几个月同治就去世了。光绪一上台，就在光绪元年的二月给沈葆桢一个回复了，同意他的这个意见，而且还颁了"忠节"的谥号给郑成功。

所以，看来非常清楚，清朝对台湾的经营是非常用心的，天下公文一大堆，排到你这里，要排多久啊！但是，朝廷马上给沈葆桢办了。今天，光绪的那个圣旨还挂在祠堂的屋顶上面。

台南还有一个赤崁楼，最早是荷兰人建的一个小城堡。乾隆五十三年立了9个碑，满文、汉文成对的，怎么少一个呢，就在承德避暑山庄那里。当时，台湾有林爽文的叛乱，乾隆给平了，碑文就记述这个事情。为什么一块放台湾，一块放承德呢？乾隆就是告诉他的列祖列宗，说这个事情办完了，已经妥当了。乾隆把它看成是一个大事情，不是一般的小事情，所以，一个碑放在台南，一个碑放在承德。

另外，台湾有一个地方叫嘉义，嘉义这个名字是谁定的？是乾隆给定的。以前，台湾的地名都很土，都是当地的方言，像什么猪猡，很难听的，没有文化。后来当地出了林爽文事件以后，乾隆说当地人真有义气，不投降给林爽文，而是忠于朝廷，于是给取名叫嘉义，嘉勉其义气，所以叫嘉义。这是嘉义这个地名的由来。台湾鹿港还有一个妈祖庙，也有乾隆给题字的匾，这个庙旁至今还有一个"官员到此处下马"的立碑。

我在大陆也走了很多地方，我也很喜欢看一些古迹，但地方上的古迹很少有皇帝的颁匾，中国地方那么大，这如何可能！就是一些很有名的古迹，也绝少能得到皇帝的颁匾。台湾远在天边，像新竹、鹿港这样的小地方，很不起眼的一个庙宇也能得到皇帝的颁匾，自然说明清朝对经营台湾的用心和重视。

写于2013年1月

玄奘精神

　　年前，中央电视台（纪录频道，CCTV9）曾播出有关玄奘的纪录片——《玄奘之路》，说是纪录片，其实是集纪实（有演员人物、情节）、历史脉络、古今风土和考古于一体的大型片子。该片讲述了玄奘的一生，他一路到印度（天竺）的历程，回到长安后翻译佛经以及他去世后，在历史上的影响。该片可谓感人肺腑，让人感佩于玄奘的坚强毅力，对于他人（包括对高昌国王）的执着讲信，以及一生对事业不断和一贯的坚持。

　　说他西天取经的艰辛，人们容易理解。以当时的交通工具，自然环境的恶劣，玄奘到印度的历程可谓经历九死一生。这不是有坚强毅力者，是无法完成的。有趣的是，该片还结合玄奘的历程，讲述了他所走这一路，现在的风土人情，以及有关考古的发现。玄奘西行曾在高昌国（现在的吐鲁番附近）受到莫大的礼遇，高昌国王欲留玄奘，以为国师。如果不是有坚强的毅力，知道自己的所为所行，到印度取经的目的，则如一般人的心境，玄奘就很容易改变初衷，留了下来。高昌国王最后也改变了态度，给他知晓的西域诸国国王写了介绍信函。这对玄奘后来的西行一路，有着莫大的帮助。同时，玄奘和高昌国王还约定好，等他回来时，他会在高昌国停留讲经三年，以为对国王礼遇的回报。多年后，玄奘从现在的南疆回来时，还特意停留了一段时间，等候高昌国王的信息。可是，那时高昌国已经人事全非，玄奘只好作罢。玄奘当年是背着朝廷的禁令西行的，等他回到南疆时，还停留等待朝廷对他回国的态度。果然，唐太宗心胸宽广，不仅没有对他有所指责，还夸奖了他。这样玄奘就继续东行，回到长安。

　　玄奘在印度不仅学有所成，还取得了莫大的成就和荣誉。曾经有两个国王因为竞相邀请玄奘去讲学，还差点发生战争。玄奘获得的荣誉包括乘坐只有国王才能乘坐的大象。玄奘的学问一时没有对手，当地的人们也百般挽留他。然而，旅居印度17年后，玄奘在荣誉面前，没有忘掉他的目的，取经回国，传播佛法。

玄奘回国后，在弘福寺翻译佛经，还培养了一批翻译佛经的人才。他还应唐太宗的旨意，写了《大唐西域记》，介绍了西域诸国的所见。这和唐太宗关注唐帝国经营西域的战略有关。唐太宗和高宗也对玄奘翻译的佛经写了序言，对其万分的崇敬。唐太宗说："有玄奘法师者，法门之领袖也。幼怀贞敏，早悟三空之心；长契精神，先苞四忍之行。松风水月，未足比其清华；仙露明珠，讵能方其朗润……往游西域，乘危远迈，杖策孤征。积雪晨飞，途间失地。惊砂夕起，空外迷天……诚重劳轻，求深愿达，周游西宇十有七年，穷历道邦，询求正教……爰自所历之国，总将三藏要文凡六百五十七部，译布中夏，宣扬胜业。"大家知道书法上的名帖（碑）《怀仁集王（羲之）书圣教序》中，就有唐太宗和高宗写的这两篇序言。《圣教序》中，还有两篇是太宗和高宗写给玄奘的信函。唐太宗写的是："至于内典（指佛典），尤所未闲（熟悉）。昨制序文，深为鄙拙……忽得来书，谬承褒赞，循躬省虑，弥益厚颜。善不足称，空劳致谢。"唐高宗写的是："治（高宗名）素无才学，性不聪敏。内典诸文，殊未观揽，所作论序，鄙拙尤繁。忽见来书，褒扬赞述。抚躬自省……深以为愧。"两位皇帝面对玄奘所表现的谦虚和对玄奘的尊重与崇敬，真不是一般的。时下，学佛者所热衷的"心经"，就是玄奘翻译的，也收存在《怀仁集王书圣教序》中。

玄奘回国后，建造了大雁塔，以保存其所带回的佛经。他所带回佛经的贝叶，至今尚有数片保留在该处。以后，会昌毁佛时，朝廷还明定大雁塔保留下来。玄奘晚年也在玉华宫居住翻译佛经。前些年，在该处的考古发掘，还获得一些有关玄奘的遗存。玄奘去世时，长安百万人给他送终。唐高宗因为从皇宫每日能见到埋葬玄奘的佛塔，思念玄奘不已，于心难忍，而将其搬迁他处。日军侵华时，曾盗走部分玄奘的遗骨，其中的一些，以后就到了台湾的日月潭。玄奘曾在印度的那烂陀留学5年，他当年谢绝当地人的挽留，执意回国。数年前，其遗骨在历千年之后，经中方赠予那烂陀的玄奘学院，体现了中印的友好往来。这段绵延千年有余的史实，一千多年前的因，一千多年后的果，至为感人。玄奘所创立的法相宗，一度流行于韩国、日本。

印度是个不善记录历史的民族。玄奘到印度时，离开释迦牟尼已经有千年了，佛教在印度已经式微，但还是保存了一些释迦牟尼的遗址。玄奘回访了释迦牟尼的出生、悟道、涅槃处，他把这些都写在了《大唐西域记》中。19世纪英国人考古古印度的历史，就靠玄奘所写《大唐西域记》中的所记，和实地的发掘，而得以确定和释迦牟尼有关的遗址，这样就重现（构）了古代印度的历史。

玄奘的精神体现了中华民族的脊梁，千古或无第二人。

写于2013年9月

清华简

2008 年，北京清华大学经由校友的出资，从香港的文物市场购得一批竹简，经过这些年来对这批竹简的保存和研究，终于确定了这批称为"清华简"的竹简是秦始皇焚书前战国时期的书籍，它保存了过去人们所不曾知晓的远古时期的重要文献。对于《清华简》的研究也开启了人们关于中国早期文明的新认识，具有重大的历史价值。

《尚书》是中国最古老的历史文献，它记录了周朝以前，远古时期的一些史料，也是儒家思想的重要来源。可是，自秦始皇焚书后，《尚书》就受到毁灭性的佚失。西汉初，伏生依据自己的所传，保存了28篇的《尚书》，称为今文尚书。以后，从孔子故宅也发现了《尚书》的文献，后经孔安国的整理，就称为古文《尚书》。今、古《尚书》的异同导致了所谓的古今文的争论。

西晋时，还发现了著名的"汲冢竹书"。这批有关中国早期文明的书简价值很高，当时的晋武帝很重视这批竹简，委派了一些著名学者进行了整理。从现存的《晋书》中的记载，可知其中包括有称为《竹书纪年》一书，该书记载了夏朝至战国初年的历史。可惜，后来发生了八王之乱，这批竹书随同对它的整理都毁于战火，荡然无存。这个关于中国古文明记录的失传，成了历史性的遗憾。王国维将孔子故宅所发现的经书和"汲冢竹书"视为自汉以来中国学问上之最大发现，可见其重要性。

以后，在西晋的永嘉之乱中，今、古文《尚书》也都散失了。东晋初年，有个叫梅赜的，给朝廷献上了一部《尚书》，该书包括了今、古文《尚书》，不仅有孔安国做的序，还有他做的《传》。以后历代，这部《尚书》就成了人们所仅见的《尚书》，并且占据了学术界的统治地位。

然而，历代以来，人们还是对梅赜所献的这部《尚书》的真伪，提出疑问，认为是伪书。经过宋代以来学者的反复辨析，到了清代，人们普遍认识到这部《尚书》乃是伪造的。

这样，对于中国早期文献，包括《尚书》的再度出现，似乎成了人们的渴望，但也是一种奢望。《清华简》的出现，再度为这个渴望和奢望带来了希望！

经过整理，确定《清华简》共为2388枚，同时，初步整理还发现了一些在历史上久已失传的内容。目前，整理出来的第一篇简书《保训》，是过去没有人知道的；此外，周武王时的乐诗，也是过去从来没有见过的。这批简是真正的书籍，而非文书。同时，这批简中的书籍大多与历史有关，而最具震撼意义的是，竹简的主要内容经类又以《尚书》为主。《清华简》中已发现有多篇《尚书》，其中更多的是前所未见的佚篇。《清华简》还有一项重要内容，是一种编年体的史书，所记史事，上起西周之初，下至战国前期，与《春秋》经传、《史记》等对比，有许多新的内涵。还有，其中的诗篇竟与现在《诗经》中《蟋蟀》一诗有关，前所未见，令人惊奇。

今年清华校庆期间，我观看了有关《清华简》至目前的整理成果展，印象很深刻。其中提及，最终统一中国的秦民，不是来自中土的西边的，而是来自东方，秦民因为协助周武王灭商有功，而受封西迁的。这些发现改变了人们对中国早期历史的认识。我们相信，随着对《清华简》的整理和研究，更多的，可能撼动我们对中国早期的历史，文明形成的认识，包括几千年来对《尚书》的争论，会逐渐显现的。这样，《清华简》的重现，就可以媲美西汉初年，孔子故宅发现的《尚书》以及西晋时出土的"汲冢竹书"。

写于2013年10月

也谈历史的是非

中国自古以来，就把历史看成是一个朝代是非曲直的重大事情。自古以来，历史就有"春秋大义"的道德内涵。所谓"孔子作《春秋》，而乱臣贼子惧"，意思是一个人不论何时如何风光，只要是做了违反道德的事，在历史上总要留下污点记录的，谁都逃脱不了。这个传统可以说是中国历史，文化的一个很独特的现象。因此，中国历朝历代史官的地位很特别，他可以不顾生死，也要把真实的事情给记录下来，旁人，即便是皇帝，也奈他莫何。司马迁家是史官的世家，他有着良好的家传、家风，又能周游各地，实地访查各处的历史遗存，遂写出了《史记》一书，不仅记录了信史，也给中国的历史是非立下了楷模。当然，其中也有受制于时代的偏见，但这无关于《史记》一书和司马迁的伟大。

有人以为，不同的人，不同的角度，对历史的看法和理解会有不同，因此，以为历史无是非可言。这样说，是"似是而非"的。我们就以台湾一段时期以来，对于甲午战后，日本的统治台湾，应说是"日据"，还是"日治"之争为例。这个问题的本质是，究竟是从被统治的台湾人的角度来说，还是以统治台湾人的日本人的立场来说？"日据"者，被日本人窃（占）据也。对于台湾人来说，当然是"日据"的。"日治"者，日本人统治、治理也，是以日本人为主，来统治、治理台湾人者也。因此，说"日治"，只能是日本人才会这样讲。所谓"日据"，还是"日治"之争，无关乎客观不客观看待史实的问题，也无关乎言论自由不自由的问题，而是关乎你是站在台湾人，还是站在日本人的立场的问题。这个"历史是非"是很明确的！所以，我们看历朝历代的史书，往往有多人写，而写历史不是单纯的记事，而是倾注了作者对历史的观点、对历史人物的是非感情。历史从来不是单纯的，简单的记事。写历史是有"立场、观点"和"爱"与"憎"的。

人们生活在一个特定的年代，那个年代的是是非非，对于当时的大多数人来说，往往是很难看得很清楚的，所谓"芸芸众生"，就是这个意思。就以20世纪70年代的保钓史实为例。现在，不少人了解到了那个年代台湾年轻人的所作所为，大都能肯定70年代的钓运是不容易的，甚或是伟大的。但这不是说，也不能说，参加钓运的人都是伟大的，这是必然的。在历史的洪流中，各种参与的人都有，有有意识的参与，有无意识的参与，有乃至糊里糊涂的参与，都有。这个是事实。大家看，辛亥革命时期，出了汪精卫，"五四"运动时期，出了张国焘，何尝不是如此？汪精卫早年是做过一些有益于中国革命的事情。但他也确实是晚节不保的。《色·戒》电影诱发的对于汪精卫的讨论，有些就由他和蒋介石的矛盾，来解释他为何和日本人合作的原因。他和蒋是有矛盾，但这不能成为他和日本人合作的借口。说他是汉奸，是历史对他的定论。对于汪精卫的功过，我们不能"糊涂"。张国焘在"五四"运动时期，是个风云人物，以后还当了中共的领导人。他以后因各种原因，离开了共产党，这也罢了，但他却参加了蒋的特务组织，这就为人所不齿。固然，对于民国时期战乱的时代，面对残酷的生死斗争，人总是人，很多事情是可以理解、原谅的，特别是对于一般的老百姓。作为后来者的我们，则宜多以宽容的心境来包容。然而一些有关"历史是非"的公论，是不容含糊的。

再说70年代的海外保钓运动时期，就有"打小报告"的事情，一些人因为上了黑名单，长期受到不公正的对待；也有个别的人，因为不知道被上了黑名单，从海外返台而被拘捕下狱的，如叶岛蕾一案。这些"打小报告"的事情令人不齿。虽然，我们现在也能原谅这些卑鄙的行为和干这种事的人，但总不能以各种似是而非的理由，来合理化此种有违基本道德的事情。

我经常以三个命题来评价70年代海外留学生运动时期，不同派别的功过。其一是对于两岸的往来是赞成还是反对；其二是对于台湾的威权统治是容忍还是反对，认为是必须改变还是极力为其开脱乃至维护的；其三是对于台湾最终是回到中华民族大家庭，还是长期孤悬海外，永为美国的势力附属。时间已过了近40年，在这三个命题下，各个派系、组织是否站在了历史的潮流中，何者为是为非，一些情况是已有定论了。这三个命题、指标最为重要，我们看过往的事情，看待历史，应从这样的角度，以为切入点，其他的一些纷纷扰扰，多如过眼烟云，无关宏旨的。

历史的借鉴就是使你能从古今中外的经验里面吸取一些可以超越自己局限的东西，让自己把事情看得明白，这就是智慧了。历史的知识可以靠学习，历史的智慧就不必然可以学习得到的，因为这牵涉到"立场"的问题。永远记得，我们的立场，应站在最广大人民、民众的立场上来看待时事的变迁。而就目前的两岸关系言，我们看问题的角度，应是：是否"有利于"两岸的同胞和民众，而不是个别的派别，乃至个人的。知识分子尤须注意这点，他们往往容易误入一种以自我为标准的地步中：凡事以是否合我口味，满足我的想法为准。他们要的是社会来满足他的标准，而不是客观地去了解、看待周遭环境的事物，乃至努力献身去改造社会不合理的方面。

写于2014年2月

也谈学习上的问题

多年前，有我过去的学生给我传来网上的一篇文章。文章的作者过去在大陆的一所名校学习物理，以后到了美国留学。在大陆和美国两地上课、学习的不同，给他很深的震撼和触动。"不以人废言，不以言举人"。这篇文章的确点出了大陆过去一段时期（应该说目前还是）教学上的缺点。其实，我看这个缺点有共性，不仅在大陆有，在台湾，乃至在东方的社会里，也八九不离十。可能，因为我也在美国留学过，所以对其所提比较敏感。以后，我就把这篇文章作为我的学生上我的课的必读参考。以下，我就摘录其中重要的几段，并附上我的点评。我希望这些有助于同学们厘清一些学习上可能遇到的疑惑或不解：

1. 中国大陆留学生在美国念研究生课程并不费劲，也因此自傲并瞧不起旁人的挺多。但是在大学的几年里，我对科学的经验只是考试和做题，不要说没有学到如何做科研，听过多少科学报告，就是如何查文献也基本没有学过。我在美国学习的第一件事，便是学习基本的讲和写。

点评：诚然如此。我们的教育更多的是让学生处于被动的情境。考试出题，学生"被动"地回答问题。多年前，我在一个班上给同学们开卷考试，我本想给同学们送分数，试卷的最后一道题是让同学自己出题，自己给答案。结果是，居然没有同学能做出这道题。我现在经常要求我的学生能就自己所学的一个小范围的命题领域，写一篇叙述它的短文。这样的学习效果会是很好的。自己写了，不懂的地方就回避不了了，同时一些观念也能弄得清清楚楚。我自己也经常就自己思考的一些问题，结果写成备忘录、短文。我以为这是一个很好的学习习惯。

2. 某些老师，爱在学生面前，将科学讲得高深莫测。中国的普通物理课一上来便是抽象的教条。我在美国，才学会如何将一个复杂的问题讲和写得简单易懂，领略到科学的精神其实就是将一个复杂的问题表述得简单易懂。

点评：我上物理课，向来反对把问题搞得复杂化，也反对出偏题、难题考学生。一个问题，如果你是真正懂得的话，多半能把它表述得简单易懂。出难题、偏题考学生完全无意义。在科学的研究上，主要还在解决问题，弄清楚问题的本质。科学的研究不会如此类难题、偏题的。因此，学习这些难题、偏题没有实际的意义，它也不会提高对物理的理解。这样的学习方式对于培养科研的能力也沾不上边。我也反对学习太多。我常和学生说，一些课题等到了有需要时，再学也还不迟的。关键的是，除了要知道自己懂得了哪些外，还要知道自己哪些东西还不懂，还没有学过。我们就怕，自己不知道自己哪些东西不知道！

3. 美国学生一般没有中国学生知道得多，问的问题也天真；但好的学生往往能问出好问题。美国学生还有一个特色，就是他们十分热爱自己的专业，比如学生物的从小便做野外观测，案头常常放有自己幼时亲手采来的标本，有的假期依然重操旧业；学物理的十分熬得住，四十出头一无所有依然热忱不减。而决定中国学生所学专业的其实是高考分数，所以中国留学生们在这里一有风吹草动便纷纷跳槽转业。也许过多的知识让我们早熟了，失去了在科学上的童贞和热情。

点评：我觉得美国的校园，至少在我比较熟悉的理科领域，是个氛围成熟的地方，人们为兴趣、为自己的需求而来上学，教授们大都也是为自己的兴趣而工作，功利性很少、不多，而不食人间烟火者，还真是不少。社会上世俗的名利场在校园里很少。现在的大陆校园就缺少了这种朴实纯真的氛围。我以为科学的发展、知识的追求就是不能少了这样的氛围。

4. 书中的每一条都是真理，因为每一条都可能被考到。读书要以书为主，掌握了一个"正确"的理论体系，就是掌握了真理本身。迷信理论体系，也是我们中国的特色之一。而林林总总的科学文献中，有对的，有错的，所以读科学文献，要择要、要怀疑、要分析、要推理、要"不信邪"。美国教育体制似乎并不在乎给学生一个完整的理论体系，而在乎给学生一个分析信息的方法，让我们明白即使是科学也有不完美的地方。遇到问题，美国学者的第一本能便是想想"图像"——想想已知的事实的前后顺序，而不是像我们中国人那样开始一头扎进理论体系，或是像俄国人那样开始解方程式。

点评：诚然如此。我们学校的教育，特别是物理的教育，往往陷入一种所谓的"理论体系"的学习，认为学生主要把这个理论体系学习懂了，就是目的。这样的观点，其实违反了科学发展的真实情况。写入书本的科学知识都是已经经过了挑选、打磨，都已经不是这些知识产生过程的本来面目了。科学的知识原本于对世界的观察、了解，这是第一性的。科学的学习也应从这里开始，而不是从理论、从公式着手。迷信所谓的"理论体系"往往和迷信书本、迷信"本本"是一回事。我们自然不是反对所谓的"理论体系"，但那是高层次、高度概括后的结果，是为人们所"后知后觉"的东西，而绝不是科学的原本出发点。

写于2014年3月

为兴趣而学习

上大学院系所学习的内容，固然不少是同学们的选择，但不可否认的是，这些所上的院系，在上学之前，未必完全了解它们的内容。这就是说，带有一定的盲从性，这也不奇怪。现在，念大学，学的什么专业，和毕业后的就业所做，乃至上研究所继续深造的专业也不必完全相同。我往往遇到我所在的物理系的同学问我，他们并不喜欢学习物理，该怎么办？我就直率地告诉他们，既然已经来到物理系学习了一段时间，还是继续学习下去，做事有始有终，等毕了业，再从事其他的选择，也不迟，当然，现在学校对于选课也比较宽松，可以多选一些或多旁听一些感兴趣的课程。我也告诉他们，对于学习基础科学，特别是物理学科的同学，因为思维的学习和训练，他们将来即便从事不同的行业，他们的起始点，也绝不会低于甚至高于其他院系所学的同学。情况确实如此，物理的训练，最能提升一个人的思维、逻辑和素养。

我这样说的意思是，除了在大学里课堂课程的学习外，对于感兴趣的各个方面的学习，确实是不可或缺的。既然是为感兴趣的学习，就不会，也不应问有何用。同学们经常问我：那些课程对将来的研究领域有用否？我也直率地告诉他们，一个课程、领域，如果被人们认为是有用了，那你再去学习、掌握，肯定就是后知后觉了，就不会再是创新、创造之举了。有用没有，完全是我们主观的判断，而不是必然的如此。现在认为无用的，将来难说绝对无用，现在有用的，难说将来还是有用的。人们往往近视，只看目前的职场的行情而选择所学的专业，殊不知，职场行情时有起伏，风水轮流转，一个所谓热门的行业，必定是千万人的所向，你在这个洪流中，肯定不会是领头者，而往往是下游者了。如此，你还去争什么呢？职场如此，研究的领域也是如此。

我在美国念研究所时，老师们最爱说的一句口头禅就是：这个看起来有趣！想想，这句话还真有道理。很多的科学发现都不是经过专业的学习，按照一定的模式，一步步程序，而达到的。很多的发现都是在无意之中，因为人们的感兴趣，一刨到底而被发现的。所以，过度地强调学习的全面性，学习的所谓打牢基础都不是合适的。所谓，学习要活，不能死学，一个重要的内容应就是为感兴趣而学。

关于这个话题，我是深有感触的。我在台湾清华上学时，就对数学中的《群论》感兴趣，在大二、大三时，我就自学了。这个课程，即便是目前的化学系、物理系的同学，看你的专业领域也不必然是必修的。反正，我当时就是觉得它有趣，就学习了。到了我工作以后的80年代，我也对混沌的领域感兴趣，这样，我也逐步关注、学习了混沌，包括非线性方面的知识。这些领域、内容，就我当时的学习或工作环境言，确实都是无用的！然而，事情就是有这么凑巧的，到了90年代，我发现，我居然能把这两个方面的知识结合起来，用于我的研究领域，使得我的研究工作有了新的内容，新的创新的动力。这是我始料未及的！假如，没有我在大学时期和工作以后，为感兴趣的学习，自然就不会有我现在工作的成果。我对此深有感触，我现在也以我的亲身经历告诉同学们，不要绝对相信学校课程的安排是完全的、完整的，反而，可能会是有不足的。一个循规蹈矩，只学习书上和课程的同学，他的成绩可以很好，但很可能也就失去了将来创新的机会了！总之，我们为兴趣而学习，不能带着"市侩"的视角，问起有用无用，这样的心态来对待！为兴趣而学，也必然养成自学与终身学习的好习惯！

一个人能做什么，适合做什么，恐怕不是他所学习的专业所能唯一确定的。人的职业多少还是为着生活而奔波。事实是，人们经常为着生活，不得不做着自己不是特别喜欢或合适的职业。有时，现实似乎是无奈的。也因此，现在，不少人提出人们应该早些从第一个，多少是为着生活的职业退休下来，这样，可以开拓真正自己感兴趣的工作（职业）。从这个角度言，年轻时候，因感兴趣而学习到的知识，似乎就是一个必须了。这样，当他退休时，这些知识就能大大丰富他的退休后的生活了，或还能开拓他的事业的第二春呢。

写于2014年10月

寻访唐大明宫

唐朝是中国历史上最负盛名的朝代，那时不仅经济发达，文化方面更是达到了空前的高度。和唐朝历史紧密相关的历史遗存之一就是位于今天西安的唐大明宫遗址。唐大明宫就是唐朝的皇宫，它始建于唐太宗贞观年间（634年），以后多次修建，直至唐高宗龙朔年间才完成。以后，大明宫就饱受藩镇、宦官之乱和农民揭竿而起的战乱，几度受到破坏，又重建，直至唐末朱温下令毁坏宫室，胁迫昭宗迁都洛阳，使得这座延续了近三百年的大明宫，遭到彻底的破坏，沦为废墟（904年）。唐大明宫虽然被毁弃了，但是，由于大明宫的重要性，我们乃至可以说，一部大明宫的历史，也就是一部唐朝的历史，因此历代人们对大明宫过往的辉煌总是怀着无尽的崇敬、依恋，直至今天。民国抗战时期，黄河决堤，数万流民涌入西安，就在大明宫的遗址所在，定居了下来。一座具有世界性历史意义的大明宫遗址，遂成了市井杂居之处。

然而，对大明宫遗址的考古调查从20世纪50年代就开始了。1957年至1979年间的考古发掘，清理了麟德殿、含元殿、玄武门、银汉门等重要遗址。1980年至1994年，又发掘出清思殿、三清殿、东朝堂、翰林院等遗址。1995年至2007年，对含元殿遗址进行了第二次考古发掘，还发掘了丹凤门和御道等遗址。50年间的考古工作，成果丰硕，基本明确了大明宫的具体位置，查清了宫内的布局和建筑基址，并且出土了大量的文物残遗，包括有金银器、陶瓷器、佛教造像、砖瓦石等建筑构件。近年，西安市政府下了决心，搬迁了遗址内的10万居民，重新考古发掘出早已隐没的太液池。经过全面整理，一座湮灭了一千多年的大明宫遗址重新显露在世人面前。这是中国近年值得大书特书的考古成就和具有标志性的大规模遗址保护的文化建设。

我于2011年和2013年，两度游览、寻访了大明宫遗址，感受非常震撼。我从最南面的丹凤门遗址进入，经过御道广场、金水桥，沿着阶梯走上了宏伟的含元殿遗址。含元殿是唐朝皇帝的宝座所在，类似于北京故宫的太和殿。含元殿位于大明宫的最高处，从含元殿可以俯视整个大明宫遗址。千年往事，就在你的眼下。往北，下了含元殿台基，就到了遗址博物馆。为了不影响景观，博物馆就建在半地下。馆内有关于唐代的历史介绍，重点则是关于大明宫的历史和其文化的内涵和意义。遗址博物馆的东边有个大明宫的微缩景观，用小比例的模型，重现了大明宫当年的景观，十分精致。沿着中轴广场，往北，就到了宣政殿、延英殿和紫宸殿的遗址。这些遗址所在都用了象征性的建筑构件，加以标志，从远处就可以明显看到，既凸显又美观，不落俗套。这几处遗址的东边就是望仙台遗址。此遗址的数米高的台基还留存着。再往北，下了斜坡，就到了太液池。它类似于北京的中南海，有东西两池，西池中心有个蓬莱岛。太液池南沿的东侧就是唐朝有名的梨园，一个当年唐明皇热衷于音乐歌舞的地方。多少历史往事，一霎时，全部涌入我的脑海，不禁令人兴发感动。正是"霓裳羽衣曲"：天阙沉沉夜未央，碧云仙曲舞霓裳，一声玉笛向空尽，月满骊山宫漏长。我特意沿着太液池走了大半圈，芦苇依依，遥想这就是千年前，唐朝宫廷人们的所见，难禁我的浮想联翩。过了太液池北岸的大草坪，往西，就是太福殿遗址和三清殿遗址。和望仙台遗址一样，太福殿遗址和三清殿遗址的台基至今还非常明显高耸，我爬了上去，一览大明宫遗址全景。往正北，就是玄武门遗址。玄武门之变就发生在这里。我两次去大明宫遗址游览，一次从东路，往南经清思殿遗址，穿过崇明门遗址、含辉门遗址返回丹凤门遗址。一次则从西路，往南经翰林院遗址，光顺门遗址、昭庆门遗址，考古探索中心，返回丹凤门遗址。考古探索中心很值得去参观，让人们能实地体验考古的过程。我在那里了解到大明宫遗址文物保护基金会在 2010 年 5—6 月间还曾赴美国，把在 1918 年被转运到美国，现收藏在宾夕法尼亚大学博物馆内的昭陵（唐太宗陵）六骏中的两骏马浮雕进行了修复，令人感叹。令我遗憾的是，西路的麟德殿遗址未及开放，参观不得。麟德殿遗址是大明宫内保存最好的一处殿堂遗址。麟德殿是当年唐皇帝大宴群臣和外国使节的地方。史载，大宴时，殿前和廊下可坐三千人，是一座宏伟气派的殿宇。我只能他日三寻大明宫时，再去凭吊感受它的往日辉煌了。

大明宫遗址的保护展示非常新颖别致，体现了现代的遗址保护概念，让人耳目一新。大陆这些年来新建的一些博物馆都非常好，很值得去参观。可能是由于西安的古迹太多，如秦兵马俑、华清池等一批游览胜地把游客都给吸引过去了，来到大明宫遗址参观的人不多，甚至可以说是很少的。但是，这倒成了游客的福音。我两次去大明宫遗址游览，流连其中，恍如走进大唐的历史，真是享受、沐浴了一番盛唐的风韵。

写于2014年10月

从谈历史到黄仁宇

中国是个重视历史的民族，历来视历史为立朝、立国的基石，大到民族是这样，小到家族也是这样。举一个例子，就可以了解。很多家庭都有家谱，家谱记载的是一个家族，一个姓源远流长、绵延细致的历史，一则体现对家族过往历史的珍视，也体现了对子孙后代的期待，期待子孙后代在前人的基础上，不辱先人，奋发上进。历史上的后朝总是要为前朝修史，很大的一个原因，就在于总结前朝的兴衰历史，以为本朝者戒。司马光的《资治通鉴》在历代享负盛名，就在于它总结了历史的经验教训，值得为后来者的警训。因此，中国这个民族视历史不仅为对过往的记忆，认为不应该或忘，更认为对历史的认知是一种觉悟的境界、一种情操的状态。唐太宗说：以史为鉴，可以知兴替。唐太宗是历史上有名的勤勤恳恳于如何避免前朝的前车之鉴，而奋发有为的一位皇帝。而就个人来说，一个对历史有认识了解的人，就容易了解他所在的今天所发生的各种事情的背景原因所由，这样，他就不容易为各种似是而非的谬言所惑。而他对昨天、今天的了解，则有助于他对未来发展的可能性，有着较为明晰的评估。这个理由是很明显的，我们的今天是由昨天发展过来的，我们明天如何，自然也和今天的实际，乃至昨天的影响，紧密相连相扣的。这样，我们就可以了解到，认识历史是一种智慧了。中国历来的教育，视文史为一体，史中有文，而文也脱离不了史，这是很有意思的一种文化现象。中国文化里，重视"文以载道"，认为文章是含有道德的内涵的，并且赋予历史一种道德的内涵力量，这是中国文化的一个特点。我们常说的春秋大义，就是这个意思。而所谓的"民族大义"也就是指的这点。

民国取代清朝以后，西学东渐，人们要学习的东西多了，历史教育也受波及。可能是民国年间的人们还多是受的传统的教育，所以，他们对于下一代的历史教育，不论怎么讲，还是重视的。这点，我们可以从民国年间的一些书籍中了解得到。但是，不论海峡的哪一边，1949年以后，对历史的教育，就出现了很大的颠簸。台湾方面，我们这一代人成长于50—70年代，所受的历史教育，就其内容来说还颇丰富，但是，对民国的历史则多语焉不详，对于台湾在日据时期的历史教学也很缺失。大陆这边，则因政治的动荡，历史教育也受折腾。改革开放以后，学校教育则多热衷于各类的数理化的学习，对历史的教育很不重视。这几年，经过有心人士的多方呼吁，能否逐步调整为常态，还尚待观察。这些年来，台湾的社会变动，政治对于历史教育的影响大约也超出了常态，弄出一些奇谈怪论。从我近年和台湾学生的接触，明显感到，他们对于历史，不论是古代的，台湾那边的，还是大陆这边的（对大陆1949年后的历史不了解，我则完全理解），大都支离破碎。我在美国多年，就感到美国的中学教育，除了语言（英语）外，就是重视历史的教育。在这样的教育下，美国的学生对于美国立国两百多年的历史充满了自信心和自豪感。我们常说，美国学生的数理化比我们差很多，这是理解片面了。他们的语言、历史教育，特别是历史教育可能超出我们甚多。

我们（大陆、台湾）的历史教育也可能有多种问题，需要探讨、改进。台湾方面的历史教育（至少就我们这一代言），多为"宫廷的政治斗争"。大陆这边则多"阶级斗争"。历史内容的涵盖面不可能仅止于这些，这是很明显的。这一两年是抗战胜利70周年，甲午割台120周年，海峡两岸都在强调大家共补遗缺的历史。确实如此，这是两岸需要共同面临的严肃课题。被掩埋的历史需要出土，被颠倒的历史需要再颠倒过来。我们的下一代如果有的只是支离破碎的历史观，那将是我们民族的灾难，这不论对于大陆还是台湾都是一样的。

我不是专门研究历史的，就是业余有爱好读读一些历史的材料书籍而已。多年前，我有机会阅读了美籍华人历史学家黄仁宇的著作。黄仁宇先生是值得人们知道、了解的历史学者。他出生在1918年的湖南长沙，直至2000年在美国去世。他的一生贯穿了民国时期，抗战时期，国共内战，两岸的分离，等等。黄仁宇早年曾从军，入国民党成都中央军校学习，做过国民党郑洞国将军的副官，参加过缅甸密支那战役。抗战胜利后，还任过中国（国民党时期）驻日代表团成员。然而，他早年也还曾和以后成为中共阵营要人的田汉和廖沫沙共事过。国民党败退台湾前，他就退出军界，到了美国，人近中年时，再入美国大学，学习历史，以后一生从事中国历史的研究。七八十年代以后，他的一些著作，逐步为海峡两岸的人们所认识，并予出版，如有名的《万历十五年》。此书中，他从大历史的角度看待中国历史的转折就发生在这一年。他的著作坊间出版了不少，都是热卖的书籍，例如，《中国大历史》《大历史不会萎缩》《关系千万重》《地北天南叙古今》《放宽历史的视界》《赫逊河畔谈中国历史》等。这些关于中国历史的书籍，深入浅出，又不失其学术的严肃性。黄仁宇生前曾写了一部自传体的回忆录，追忆他在大陆、美国的人生历程以及他的历史研究观点的形成脉络，并嘱咐他的夫人，只能等他去世后才出版。黄仁宇于2000年去世后，他的夫人Gayle Huang将用英文写的此书，交给北京的朋友，译为中文，出版，书名《黄河青山》。这部书写得真挚感人，也是我多年来一直大力推荐给朋友、学生们的一本好书。

写于2014年11月

议南京民国建筑的再现生机

　　这段时期，在大陆上有所谓的"民国热"，指的是人们对于民国时期，国民党统治区社会、文化各方面再认识的兴趣。清朝灭亡后，到北伐，乃至到七七事变后的全面抗战，中国大地虽然内乱不止，战火不断，民生凋敝，但社会各方面、各领域还是有不断地发展，这是不容否认的。可能那时的文人、教育界的精英都还是从清朝的老式教育中走过来，具有传统文化人所谓"士"的禀性，一些人还留过洋，也汲取了西方文化、教育的一些精华，同时，社会的大变动，政府对社会各方面的控制力相对不足，也给文化、教育的发展提供了相对宽松的环境，这就造就了民国那段时期，文化教育的大发展，并且名人辈出，留下了重彩。历史社会的发展，在一个时期内，不可能全是光明的，或全是黑暗的。我们应如是观。在大陆，过去谈到当时国民党统治区的，多为所谓的"白区的斗争"，讲的多是国民党对左翼人士、派别的镇压，而对其他社会发展的方面，就少触及。这当然是有所偏颇。而在台湾，对那个时期的谈论，则刻意回避国民党对左派异议人士的镇压，给人一幅充满温馨的民国画面。这当然也是偏颇不足的。现在大陆的"民国热"也大有这样的趋势，所谓"过犹不及"，人们总容易从一个极端走到另一个极端。台湾社会的进程也有类似的现象。台湾现在人们普遍对蒋经国的时期，多抱有好感，台湾那时经济发展，惠及多数老百姓，因此，台湾人至今有这样的情怀，也是自然的，必然的。但是，如果我们也翻翻那段时期，国民党对异议人士的镇压，也是令人不齿的。看来，要保持一种全面、客观、综合的视角来看待一个历史时期的种种，也还真是不容易。

　　南京作为民国时期（准确地说，应只是一段时期）的首都，自然也留下了不少民国时期的遗迹。我多次到南京，也很喜欢南京，一则是南京所体现的江南氛围，令人钟爱，而六朝灿烂的文化，令人遐想，再则民国时期的遗迹也令我每每追思、追想，为何曾是中国大地共主的蒋介石、国民党在抗战胜利后，就迅速败走台湾了。我们这一代人从小在台湾长大，成长的过程是伴随着蒋介石国民党的"反攻大陆"。现在，大陆的老年人对抗战胜利后的国民党还有点模糊印象，更年轻的就没有了，他们对在台湾的蒋介石国民党，则完全没有亲历的印象。而在台湾，老年人对蒋介石国民党的印象，可能还多些负面的，并且止于在台湾所发生过的。更年轻的对于二蒋的印象大约也逐渐很模糊了，而对于大陆时期的国民党，可能就如同是"天宝遗事"了。应该这样说，我们这一代的台湾人，可能是目前海峡两岸中，唯一还对蒋介石国民党有亲历具体感的一代人，当然，需要补充了解的是在大陆时期的蒋介石和国民党的种种，而我对此还很有兴趣。

南京民国时期的人物事迹早已灰飞烟灭了。但是，当你漫步南京的街头，你似乎还能感受到一些民国的氛围。南京的中山陵自然具有标志性，还有"总统府"更是人们的必游之处。现在的"总统府"已辟为近代史迹展览馆。其实，南京至今还保存有不少民国时期的建筑。这些建筑多为民国政府时期的官府所在，或为当时一些名人的住宅。这些建筑，大体质量很好，风格也多样：有传统的中式的，有西方古典式的，还有新式的民族式的，乃至西方现代派的。它们至今大体保存良好，并且多列入文物保护的单位，得到保护。这些建筑，1949年以后多为公家单位所用，或改为民居，一般人少有接近，也就逐渐为人们所淡忘。每当我望着这些建筑，似乎对物有所感，一幅幅民国的事迹，不禁在我脑海中闪现。似乎，每个建筑都有述说不尽的民国故事。这些建筑所曾经伴随的民国历史，固然已是过往，但它们应会是人们再认识那段历史合适的、具体的载体。这些民国建筑可以在现今，乃至以后的时代扮演它们另一番的风情是完全可能的，端看南京的人们如何用一种新角度、新的视野，来看待它们，来使用它们，让它们焕发出新的风格，扮演新的历史角色。无疑地，这些民国建筑可以是南京独特的，不可再生、再造的民国文化遗产。

我们可以了解到，一个个历史时期总会过去，而其文化，还有其载体，如果保护得好，且利用、使用得好，则具新的生命力，可以长久传承下去。古代的埃及、希腊、罗马文化和与其相伴随的金字塔、神庙和剧场等建筑就是典型的代表。现在，这些地方不仅是人们旅游的热点，人们甚且还在这些地方演出音乐会、歌剧等，使得这些古迹焕发出了新的生命和新的时代风格。几年前，就在北京故宫的太和殿前，演出了普西尼的"杜兰特"歌剧，轰动一时，演出的画面风韵给了人们一种既古典又现代的美感。诚然，这些年，南京市也在逐步清整民国建筑，并使之为今所用。人们期待的是，如何使这些民国建筑焕发出新的时代风格和作用，成为南京的文化精华和不可取代的名片。我常想，目前两岸的名分之争，百年后来看，可能就是没有多少意义的事情了。到那时，可能南京民国的这些建筑，反倒因为能够持续展现它们的民国风采，而为人们所喜好、所留念，且具有历史记忆。政治和文化影响之不同，可能就在于此。

写于2014年12月

谈读书

我小时在花莲，那时家里、学校除了课堂的书，以及一些连环画外，几乎就没有什么书可以让小孩们读的。等我上了中学后，才开始有书可读。台北建国中学的图书馆，藏书多，我开始有了阅读课外书的经历，但因为课业的学习很重，阅读量也不多。台北的重庆南路是书店云集的地方，也是我在下课后，有时和同学们去逛的地方，但那时，由于家庭经济的情况，也很少买书回来认真阅读的。当时，建国中学旁的"美国新闻处"也是我常去之处，但那些英文书，对于我们中学生，也不是容易读的。学校附近牯岭街的旧书摊，在当时是有名的，也是我们同学常去的地方。但是，那里的图书，种类纷杂，颇令人有无所适从，不知该挑选什么为好的感觉。当时的学校教育，也不怎么重视课外的阅读，主要的原因，除了台湾那时的经济还差，同时，升学的压力也大所致吧！现在回想起来，如果那时，能有人稍加指引该读何书，对于具有强烈求知欲的我们，那该是多好的事啊！说起这点，还让我忆起一事。有回，上高中的哥哥告诉我，他们班上的老师，在课堂上，提及他在大陆时，读过艾思奇写的《大众哲学》一书。当时，台湾当局对于大陆的书籍，是全面禁阻的。这老师的一句话，自然引起我们的好奇。事情说来也巧，也就在之后的几天，我居然在牯岭街的旧书摊上看到了《大众哲学》这本书。第二天，我和哥哥就到了该摊铺，想买这书。摊铺老板知道这是本禁书，奇货可居，就要高价新台币80元才卖，这自然是我们买不起的。以后，我再几次去，想翻阅该书也不可得，料是被人买走了。

我在清华上大学时，课业也不轻，也没多少时间读课外的书。倒是，那时我虽在化学系，但对物理情有独钟，也经常泡在图书馆里，读物理方面的课外书。现在回想起来，也因为没人引导，读书的效率也不高。这固然是缺点，但有时也会给人一点意外的收获的惊喜。我现在回想起来，没人指引，固然难免如无头苍蝇，但倒是有可能走出一条人们都不知道的道路。我以后在专业方面的成果就说明了这点。这样看来，不靠他人指引，自己摸索，反而是值得的，虽然这一条道路，走起来是很辛苦。

20世纪70年代，我在美国留学时，遇上了海外留学生的"保钓运动"。那时，参加运动的台湾学生多大量地阅读了"五四"以来，在台湾是禁读的各类图书、文学作品等。这就大大开阔了我们的思想空间，有了这些做基础，也给日后对于如何看待两岸关系的问题，两岸社会、政治的问题，乃至世界政治大事的问题有了一个具体明确的视角方向。那时，我也读了几本艾思奇的书，包括那部脍炙人口的《大众哲学》。该书深入浅出，用平凡通俗的语言介绍了辩证唯物的思想。这书在40年代末，影响很大，它让很多青年人学会了如何看世局。毛泽东高度赞扬该书，说它的作用比得起几个师的力量。那时，我还看了一本叫"毛泽东思想万岁"的小册子。这书是大陆"文革"时期，红卫兵的手抄本，内容包括有毛泽东在一些非正式场合的讲话。通过这个小册子中毛的讲话，让人们看到了一个活生生、幽默诙谐的毛泽东。毛对很多事情，包括历史人物、事件的看法往往有其独特的视角和见解，让人印象深刻。我们在台湾时，也都读过蒋介石的各种文稿、文告，如"蒋总统嘉言录"，但其中除多盛赞曾国藩的家书之外，印象不深。近年，蒋的日记也公开了，不知道他的日记是否也反映了他为人所不知个性的另一方面？近年，大陆出版了《毛泽东评点二十四史》的大册图书。能阅读完历经千年的二十四史，并且还有点评，非一般的人（即便是史学专业者）所能做到的。这套书我有机会翻过，看到毛很精心地在古书上做标点，在书的扉页上，写注脚（他的笔迹是很正规的行草书体），他似乎读史是以人物（列传）为线索引绳的，特别是其晚年的批阅多处，写有"叛臣、奸臣"的注脚。他在关于"梁上君子"的段落上，批写了"人在一定条件下，是可以改造的。"还批有"杀降不可，杀俘尤不可"，以及感叹之言，"时来天地皆同力，运去英雄不自由"。我看他直到去世的前一年（1975年8月）还在阅读这套书，很是感人。这也让人们了解到毛泽东一生勤快读书的个性，读书是他最大的爱好。不论是赞成还是反对他的人，都得看到，毛泽东和清末以降的仁人志士一样，为了拯救中国而奋斗了一生，并且取得了莫大的成就。他的晚年固然犯了很大的错误，但不以其误，而废其所言，他所指出中国社会的矛盾、问题的所在，并没有错，他所指出的中国人应该奋斗的方向、目标，也并没有错。一般人，可能多只看政治方面，毛泽东的得和失，而少有较深入认识和了解，作为一个文人方面的毛泽东。我们或可以了解到，毛泽东综合了中国几千年的历史经验和智慧，并与传统的文化相结合，丰富、扩大了中国人的思维空间，这是值得我们后人珍惜的。

这些年，两岸社会都有很大的变化，现在台湾已经很开放，大陆的图书也很容易买得到，我在台北的一个书店，还见到大陆出版的《毛泽东选集》，甚是难得！只是不知道，在台湾开放的社会中，是否还有人能有意识地从过往的"反共"的窠臼中，解脱出来，从中国近代历史的角度，以更开阔的视角来看待毛泽东，以及和他一生紧密相连的共产党的历史？大陆这些年的变化，也很巨大，经济是发展上去了，但是人们似乎也陷入了迷惘，一些传统的价值观，社会主义的价值观却受到漠视和挑战，这是令有识者忧心忡忡的。

我在大陆多年，时有机会到各处去，我也不放过到各处的历史古迹去参观的可能。这样，多年来，我以前在台湾念中学时，培养的对于读史的兴趣，就有了延续，并且没有间断。当然，我只是业余的爱好。我到各地去，经常买些该处出版的关于当地历史古迹的书籍。多年下来，家里居然收藏了不少这方面的图书，俨然成了一个小的图书馆。因为，这些地方都是亲历的，再读它的历史，就备感具体实在。这也成了我业余的最大爱好。我深感，历史的学习和借鉴，让人能从古今中外古人的经验里面，吸取一些可以超越自己局限的东西，让自己把事情看得明白，这不就是智慧吗？

写于2015年7月

兼谈语文和古文的学习

我的学生们经常面临写英文学术论文的困难。我发觉如果让他们直接写成英文，我再给改，这样就很困难。这不单单有英文语法的方面，还牵涉到语句逻辑的方面，这样我给改文章，几乎等于重新写一遍。我于是让他们先写成中文，把句句、段段之间的逻辑秩序都安排妥当了，文义清楚了，重点也突出了，然后，逐句再写成英文。这样，我就好改了，因为不牵涉到句句之间、段段之间的问题，而只是一个句子内，语法的改动，中英文之间，表述不同的改动而已。我这个做法的缘由乃在发觉，学生们之所以英文写得不好，不单单是语法、结构方面的问题，他们的英文学习了多年，对语法和句子结构的掌握还是可以的。关键的是，他们缺少在写一篇文章时，要注意思路表述的逻辑发展层次问题。简单地说，他们没有或缺少句句之间的逻辑联系关系，段段之间逻辑发展联系关系的概念。他们的英文写不好，其本质乃在语言表述，逻辑层次的问题。他们缺少了这些概念，则不论写英文、写中文都是词不达意，文义不清的。一句话，英文写不好的根子还是在中文写不好。

文字的书写，和语言有所不同。语言从小几乎不费何功夫自然就学会了。虽然如此，每个人说话的逻辑、清晰度还是会有所不同。其实这也反映着一个人的思维逻辑层次。有些人言简意赅，有些人说了半天，仍然无法让人解其意。比较起语言的学习，文字的书写则需要更深层次的学习和锻炼，不能完全说，写文字材料，就是文如所言，把言转成文，就成了。语言、文字功夫的学习和培养主要在小学、中学，自然大学阶段也应该重视，只是一般的大学教育对此都不重视。美国的中学教育，对于英文的学习是非常重视的，反观大陆、台湾可能也差不多，反而更重视数理化的方面，这就偏颇了。说起大学的语文学习，我们那个年代的台湾的大学就有大一一年的国文课，我觉得这是非常好的。我还记得，我在清华的大一时，有位曹老师给我们上大一国文。曹老师的教材和别的学校有所不同，一般的学校，都是取从市面可以现成买来的，如《史记》等。曹老师的教材都是活页的，来自不同的出版社、不同的管道，并且量大，特别是涵盖了清末、民国时期一些名人的所写，既有书信、小品，抒情的，也有对时事的议论，等等，几乎是包罗万象了。这门课，对于从中学学习过来，相对单一的语文内容来说，确实是让我开了眼界，至今印象尤深。多年以后，我回到台湾，想再找到这些教材，而不可得，感到非常遗憾。

我们那个年代（60年代）在台湾上中学的时期，对于范文的学习是很重视的，这些范文绝大多数都是经典的古文。多年后，我才深感这样重分量的学习古文，让人一生受益。这几年，台湾是这样，大陆也一样，对于古文的教材，压缩了很多，理由是现在人们用的是现代的白话文，不再是文言文了。这样的看法，很是粗浅。白话文的基础在于古文。我们看民国年间的一些学者，为何他们的白话散文都成了经典呢？他们其实都有着深厚的古文基础。语文教育，如果只就白话文而教语文，那肯定是舍本逐末。这些年，大陆这边有越来越多的人，提及应该更重视古文的学习，并且提议大一要有中文的课程。这样的呼吁、观点是对的。

经典古文的流传有上百上千年，它们能历经漫长岁月的淘汰而留存下来，自有其不朽性。古文的一个字、一个词往往就能表示很明确的意思，这是古文能够简约的原因之一。现在白话文的几十个字词，往往还不如古文的一两个字词的分量。我还特别欣赏古文的逻辑性，我以为这是学习古文的重点（之一）。文字书写能具有清晰的逻辑性是一个很基本的要求。此外，古文大都具有优美的韵律感，让人心赏。古文中，也经常有比喻，这些比喻往往反映了古人从对大自然的观察中，所领悟的关于人生的哲理。这些哲理，对于当今的我们，也是对待生活、对待世事，很好的一种参考、借鉴乃至智慧。古文的虚词在白话文中，虽然退化了，但是，在白话文中，如能巧用虚词，则可以起到画龙点睛的作用。犹记得中学时的国文教材就附有虚词的解说、用法，我当时非常喜欢读这个附录。把虚词给掌握了，对于古文的精华也掌握了大半。我还记得，有一次考试，老师出的题目，就是把课堂上没有学习过的一小段古文中的虚词给拿掉了，让同学们来填写。那次全班居然只有我一人是全对了，还受到老师的称赞。这是少年时美好的回忆。

大陆这多年来，所谓的"党八股"文风盛行。所谓的"党八股"就是没有实质内容，逻辑混乱，不知所云的官场文章。台湾这几年，听说在"本土化"的名堂下，对于中国传统的东西，包括对古文的学习，乃至中国历史的学习（本质上，文史不分，离开了史，无法谈及文；反之，学习文，也不可能不涉及有关的史）多所偏废乃至废弃，这其实是"自我废功"的愚蠢做法。

  一个有益的经验是，我们得强调写文章、写材料是给人看的，这个看似再浅显不过的概念，却往往为人们所忽略。我们写东西，经常容易主观，也容易犯下一个毛病，因为是写自己懂的东西，就容易把该交代、该说明的东西给忽略了。因为自己懂了，就下意识地以为读者也能懂得。缺少了这个意识，写出来的东西，往往就对事情的来龙去脉，没有清楚的交代（因为本人很清楚明白，反而也最容易遗漏了），他人自然无法了解。我经常给学生们说，你写后，不要以为自己看得明白就好，你还得换个别人的角度，看看对所写的，能否明白。如果，阅读的人还要带猜、带想，那不能说人家水平不高，看不懂，而只能怪自己写东西不清楚，该交代的地方没交代清楚。因此，写东西，得要不厌其烦（不厌其详）地把想要表达的意思，想要读者明白的东西，说得清清楚楚。这样，我就要求学生写好文章后，先放个一两星期，等对所写的没有印象了，再拿出来看能否看得明白，再对所写进行修改。我也建议，特别是理科同学在写论文时，可以先给他们的"外行"同学看，看什么地方，看不懂，就改写什么地方。直到外行的同学也都能一目了然了，那肯定就是没问题了。我发觉这是一个有效改进书写的方法，我对自己的书写也是按这样的方法来处理的。有了这样的心态转换（处处为读者想）——时刻提醒自己，这样写，读者能明白吗？写出来的东西，即便是所谓的"深奥"的东西，外行人一读，也必然是"深入浅出"的。写东西，就是要有这样精益求精的精神，才能对得起读者。

写于2015年8月

闲谈书法

　　一个民族的文字除了具有记录载意、沟通的功能之外，还能具有美学、艺术的境界，大约数汉字为唯一的了。中国的汉字到目前所知可以上溯到甲骨文。甲骨文发现得晚，才百来年，它之后的刻在青铜器上的金文，则很早就为人们所知。此二者发现（出土）的时间差距也有上千年，但它们却能续接汉字演化的过程，这也是文明史上的一个奇迹。中国大约在不晚于东汉时，就已经认识到汉字的美学意义了。汉时，通行隶书，它是在战国、秦篆体的基础上的一个深具历史意义的变革。这个过程称为隶变。隶变的过程也导致了汉字往往有多种异体字的现象。以后隶书又演化为真（楷）书、行书、草书。现在，人们通行的楷书大抵在唐初就形成、固定下来了。了解书法的历史，就了解到时下，很多有关简化汉字，繁体（正体）之辩，乃无意义之举。以后，隋朝开始的科举制度就把读书人的仕途和写得一手好书法连接在一起。历代的官员因此没有拿不出好书法的。写一手好字、好书法成了读书人、官员在社会立足的基本条件。

　　随着时代的发展，科技的进步，计算机打字的普遍使用，现在一般人已经不再具备如前人那样的书法素养。现在且不说书法，就是写字（书法和写字还不相同）的机会似乎也慢慢变少了（是好事？是坏事？）。但是，这并不妨碍书法作为人们开拓生活空间，提升内在素养的合适载体。它让人们在繁忙和复杂的社会生活中保有一定的清闲和平和的心态。书法，确实是一个神妙的东西，每个人，并且每次的所写都不同，更为重要的，它且能反映出一个人的内心活动。一个书法作品写好后，即便过去了很长的时间，人们还能从其墨迹中看到书家书写时的意识活动。著名的颜真卿的《祭侄稿》虽经千年，至今人还能感受到他书写当时的悲愤、伤感，这实在是件奇妙的事情。同样，我们如能接触宋代米芾的手札书法，就会惊讶于他居然能把汉字写成这样的风流倜傥。

　　我早年在台北上小学、中学时，印象很深的是，街上店铺的牌匾，很多是名流所写的好书体，如贾景德、于右任的。70年代末，我来到北京时，也能看到街上的一些牌匾，虽然不是名人之所写，但也令人赏心悦目。多年以后，这些具有美感的招牌少了，换成了千篇一律的计算机书体。这些计算机书体，就每个字来说，也是端端正正，但是连在一起时，就显得呆板、了无生气。这些年，我回到台湾，看到满街都是胖胖圆圆的字体，相当丑陋。我怀疑这书体是受来自东洋之风的影响？陆客到台湾说，台湾的中华文化保存得好，我且就问，这样的街景景观，何以见得？

然而，物极必反。现在愈来愈多的人们开始认识到书法的人文性和社会性，并且开始关注、喜欢书法。大陆社会上，普遍设有的"老龄大学"都开设有书法的课程，退休的人们学习书法之风很盛，这大约反映"迟暮之年"的人们，一生中对有所缺憾的追求。大陆电视台还开设有专门以书画为内容的"书画频道"。此电视频道也上网直播，内容除了有关书画的新闻之外，还播有学习书法的课程，进行远程教学。我看其中的作品展播，所播年幼小朋友的所写不少令人耳目一新！我听一位书法界朋友讲，大陆的书法教学，讲求溯源，从上溯古人作品学起，这样起点高，路走正，效果好。

有谓：学习书法都先从楷书学起。如果从树立书写的架构说，这也无可厚非。但，这不是一个必然。王羲之的草书有其历史的地位，他的《十七帖》，千年来，直到今天，还是人们学习草书的范本。王羲之生活在楷书成熟的唐代之前三百来年，这就说明了问题的本质。学习书法，特别是入门的阶段，还得跟着老师学习为好，有人指点一笔一画，一字的关键所在，很是重要，才能事半功倍，避免走弯路，单靠自己的琢磨，不是办法。有些人，也有误区，以为靠自己的努力，不上师古人，就能立自己之门派，这其实是走入了歧途。中国历代的书法家汇集了千百年的成果，是一个文化宝库，不从古人的成果上来学习、来继承是不可想象的。我们看历代的名家固然各有其不同的风采，但仔细观察品味，就知道，他们之间还是有共同点，还是有共同的，来自更早期名家的传承。所以，没有传承就谈创新是外行的话。就此，人们可以了解到，从认真学习书法的角度言，临帖会是一辈子的必需，而不仅仅是对初学者的要求而已。

古人将书法的成就与一个人的人品联系在一起。宋朝的蔡京是个奸臣，他的书法很好，但在书法历史上的地位却远远排不上号，这也反映了中国人的美学观、艺术观。现在，书法虽然不是一般意义上的书写工具，但能写得一手好字，还是为人所称赞。我听一位北京文化界的朋友说起，到台湾去访问，如果拿不出像样的字来，就备感压力，怕人家还看不上你呢！我在台湾、大陆都教过书，也都看到两岸的大学生的字（硬笔字），一般都很不像样。我都和他们说，把字写好，还是一个人一生中应该注意的事情。有条件的话，家长让小孩从小就立下书法的基础，对他的一生会是很好的。

写于2015年10月

辑二

保卫钓鱼岛

"保卫钓鱼台*运动" 二十五周年有感

　　1970年发生的海外、中国台湾、中国香港留学生为反对美国政府将钓鱼岛列屿划归琉球群岛并随之转属日本，而爆发的保卫钓鱼岛运动转眼至今已有25年了。25年来世事沧桑，海峡两岸关系亦有重大变化。抚今追昔，对当年参与此运动的人而言，意义非同寻常。笔者曾投身此历史性之运动，亦愿借此时机，总结几点看法，谈述一些感想，以为存照。

　　一、"保钓"运动虽然源于保卫国土之爱国行动，然而其所涉及之范畴，则远不止于单纯的爱国情愫。"保钓"运动以及随后的"中国统一运动"，触发了港台留学生一个思考：作为一个留美知识分子，在其所处的时代，面对自己的故土，留学地乃至世界应持抱何种立场。此种思考，以及引发的一种觉悟，觉悟到知识分子不应只是有知识之人，而应是对故土、世界的发展有诸多道德责任。此就个人而言是一个世界观塑造的过程，而就当时一代留学生而言则是一种人文思潮的觉醒。如果我们回顾当时的港台社会的本质，以及这群学生从小所受的教育，以及世界观言，"保钓"运动实则为一思想解放之运动。"保钓"运动时期所揭示的道德观、世界观和大陆"文革"时期所倡导的有着密切的关系。今日有人以大陆"文革"之失败而全盘否定这些道德观、世界观，我以为这是不妥的，是不符合历史逻辑的。海外的"保钓"运动所借鉴于大陆"文革"的更多的是一个知识分子所应具有的道德良知。这些道德良知为古今中外历代进步力量所揭橥、所继承。因此，我们应充分肯定这种进步的道德观、世界观。经过这场运动、时代的人应珍惜当年的此种获得。

　　二、"保钓"运动所宣示的道德观、政治观、社会观不仅对华人社会有所冲击，更主要的是对台湾社会因政权性质所具有的买办性的批判。此种剖

---

　　*　钓鱼台即钓鱼岛。

析、批判大大增广了人们对台湾社会问题本质的认识。台湾自70年代以降至今，整个政治格局有了巨大的变化，其所伴随之群众自我觉悟与"保钓"运动所宣示的进步思潮是紧密相通的。可以说，"保钓"运动为台湾社会近20多年来政治、社会变革在一定的范畴、层次提供了思想基础。"保钓"运动不仅充分批判台湾社会的买办性，同时亦充分肯定台湾社会一脉相承的人民性、进步性的思潮传统。当年周总理以其敏锐的历史洞察力说，"保钓"运动是海外的"五四"运动。这是对"保钓"运动高度的概括。无疑地"保钓"运动虽然发生在海外，但确是台湾现代史上一个重要的划时代的历史事件，其所影响之深远，恐怕超乎当代人所能感受到的。

三、"保钓"运动不仅批判台湾社会的买办性，更重要的是充分揭穿蒋家统治的"神话"性、不正义性。就当时参与运动的留学生言，台湾政权结构必须进行根本性的改革，亦明显不过。虽然当时蒋经国上台，亦主张"革新"，但他止于提用一些年轻人以及省籍人士，而对于政权结构的不合理性未曾触及。证诸台湾今日之变化，在在证明"保钓"运动所倡导政治改革之彻底性。

四、"保钓"运动学生首先冲破蒋家统治之政治禁忌，重新架起两岸已阻绝20多年的联系渠道。证诸当年台湾社会的"戒严"统治、白色恐怖，诚为破天荒之举，此种胆识只有年青的一代才有，亦只有他们才能推动历史之前进。当我们看到今日每年有上百万台湾人前去大陆，对比当年留美台湾学生得冒被吊销旅行证件、上黑名单以及连累在台家属之危险，"偷偷摸摸"去大陆，不禁感叹世事沧桑，亦佩服这些学生所具有之历史洞察力与正义气质。人为地阻绝两岸交流是违反历史的，亦是不正义的。然而这在当时的条件下，却被扭曲成"合理的现实"——"反共"的必需。只有"我不下地狱，谁下地狱？""不信邪！"具有大无畏气魄的年轻学生才能打破这个神话禁忌。20多年后的今天，固然两岸交流有了很大进展，但我们不能说上述的扭曲心态，神话已经不存在。相反地，此种心态阴影尚且有相当市场。就此，我们不能不感叹蒋家统治之严重后果。

"保钓"运动的留学生来大陆参观游览，通过自己办的小刊物，大量介绍了大陆自1949年以后社会变革的各种情况，立场鲜明地歌颂大陆自1949年以来在西方包围下，自力更生建设家园的动人事迹。虽然由于多种原因，这些报道多具有从善良愿望出发，带有强烈美化大陆的色彩，但这些对比于当时台湾乃至西方在长期反共、反华宣传下，普遍造成的对大陆强烈扭曲的印象的冲击，自亦有其历史作用。例如，在留学生中为大陆"侵略"朝鲜"平反"。我们应历史地看这个问题。当时"保钓"运动留学生对于生疏的大陆是抱着认真的态度去了解的。现在的海峡两岸的交往已经开通，但是似乎看不到台湾年轻学生对大陆、两岸关系作严肃认真的探讨与了解。历史的反差，竟然如此。

需要指出的一点是，当时海外台湾人社区中要求台湾进行政治改革的尚有其他团体，包括主张"台湾独立"的。"保钓"成员与之不同的是，他们看到了台湾问题的本质，将台湾的前途与两岸关系联系在一起，因此主张人为隔绝两岸的藩篱应该拆除，他们并且以身试"法"，冲破禁忌，其诚挚之心，为国为民族之心，将有其历史地位。

五、周总理对"保钓"运动极为关心，不仅将之誉为海外的"五四"运动，且在其70多岁高龄，日理万机，抱病之时多次接见回国参观的"保钓"学生，和他们畅谈国内形势、台湾问题以及世界大局。有时谈话时间长达八小时。周总理丰富的人生阅历，深邃的历史洞察力，以及平易近人的长者风范给"保钓"学生留下深刻的印象。"保钓"学生只是普通的学生，论社会地位没有显赫的地位，论财力没有分文，论学识都只是研究生而已。然而周总理却不以这些为框框，这只能理解为周总理具有非凡的历史洞察力，他从这些学生身上看到了两岸阻绝多年后，重新冰释的前景，以及台湾社会政治生态酝酿重大变化的预兆。周总理和这些学生恳谈，亲自了解台湾社会的种种，包括台湾人民的各种心态与愿望。我想这为日后制定和平对台政策铺下了良好的基础。尤其令人感动的是周总理曾多次听取留学生中同情"台独"的心结倾诉，对台湾人中因蒋介石反动统治而萌发的"台独"心结表示充分理解，同时耐心地给大家讲述台湾问题的由来、本质，以及祖国政府反对"台独"的立场。周总理语重心长地说，他年纪大了，不一定看得到台湾的回归，但期待"保钓"的留学生能为中国的统一而努力。他说你们还年轻，一定能看到它的实现。周总理革命者的风范深深地影响着"保钓"一代人，这些至今传为美谈。

六、"保钓"运动时期所宣示的台湾的政治生态应改变，两岸不应阻绝等等，20多年后的今日已有很大的变化。这些对当年参与运动的人言，诚可堪慰。然而，"保钓"运动所宣示的反对外国势力插手台湾问题的主张至今则远未实现。此种情况今日在台湾尚且为各种美丽的说辞所"合理化"。人们不禁感叹历史发展之曲折，正确的事物往往需要很长的时间才能为大多数人所接受。

七、"保钓"运动前后轰轰烈烈进行了六七年，范围之广、之深，在中外学生运动中亦属少见。运动成员以后各自东西，相当多的人留在了留学地，其中不少今日从事与大陆有关的经贸活动，也有不少人回到台湾，在学界、企业界正起着中坚的角色作用。"保钓"成员中也有我们这样的，回到祖国大陆，十几年来大家兢兢业业在自己的专业领域努力工作。由于身份"特殊"，大家亦努力自爱，就所能了解的台湾情况，就所自以为是的对台政策做法，积极表示意见。所幸十几年来，大家所预测的台湾政局演化大抵不十分离谱。在两岸思维概念差异上亦起一定的协调交流作用。总之，大家珍惜两岸阻绝多年后，我们所处的独特处境。

八、"保钓"运动已经过去25年了，"保钓"运动所揭示的知识分子所应有的道德观、世界观有其时代特性。它是台湾现代史上重要的事件。它的意义、影响自有历史的公论。当年"保钓"运动的成员有其历史机缘参与此事件，虽然以后历程个人不同，"青春无悔"应是大家会有的豪语。此运动所凝聚的这一代人所具有的共识，在今后两岸关系发展上，会有其角色作用，抑或可期待，愿大家共勉。

写于1995年

台湾光复与"二二八"感言

1945年10月25日台湾光复了，然而台湾人民并没有过上安宁的日子。蒋介石国民党的反动统治在台湾激起了人民的义愤与反抗。1947年，台湾全岛爆发了二二八起义。当时在延安的中共中央，经由新华社电台，向台湾同胞广播，其中提道："蒋介石之于台湾的统治，其野蛮程度，超过了日本帝国主义，台湾人民在蒋介石法西斯统治之下的生活，比当日本帝国主义的亡国奴还要痛苦。""台湾人民的要求是极其平凡的，不过是要自治，废除专卖制度，要台湾人民能在台湾当行政官吏等而已"，又提到"台湾人民的自治运动，在其目的没有达到以前，是一定不会停止的，欺骗与镇压都是只能激起台胞更大的愤怒而已"。这些对于台湾局势的分析与估计深刻地勾画了不仅当时，而且是以后的50年中，在蒋家国民党统治之下，台湾人民的处境及其反抗运动的本质。

"二二八"事变以后，蒋介石国民党在五六十年代又残酷地进行了大清洗、大镇压。据有人统计，在这段时期内，被判刑期的总年数竟长达40多万年，更遑论牺牲的同胞了。蒋家国民党对内镇压，对外则依靠美国的军事支持，包括驻军，充当以美国为首的西方集团对新兴人民中国政权围堵的马前卒。我是台湾光复后出生的一代。70年代我留学美国时，就亲眼看到国民党控制不了的地方，广大台湾留学生是如何的痛恨它。反抗国民党的群众运动，不论在岛内岛外，可谓风起云涌。总之，这样一个本质的政权，不仅在大陆被中国人民打倒，在台湾也不可能长久维持下去。果然1988年随着蒋经国的死亡，蒋家政权随之土崩瓦解。有人问，为什么它垮得这么快？一句话，它是一个没有民意基础的政权，不垮台才是奇怪的事。我想任何人只要对蒋家国民党在台湾的统治略有了解，就不难有上述这样的结论。

蒋家国民党讲"一个中国"，但它的一个中国是反共反华反中国人民的一个中国。它也讲"民主主义"，但它的民主主义是封建法西斯的。它也讲统一，但它的统一是"反攻大陆"由它来统治中国。它借这些本来充满正义内涵的意识以行其反动统治之实。我们绝不可只看到这些字眼的表面词意，而没有看到它的所作所为，例如它一面说民主主义，一面却引进美国驻军，依附美国势力，同时压制台湾人民的政治改革要求。

70年代以后，台湾的经济有了很大的发展。1987年以后台湾的政治结构也有了很大的变化与发展。然而我们必须看到，在蒋家国民党的统治下，两岸关系、台湾自身的定位乃至对大陆与世界格局的看待，在台湾被强烈地扭曲了。

台湾光复了，台湾的地位——即它是中国的一个部分是确切无疑的。然而，我们也应看到今天台湾人民正处在一个历史的十字路口。今天在台湾，过去诸种不合理的政治体制，经过台湾人民的抗争、奋斗正逐步得到纠正与改变，人民当家做主的契机正在萌发，这些我们都应该也乐于看到。然而台湾的"民主"潮流不应该也不可能改变台湾隶属中国这个基本事实。如果台湾的"民主"潮流被误导到这个方向，则不仅为全体中国人民所不容，且势必破坏国际格局，引发亚太地区乃至世界性的危机。这是一个极端危险的深渊。台湾人民必须有这样的认识，否则走向劫难，何其惨也！

今日的台湾虽然已经脱离了蒋家统治，然而蒋家所遗留下来的扭曲的两岸关系观，却尚未得到改变。扭曲的两岸关系观是将台湾与大陆敌对起来，互相对抗，互不来往。台湾与大陆近在咫尺，同属一宗，不论从历史、社会、经济还是政治角度言，这种敌对的关系是肯定错误的，不合理的，也是经不起时间的考验的。很遗憾，这种不合理的两岸关系观，今天在台湾尚且为诸种美丽的说词所合理化。我们相信明天的台湾、大陆需要的是一个正常的、友爱的、相互促进发展的、和平的两岸关系。

蒋家留给台湾人民一个更大的扭曲是将台湾引为西方，主要是美国围堵祖国大陆、自己同胞的前哨基地。这个极端错误的做法、概念今日在台湾不仅没有随着蒋家的倒台而受到质疑、抛弃，甚且有得到当权者强化的趋势。此种逆历史潮流的做法，今日在台湾尚且为美丽的说辞所合理化。此种心态的极度膨胀必然导致"美国是最可依赖的"这样一种极端的、一厢情愿的依附心理。任何对美国的历史、政治及其政府稍有了解的人，应该都不会同意这种糊涂估计。

以上所言，无非说明一点，台湾虽然光复50年了，然而这50年中，台湾总是处在一种极度扭曲的社会、政治环境底下。这个不合理的历史阶段是到了被结束的时候了。我相信纯朴、善良、勇敢、智慧的台湾人民必然能从不合理的历史阴影下，走出一条康庄大道。在这条大道上，两岸同胞和谐相处，共同前进，共同繁荣，共享民族尊严，共同谱写我们伟大民族、伟大祖国光辉的未来。这就是祖国统一的康庄大道。

正确地了解台湾过去的50年，乃至100年，锲而不舍地为祖国的和平统一创造条件，是今后两岸同胞共同的历史责任。我相信大家携起手来，明天一定会更美好的。

写于1995年10月

我的一点情怀

——纪念《告台湾同胞书》发表30周年

全国人大常委会在1979年1月1日发表了具有历史意义的《告台湾同胞书》，揭开了海峡两岸关系的新篇章。光阴荏苒，岁月如流，一转眼就30年过去了。而这30年也正是我从台湾到美国留学，而后回到祖国大陆工作，见证了改革开放，我们祖国大陆发生翻天覆地大变化的30年。

抚今追昔，令人追思我们台湾同胞和祖国大陆的历史渊源。

台湾同胞历来具有爱国爱乡的光荣传统，诚如台湾老报人李纯青先生所言：每个台湾人寻找祖国的经历，都是一部千万行的叙事诗。

百余年来，台湾的命运与祖国的命运紧密联系在一起。正如人们所说的，中国近现代发生过的几乎所有重大历史事件，台湾同胞从来都没有缺席过。从公车上书到辛亥革命（如罗福星），从北伐（板桥林家人）到抗日战争（台湾人到重庆参加抗日，台湾抗日义勇队），从解放战争（台湾地下党）到解放初期建设新中国（从日本回到国内的旅日台胞），到今天的改革开放事业（台商，台湾学生），都留下了台湾同胞的足迹。

1949年以后，到20世纪70年代初这段时间，由于历史原因造成两岸关系完全断绝。1971年首批有5位台湾留美学生冲破阻隔来到大陆，受到周总理的接见。70年代在海外发生的"保钓、统一祖国"的运动，海外台湾留学生不仅进行保家（钓鱼台）、卫土（反对"台独"）的斗争，也重新架起了两岸交流的渠道，并且催生了台湾同胞重新认识祖国大陆的热情。70年代发生在海外的这场台湾学生运动留下了大量的刊物、资料和文献。前几年，台湾清华大学图书馆开始收藏这批文献资料。2007年以来，经过我们的努力，北京清华大学图书馆也开始收藏，并且内容更加丰富，同时，还为当事人进行了口述的工作。几年前，经过海外、台湾朋友的努力曾出版了"保钓、统运"的文献汇编——《春雷声声》一册和《春雷之后》三册。目前，结合两岸清华大学图书馆的收藏工作，还准备出版《春雷新编》两册。如此，70年代这场被周总理誉为"海外的五四运动"的历史文献保存算是有了初步的规模，为以后的研究者提供了难得的传承载体。今年，拟在台湾清华大学召开有关"保钓、统运"文献收藏保存的研讨会，同时，也计划在2010年"保钓、统运"40周年之际，在北京召开纪念的会议。

通过上述"保钓、统运"文献的收藏工作，让我联想到我们几代台胞在祖国大陆的经历，不仅反映了台湾近代的历史，也反映了台湾和祖国大陆的关系史，这段历史理应很好地保存下来，并且为更多的人所了解。

我前些时候曾给一位老台胞写过口述的回忆文章——《我的台湾地下党经历》。此文反映的是50年代初那段有血有泪的岁月。该文在台湾刊载，得到一些好评，并且得到一些硕果仅存当事人的反馈，很是感人。

当然，我个人的力量有限。我想，如果有更多的人，能够参与到这个事情、参与到这个保存史实的工作中，就更好了。

前段时间，我们对在京的涉台文物做了初步的调研。涉台文物作为历史的见证物，充分反映了台湾与祖国大陆血脉相连、密不可分的关系。这个调研的目的在于掌握情况，挖掘史实，为有关文物的保存，以及对它们在对台工作方面的利用，提出建言。当前涉台文物的收集、整理、保护和利用的工作，还有很多事情需要我们去做。涉台文物的内容和范围不止于一些不可移动文物，如反映清末民初，旅居北京台湾同胞活动的台湾会馆，林海音故居等，也不仅只是福建闽台缘博物馆里的那类，反映两岸早期（主要是清朝）民间往来的馆藏形式。涉台文物的概念其实还可以更为广泛一点。

我那年回台，在台南延平郡王祠见到康熙皇帝统一台湾后颁的圣旨，内容是赦免郑氏家族的"叛乱"罪。前阵子，又见到文物拍卖公司拍卖《巡台御史白瀛呈供乾隆皇帝御览手绘台湾全岛地图》。这是乾隆十三年（1748年）巡台御史白瀛进呈乾隆皇帝的台湾地图本。这个文物的价值就在于它明白无误地说明了，台湾是祖国一部分的史实。从历史上看，台湾近四百年经历了几个重要的时期——从郑成功收复台湾，康熙统一台湾，到1885年，光绪台湾建省，再到甲午割台，及至抗战胜利后，中央政府（在重庆、南京）从日本手中接收台湾回归祖国。因此，在北京，我们如果能有个展览（比如几年后将落成的，在天安门东边的国家博物馆中）将上述藏于清宫的涉台文献，包括历代皇帝的批阅奏折（即如，台湾的嘉义地名，就是清朝道光皇帝给命名的），乃至抗战胜利前夕，国民政府在重庆所做大量准备接收台湾工作的文书，展示出来，这该会是多么轰动，予人启发和深思啊！

如前所言，台湾同胞在祖国大陆，从公车上书到辛亥革命，从北伐到抗日战争，从解放战争到解放初期建设新中国，到今天的改革开放时期，都留下了大量的史迹。这些史迹生动地说明两岸关系的深层次脉络。这些史迹，如能让今天的台湾访客有所了解认识，那会是多感人啊。四方游客来到北京，人人都可以去长城、故宫。我们可以设想，如果能让台湾的访客参观上述台湾同胞在祖国大陆几代人的历史，这些反映两岸关系的动人史实必然能撼动台湾的访客心怀。这个展示也必然是两岸独特且唯一的参观点。

回顾历史，目的是获取智慧和启迪，从而更好地把握今天和未来。其中最重要的，就是包括台湾同胞在内的全体中华儿女必须世世代代继承和弘扬以爱国主义为核心的伟大民族精神和万众一心、众志成城的民族团结意识。历史已经深刻地昭示，只有国家统一，民族才能强盛；只有团结在爱国主义的伟大旗帜下，中华民族才能创造更加辉煌的明天。

谨以此文，述我情怀，并以纪念《告台湾同胞书》发表30周年。

写于2009年1月5日

贺美东保钓纪念会

值此"美东保钓40周年纪念会"召开，我谨致最热忱的祝贺。

回顾40年前，由台湾、港澳留学海外的学生以及华侨学界所发动的保卫钓鱼岛运动，及其后续的"中国统一运动""保沙运动"，作为当年的参与者，我至今仍然感到心潮澎湃，热泪盈眶！

40年后，我们就更能从历史的脉搏，把这个运动的性质看得清楚了。

首先，它是一个上续中国近代知识分子振兴中华的运动。在中国近代，为了祖国不被人宰割，发奋图强的伟大事业中，台湾的知识分子，台湾留学海外的知识分子，华侨学界的知识分子并没有缺席。

其次，以李我焱、陈恒次、陈治利、王春生、王正方5人冲破两岸的隔绝，到访祖国大陆的义举为标志，开启了重新续接两岸自1949年后断裂的联系纽带。而我们敬爱的周总理接见这些来自台湾的海外学子，深夜长谈6小时，更成为历史的美谈。历史说明，两岸关系阻绝的破冰者，不是别人，而是我们台湾的留学生。其后的"中国统一运动"则更加深入地耕耘了两岸关系的发展。历史说明，两岸关系的开拓者，不是别人，也是我们台湾的留学生。

40年后，我们更清楚地了解到这个运动，不仅关系到中国领土主权的完整、两岸关系的发展，更关系到中华民族伟大的振兴。

那是一个充满激情的时代，那是一个火红、青春的时代。我们的青春是"青春无悔"的青春。

70年代台湾、香港、澳门留学生和华侨学子们，这一段可贵的史迹，应完整无缺地成为台湾历史的一部分、两岸关系历史的一部分、中国近代史的一部分，乃至新中国历史的一部分。

近年，两岸清华大学独具慧眼，认识到这个运动所遗留下来的文献、资料的历史价值，并启动了收集和保存的工作。作为这个工作的参与者，我特别要提及北京清华大学图书馆在这个工作上的勤力。现在，应该可以说，北京清华大学图书馆的保钓资料、文献和当事人口述历史的工作，已经蔚然可观。与之有关的是，北京清华大学图书馆还和我们"老保钓"以及北京台湾同学会积极配合，出版了《春雷》系列文集——《峥嵘岁月》《壮志未酬》两大册。我们期待这个工作能更上一层楼，使得清华大学的保钓特藏能够成为爱国主义教育基地、国家对外有关政策的咨询参谋机构、海峡两岸文化教育交流的一个平台，而对外言，是一个联系海外侨界的纽带。借此机会，我再呼吁，请大家热心支持北京清华大学图书馆的这个保钓资料、文献的收集和当事人口述历史的工作。

最后祝会议圆满成功，大家身体健康，北京再见。

谢谢。

写于2010年12月18日

关于40年前海外"保钓运动"的历史意义

一、"保钓"运动虽然源于保卫国土之爱国行动，然而其所涉及之范畴，则远不止于单纯的爱国情愫。"保钓"运动以及随后的"中国统一运动"，触发了港台留学生一个思考：作为一个留美知识分子，在其所处的时代，面对自己的故土，留学地乃至世界应持抱何种立场。此种思考，以及引发的一种觉悟，觉悟到知识分子不应只是有知识之人，而应是对故土、世界的发展有诸多道德责任。此就个人而言是一个世界观塑造的过程，而就当时一代留学生而言，则是一种人文思潮的觉醒。如果我们回顾当时的港台社会的本质，以及这群学生从小所受的教育，和世界观言，"保钓"运动实则为一思想解放之运动。海外的"保钓"运动所借鉴于大陆"文革"的，更多的是一个知识分子所应具有的道德良知。这些道德良知为古今中外历代进步力量所揭橥、所继承。因此，我们应充分肯定这种进步的道德观、世界观。经过这场运动、时代的人应珍惜当年的此种获得。

二、"保钓"运动所宣示的道德观、政治观、社会观不仅对华人社会有所冲击，此种剖析、批判也大大增广了人们对台湾社会问题本质的认识。台湾自70年代以来，整个政治格局有了巨大的变化，其所伴随之群众自我觉悟与"保钓"运动所宣示的进步思潮是紧密相通的。"保钓"运动亦充分肯定台湾社会一脉相承的人民性、进步性的思潮传统。当年周总理以其敏锐的历史洞察力说，"保钓"运动是海外的"五四"运动。这是对"保钓"运动高度的概括。无疑地"保钓"运动虽然发生在海外，但确是台湾现代史上一个重要的划时代的历史事件。

三、"保钓"运动学生首先架起两岸已阻绝20多年的联系管道。证诸当年台湾社会的"戒严"统治、白色恐怖，此诚为破天荒之举，此种胆识只有年青的一代学生才有，亦只有他们才能推动历史之前进。当我们看到今日每年有上百万台湾人前去大陆，对比当年留美台湾学生得冒被吊销旅行证件、上黑名单以及连累在台家属之危险，"偷偷摸摸"去大陆，不禁感叹世事沧桑。人为地阻绝两岸交流是违反历史的，然而这在当时的条件下，却被扭曲成"合理的现实"——"反共"的必需。40多年后的今天，固然两岸交流有了很大进展，但我们不能说上述的扭曲心态已经不存在。相反地，此种心态阴影尚且有相当市场。

四、"保钓"运动的留学生来大陆参观游览，通过自己办的小刊物，大量介绍了大陆自1949年以后社会变革的各种情况，立场鲜明地歌颂自1949年以后，大陆在西方包围下，自力更生建设家园的动人事迹。虽然由于多种原因，这些报道多具有从善良愿望出发，带有强烈美化大陆的色彩，但这些对比于当时台湾乃至西方在长期反共、反华宣传下，普遍造成的对大陆强烈扭曲的印象的冲击，自亦有其历史作用。例如，在留学生中为大陆"侵略"朝鲜"平反"。我们应历史地看待这个问题。当时"保钓"运动的留学生对于生疏的大陆是抱着认真的态度去了解的。需要指出的一点是，当时海外台湾人社区中要求台湾进行政治改革的尚有其他团体，包括主张"台湾独立"的。"保钓"成员与之不同的是，他们看到了台湾问题的本质，将台湾的前途与两岸关系联系在一起，因此主张人为隔绝两岸的藩篱应该拆除。这些40年后，均为历史所证明是完全正确的。

写于2011年6月

关于做好"保钓"资料典藏研究和利用的意义

　　70年代发生在海外、台湾的"保钓"运动在台湾的历史过程中，有其一定的地位。海外台湾留学生的"保钓"运动以及其后的"中国统一运动"则是风起云涌。这个运动激荡着那一代的留学生，而运动的内容除了保卫中国领土"钓鱼岛列屿"外，更延伸包括了反对"台湾独立""两个中国""一中一台"。而运动的深层次的内涵则包括有，重新架起自1949年以来隔绝的海峡两岸的往来，重新认识共产党领导下的新中国，以及关心、支持台湾当时政局的变动，乃至第三世界以"反帝"为主轴的斗争。这个运动的时间长，前后有10年多，参加的人数也多，影响也深远。这个运动还留下了大量的刊物等资料文献。可喜的是自2006年以来，北京清华大学与台湾都对此运动所遗刊物文献，不遗余力地进行了收藏，形成规模，成绩蔚然可观。同时还对当事人作了口述（北京清华所做的口述人数有71人）。北京清华大学图书馆还成立了"保钓资料收藏研究中心"。

　　随着对这个运动所遗刊物、文献的收藏初步告成之际，现在应该是我们从历史的视角来认识、来研究这个运动的时候了。

　　就这段历史言，它实是台湾历史的一个重要组成部分，也是两岸关系历史的一个重要组成部分，同时，它应也是中国近代历史的一个重要组成部分。我们要从这样的历史高度来看待、来保存、来研究这段历史。这样，我们就站在了历史的制高点。

　　研究这段历史的目的也很明确，就是保存历史，以史为鉴，以为两岸关系的和平发展和统一助力。

　　以史为鉴。在今天的台湾，这段历史有意无意地被遗忘、被抛弃。而在大陆的对台工作中，也没有得到充分的认识。两岸的形势虽然经过了40年的变换，但是，这段历史至今仍对我们有所启迪：

（1）这段历史反映着台湾学生崇高的爱国主义精神，他们具有正义感，勇于捍卫领土。同时，从现今所藏的文献资料中，可以看到他们也对钓鱼台列屿的历史、概貌做了详细的探讨和研究。这是我们研究这段历史的一个重要节点。

（2）这段历史反映着台湾当时年青的一代，敢于走在时代的前沿，勇于突破人为阻绝两岸的藩篱，重新架起两岸的联系纽带，开启了两岸相互认识、往来的渠道，更为难得的，他们走在历史的前沿，义无反顾地支持新中国的立场，这是破天荒的历史勇气。而周恩来总理对两岸隔绝22年后，首次来自台湾的海外留学生的彻夜谈话也是两岸关系的重要历史事件。我们应高度评价它的历史意义。我们应看到，两岸关系的"破冰者""开拓者"正是台湾70年代的留学生。

（3）这段历史也反映着台湾年青的一代对祖国大陆，对新中国一种既陌生、疑惑，又熟悉，渴求认识、了解，难以割舍的一种心态。我们应可看到，这个历史的情结至今在台湾并没有本质的变化。对这段历史的深入了解、研究，无疑地启示着我们今后如何有针对性地开展对台，特别是年轻人的工作。

（4）70年代的台湾正酝酿着社会、政治的大变化。从所保存的资料、文献中，我们可以了解到学生们对台湾社会、政治等领域有着相当深入的剖析，并且和当时岛内的变局有所联系、有所影响。这些对于我们了解今日台湾的各种情况，仍然有着重要的参考价值。

（5）这段历史的内容很大一部分在于反对"台湾独立""两个中国""一中一台"。我们了解到，很多台湾人至今未能从根本上解决这个历史性的困扰和疑惑。对这段历史的整理、研究乃至宣传，应对我们的对台工作有所借鉴和帮助。

（6）当前，对于深化两岸交流，厚植两岸同胞共同历史记忆，我们还面临着艰巨任务。台湾的学界、教师和学生在国家和民族认同上还普遍存在诸多模糊和偏差的认识。我们对这段历史的重视、保存、研究和宣传，可以让他们有机会更深层次地了解40年前那段难忘的历史，了解历史上台湾青年的爱乡、爱土的爱国精神，知往鉴今，找回弥足珍贵的历史记忆。我想不论（台湾的）人们的立场如何，面对史实，必有所知晓、有所感悟、有所感召；而对于我们能珍惜和保存这段由海外台湾留学生所创造的历史，也必有所感动。所以，我们应做好这个领域的研究和宣传工作，使之成为两岸文化教育交流的一个平台。

（7）我们可以借重目前已有的条件，在"保钓"资料典藏利用这个领域，加强厦大与两岸清华的联系往来，除了鼓励大陆的老师、同学有志于这个领域的研究外，也可以规划台湾的学界人士和学生，共同来从事这个领域的研究。

写于2011年11月19日

谈70年代海外台湾留学生"保钓"时期的思想启蒙

近来，对于70年代海外台湾留学生的"保钓"运动，感兴趣者日多。个中原因很多，主要还是2012年日本政府"国有化"钓鱼岛所引起的大陆的强力反弹。其实，70年代海外台湾留学生的"保钓"运动，固然，保疆卫土是主要的形式，但是，其内涵则不止于此。我以为更多的还是思想上的大启蒙、大解放，从在台湾所受教育的禁锢中，来了个大开放。

台湾威权时期（其实就是二蒋统治的时期）的教育，很大程度（不是全面否定）是把人们的思维能力给糟蹋了。在那个时期，"五四运动"以后的不少图书、思想，均遭禁止。所以，那个时期教育出来的很多人，夸张地说，除了少数人有自己的深思外，多数人即使有所意识到，乃至不满的，更多的则是"后知后觉"，乃至"不知不觉"了。这个统治时期思想禁锢的后遗症是难以估量的，乃至多年后，台湾社会目前所遇到的一些问题，仍可看到它的影响力。人们不禁要问，在美国，不是很开放，什么东西都有，都可以看吗？这个固然不错，但美国社会，从某个角度、层面和领域言，也不是那么开放的，反而是相当闭塞的（至少比起欧洲）。它的舆论导向就掌握在几个大的财团的手中。远的不说，为何有那么多美国人支持去打伊拉克（还有阿富汗），说是那里有大规模杀伤性武器，结果，证明是一个大乌龙（其实也不是大乌龙，美国发动战争的目的，也不仅在此）。可是，事前，美国政府把它说得活灵活现，舆论千篇，让人难以不信。斯诺登（Snowden）揭发出来的美国的大监控系统，其来有自，也不是今天才有的，只是今天有了网络这个现代化的工具而已。所以，话说回来，当时很多台湾留学生到了很开放的美国，还是逃脱不了从小在台湾所受"党八股"教育的桎梏，自己的思维还是老样子。有言：在一个开放的社会，人们的思想也不见得会一样开放。诚然，社会的开放和个人思维是否也开放，是两个不同层次的问题，二者未必有逻辑上的必然联系。依此，我们一样可以看到，今天台湾的社会是很开放了，但是，你稍微注意一下，就不难看到，台湾很多人对世事、对外面世界的了解，还是很局限、很闭塞的。（前段时间，台湾的一些人还在呼吁应该让有深度报道时事的大陆电视台落地台湾。）当然，我们不是在责难这些个别的人，而是说他所处的环境，造成了使得他如此闭塞、局限的环境。而这些林林总总的根源，就不能不说到和台湾早期在威权时期所留下的思想的禁锢有关。这个思想上的禁锢，固然现在越来越多的人是看到了，但是问题是看到了，不等于说马上就能把整个社会的这个弊病给改变掉。这个思想的禁锢，打个比方，就如戴在孙悟空头上的那个紧箍咒，孙悟空是永远反不了唐三藏、观音菩萨的，因为，孙悟空的思维永远受制于那个紧箍咒。所以，我们看到，很多那个时期的留学生在台湾是什么样的思维，到了美国后，过了几年的留学生活，回到台湾，还是老样子。甚者，有些人，就是在美国住了一辈子，也还是满脑子台湾所受的那个禁锢的思想，完全没有改变。所以我们说，思想的改变，世界观的改变，是一个痛苦的过程。夸张地说，要改变一个人的思想认识也几乎是不可能的，除非他个人有这个要求"改变"的能动性、驱动力。总之，我通过那个时期"保钓"运动的历程，深深感觉到这点，并且深深感觉到，只有年轻人才是推动社会新思维的主力军。70年代海外台湾留学生在推动那个时期（在台湾，就是"党外运动"的时期）台湾社会的思潮改变是起到了很大作用的。

我说这些是有凭据的。70年代海外台湾留学生的这些事迹，保存在那个时期，他们在各个校园中所办的各种杂志上。而这些可贵的历史遗存，经过这些年，这些朋友的大力努力，基本都保存下来了。现在台湾新竹和北京的清华大学都有保存，但是应当说，北京清华保存的可能更多、更全面。对于这段可贵的历史遗存，我想，即便目前一时做不到，但最终会有有心人将之整理发掘出来，从而展现这段历史时期，对于台湾社会政治思潮的变化，是起到了多么有力的推动！历史的史实是很重要，也容易为人们所认识。但是历史的意义，特别是思想、思潮方面的，可能不是很多人能看到、理解到的，然而，这个也更为重要，影响也更为深远。

70年代，海外台湾留学生的"保钓运动"的意义，我想更多的是在于：

让那一代的人有了思想的启蒙和觉醒，这对于台湾后来在八九十年代的变化，具有指标性的意义。我们不宜以钓鱼岛保卫的"成败"来论"保钓运动"的成败。

写于2014年1月

辑三

讲话与发言

台湾同学会成立三周年讲话

各位来宾、各位同志、各位会员：

今天我们在祖国的首都北京举行台湾同学会成立三周年庆祝会，感到非常高兴，今天的来宾可以说是冠盖云集。首先让我代表台湾同学会向今天的来宾表示最热烈的欢迎！

今天的来宾中至少在三年前，在台湾同学会成立的大会上曾光临过。在过去的三年中，包括诸位在内的许多同志对台湾同学会的成长曾经给予过很多关怀和帮助。在这里我谨代表台湾同学会向大家表示最衷心的感谢！并期望在未来的岁月中能一如往昔，爱护和支持我们。怀着这样的心情和愿望，我想在此简略回顾一下过去三年中台湾同学会的成长过程，增加大家对同学会一些情况的了解。

大家知道台湾同学会是由近期，主要是20世纪70年代以后，从中国台湾、港澳到欧美、日本留学后回来定居的同志所组成。当时成立时大家就有这样一个共同的认识：一方面大家回到祖国，虽然受到各方的热烈欢迎，但在工作上、生活上仍有互相关心的需要。成立同学会这样一个群众性组织，对联系大家的友谊可以起到相当的促进。另一方面，就是大家回到祖国大陆，绝不仅仅是为了找个工作，过过日子而已！众所周知，台湾、港澳都还没有回归，特别是台湾问题更加复杂。回来的同志自然也希望在促进祖国统一工作方面，能联系自己的台湾、港澳关系和海外关系，做一点平凡而实在的工作。这些想法是明明白白写在台湾同学会会章里的。下面我着重介绍台湾同学会成立三年以来的主要工作：

一、举办座谈会进行调查、家访反映同学们回大陆后在工作上、生活上遇到的问题。同学们怀着满腔的热情回到社会主义祖国，为的是把自己的所学贡献给祖国。但由于我们的国家在"文革"中遭受很大的破坏，很多单位不仅工作条件差，生活条件也比较艰苦，有的同学反映工作不能发挥作用，乃至生活不能适应等问题。这当然是个严肃的问题。通过多次举办座谈会进行调查，向有关部门反映情况，争取必须解决而又有条件可以解决的早日解决。同时同学会还将所了解到的情况反映给中央，作为如何改进吸收海外华人学者、专家回国服务的参考。这方面的工作量不能说特别大，但一件就是一件，往往也颇费周折。

当然同学们的要求得到有关部门的很大重视。不少问题经过努力都得到了解决。但我们也必须看到这些问题还不能说已完全解决了，不少时候由于解决的不够及时，使得一些本来可以不必再度出国的同学又再度出走了。

二、1982年春节前夕，同学会曾经给守卫在祖国南疆的广西法卡山部队写了致敬信，并寄去了同学们募捐的慰问金。法卡山部队寄来了感谢信，但本着人民解放军的传统，不能收下大家的捐款。以后同学会决定将这些款额购买书籍和文体用品回赠了他们，并在书籍上盖了"台湾同学会赠"的印戳以为纪念。

三、1982年夏天同学会举办了北戴河夏令营。在夏令营活动期间，除了避暑休假的安排外，同学们还很认真地就祖国的统一和如何为四个现代化贡献力量这两个课题进行了系统的讨论。

四、关心国家大事，参与社会活动。同学会也关心国家的政治生活，诸如举办座谈会，讨论我国宪法修改草案，讨论人大常委会发表的《告台湾同胞书》和叶剑英委员长在1981年发表的"九条"方针政策以及人大、政协开会的有关文件，此外还积极支持中央人民广播电台台播部的活动，协助他们改进对台广播节目。这里还要特别提到的是台湾同学会和台联会是亲如手足的两个团体。在过去的三年中，台湾同学会也曾参加过台联会的一些接待海外台胞的工作，诸如菲律宾留台大专校友访华团、由香港大学生组成的海峡两岸民生比较参观团、香港专科学联代表团以及从美国回来的台胞团体或个人，这些就不一一详说了。

五、台湾同学会曾在去年年初派廖秋忠出访美国，今年又派了牟永宁、杨思泽两位出访美国。同学会会员出访国外一方面联系了海外同学、老师的友谊，另一方面也向他们介绍了自己回国服务的经历，帮助海外同学朋友了解祖国的新形势。出国回来后，同学们都写了总结报告，向有关部门详述在海外的所见，帮助有关部门了解海外的新情况。这样的出访活动，我们觉得很有意义。我们以后将继续加强这方面的工作。另外我会会员还集体给国外师友亲戚写贺年卡，起到了好的作用，联系了海内外的友谊。

六、举办节日活动及郊游。每年过春节、中秋节或国庆节，同学们都趁这个机会聚聚。春秋两季的郊游，在科委科技干部局的协助下已形成为惯例了。

台湾同学会前两年的工作是由前任会长林盛中和副会长廖秋忠为主的理事会负责的，当时情况确实是创业艰难。那时没有办公室，没有专职人员，办起事情来的困难可想而知，好在有各方的支持包括会员们的支持。尽管如此，台湾同学会仍然像一棵小春苗，逐步成长起来。自去年7月青岛夏令营以后改选了理事会，台湾同学会的事务由我们第二届理事会负起责来。很明显没有办公室、专职人员的情况和台湾同学会的发展需要已经很不相适应。经过多方努力，我们现在有了在新街口南大街111号的会址，并配备了一位专职人员。

同学会的条件比以前可以说有了一个质的跃进。除了前面提到的一些经常性活动之外，去年以来我们创刊发行了会务通讯，使会员经常可以知道同学会的活动，同时加强了会员间的联系，特别是和外地会员的联系。

我们也举办读书会，邀请一些各方面的人士在会址和同学会成员见面认识，谈论一些大家关心的课题。我们曾请台播部副主任叶纪东同志讲解台湾最近的形势，请梁曦云同志介绍计算机的知识，请出访会员介绍出访的所见所闻。上个月我们还请了社会科学院马列研究所的蔡声宁同志介绍了"欧洲共产主义运动"的前因后果，下个月将请马海德大夫和大家一起座谈。

这些活动扩大了同学们的生活面，又学习到了知识。就在这个月同学会还同中国新闻纪录电影制片厂取得了联系，以后我们将协助该制片厂改进计划拍摄的向台湾及海外发行的纪录片。这可以说是台湾同学会走入社会的一个步伐。

今年夏天台湾同学会曾在香山饭店举办了"我们的台湾"学术讨论会，会上邀请了目前在海外台胞社团中占有相当分量的"台湾民主运动海外同盟""台湾与世界杂志社""台湾民主运动支持会""台湾思潮"等团体的人士，以及国内与对台工作有关的单位如台盟、台联会、台联处、现代国际关系研究所等人士参加。与会人士针对目前台湾最新情况进行广泛、深入的讨论。这个讨论会初步达到了联系海内外台胞共议国事的作用。这个讨论是比较成功的。

今天在座的有些同志还曾参加过，相信也会同意我这个说法吧！"我们的台湾"学术讨论会得到了邓颖超主席的充分肯定，邓主席认为这个讨论会是件很有意义的事。

香山讨论会举办的成果给了我们充分的信心，我们感到台湾同学会有潜力，还可以继续往前逐步走下去。在这里我很高兴地向诸位宣布：明年夏天台湾同学会将再举办一次讨论会，规模要比今年的大一些，讨论的主题将不局限于台湾问题上。自然这个问题还是要讨论的，但我们也将用较多的时间来探讨与"四化"建设有关的课题。

今年烟台年会上通过了修改后的会章，更加明确了我会的组织，在会员制上，我们新建立了特邀会员制。目前我们已特邀了短期回国工作的同志。我们希望特邀会员制的建立，能使我会更加有力地发挥它的特点，更加有力地团结我会所联系的各个层面，以为祖国统一事业和"四化"建设作贡献。

各位来宾、各位朋友、各位会员，台湾同学会过去三年来的成长，每一步都凝聚着党和有关部门，特别是科委科技干部局和中央统战部三局，以及各兄弟单位的关怀。每一步也都是靠着会员们的支持走出来的。

各位会员：台湾同学会这块牌子能够在20世纪80年代挂在北京的新街口，这本身就富有浓厚的历史色彩。我们来自祖国的还没有统一的另一边，来自世界上不同的地方，历史的机缘和共同的志向、理想，使我们走在一起。我们相信我们抓住了历史的一个段落，历史也将慷慨地付予我们它认为我们所应扮演的角色。

同学们，让我们携起手来，用我们的智慧、毅力和青春，通过长期不懈的努力，并且准备接受可能有的各种严峻的考验，在未来的岁月中，做出有益于祖国、有益于人民的事业来。

写于1984年11月3日

我的几点看法与意见

自国民党反动派从大陆败退台湾至今已有38年了。解决台湾问题，实现祖国统一，一直是我国的基本国策。自新中国成立迄今，尽管国内形势有过许多曲折，但对台湾问题的解决，我们始终丝毫不怠。其间，从早期"台湾工作团"成立，着手准备武力解放台湾，到1978年根据党的十一届三中全会全面分析国内外客观形势的变化而制定的力争以和平方式，经过国共两党谈判，实现"一国两制"，祖国统一。在这38年中，我们有关解决台湾问题的努力是有成效的，特别是在国际外交方面，坚持"一个中国"，反对"一中一台"，以及"台湾独立"。而1978年以来，我们所制定的一系列对台政策也确实取得了不少成绩，在此不多赘言。

但是，我们也应严峻地看到台湾的内部形势，在这几年中有了根本性的变化。这个变化随着去年民进党的成立而加速发展。其主要内涵为：

（一）台湾民间力量（或非国民党力量）的急剧兴起。台湾反对派力量的全面凝聚，有力地冲击着国民党在台湾的统治基础。举如：目前正在发展的反乡运动，"司法独立运动""政党退出校园运动""环保运动""反杜邦设厂运动"以及其他种种的"自力救济运动"等等。可以预料，在如此蓬勃发展的群众运动推动下，再经过三五年，台湾社会必又会和今天有很大的不同。

（二）国民党政权面对台湾内部形势的变化，采取灵活的措施，使得国民党和反对派之间的矛盾没有全面爆发。台湾政情逐步朝着多元化的方向发展。

（三）国民党有可能逐步退让出一部分权力给台湾地方势力，一则求得内部稳定，二则它还可以利用反对势力来应付我们的统一压力。尽管国民党保持着军警特有的绝对权力，但是这些力量随着政情的变化，所可能起的作用也不会是绝对的。

（四）随着国民党元老派的逐步退出历史舞台，蒋经国的年迈，国民党及其政权的地方化将逐步加速。

根据上述台湾内部形势的变化，我们可以看到目前的对台政策有很多不足，急需调整、充实。

我们目前的和平方式，国共两党谈判，"一国两制"的方针是合乎实际的。但我们也必须看到台湾社会的剧烈变化，我们的对台政策也应该能对此有所体现。显然，目前的对台政策不足以解决下述几个变数：

（一）几年来，我们多方号召，希望国民党当局以国家民族利益为重，响应国共和谈，但全然看不出有何积极的结果。我们的政策对国民党当局压得不够。我们应该看到，今天乃至今后的国共两党关系和40年前的国共关系有着本质上的变化。看不到这点，就会对国民党抱有不切实际的估计。

（二）几年来，我们的对台贸易，片面强调和与国民党上层有关的方面做生意，结果经济损失不小，又看不出政治效果。而对台湾中小企业有和我们做生意找出路的倾向却视而不见，完全没有调动起来。

（三）目前的对台政策对台湾急剧发展的政治、社会运动缺乏有效的吸引力，也不能（或没有）对它有正确的引导。我们基本上处于单方面希望与国民党当局对话而和台湾各界人士方面没有交往（或不能交往）的情况。由于众所周知的历史因素，对台湾的民主运动发展如果不能进行有效、积极的影响、引导，结局是令人担心的。

（四）我们海外的爱国朋友，对我们对台政策一意放在国民党当局方面，而对其余方面没有动静（或看不出动静）感到烦恼、失望。如此下去，我们势必逐步失去这些朋友的衷心支持。

（五）目前的对台政策和台湾人民所关心的许多具体问题挂不上号，在台湾人民方面看来往往只是"抽象"的一国两制，"厌恶"的国共合作和一些他们认为必须"变"的"保证不变"。对他们所关心的政治、经济权力再分配问题，我们没人提出有效的对话。我们对台湾所发生的具体事件变化的反应慢，有时迟钝到不能符合台湾的实际。

（六）我们讲了几年的"更寄希望于台湾人民"但没有具体措施、号召。对如何寄希望于台湾人民来推动和平统一的进程也没有具体的方案。

总之，台湾的形势变化是严峻的，目前的对台政策有很多的不足之处，有很大的空白点，急需充实调整。这些不足之处，这些空白点，随着时间的推移会逐渐严重起来，要抓紧认真研究，提出办法。

对此工作，我们已经丧失了好几年的时间，不能再这样观望下去了。

写于1987年3月

在台盟中央，全国台联举行的谴责岛内少数人召开"人民制宪议"，通过"台湾宪法草案"座谈会上的发言

　　最近台湾一些人搞了个"人民制宪会议"，推出了所谓的"台湾宪法草案"，公然提出"台湾共和国"的名号。此举无疑向世人宣明他们做的不是单纯地如他们所说的为了台湾人民的民主权利的争取，亦不是关于台湾政治革新的呼唤，而是赤裸裸地在推行"台湾独立"。于此我们一则反对，二则以台湾人对台湾前途命运关心的情怀，不能不深感焦虑与不安。

　　台湾这几年来的政局有很大的变化，从过去蒋家严酷、专制的独裁统治迅速地向民主与法制的方向转化。相应地，过去旧的、不合理的政治体制亦面临诸多诟病与挑战，正面临改变的巨大压力。总的讲，这些变化有助于台湾人民争取到更多的民主权利，享受到更多的自由气息。就两岸关系讲，如过去阻绝两岸来往的"恶法"被取消了，台湾同胞今日固然尚有多种不便，但已能相当随意地来往大陆。对于这些变化，包括台湾当局顺应时代潮流所采取的各种措施，都受到人们的欢迎与支持。于此，我们亦正面评价，并乐观其成。

　　对于这个变局所附带引发的一些混乱现象，我个人持理解的态度。体制的大幅度改变不可能不在社会上产生波动。我所要讲的是台湾政局的变动应朝着有利于台湾人民民主权利的方向，有利于两岸关系和谐发展的方向，即中国统一的方向而不是背道而驰。我想台湾有政治责任心，有历史眼光的人所需面对的一个严肃课题是，在此变局中，如何将台湾人民对一个民主、法制、公平公正的社会的追求与在国际条件下理性地处理好它与大陆的关系，二者很好地结合起来。很明确，所谓国际条件，应指如"一个中国""台湾是中国的一部分"等。设想如果岛内的运动触动了，或企图改变这个条件，并给两岸发展的和谐关系抹上阴影，这对于岛内的各种民主改革又有什么好处呢？正好相反，

它给人们带来的将是内讧、不安、疑惧和反对。我想这总不能说是有益于台湾人民的利益吧！

两岸关系虽有发展，但却坎坷不平。举如最近一个时期以来海峡渔民纠纷日多，处理的方式不是两岸共同成立仲裁部门，共同调查处理，而是单方面的拘留乃至审判渔民。我实在担心如此下去没有节制，岂不演成谁有力量谁就可在海上抓人了吗？此外，就这几天，几位大陆中医学者受邀请赴台，但却困扰于有人指责他们的身份，不得不提前离台，令人遗憾。又如最近我见到来北京开会的不少台湾化学界朋友，大家都很高兴地提到将来两岸科技界可以有很广阔的交流合作前景。但目前这些美好的设想也只是画饼。总之，两岸间目前不正常的事情可数者太多了。这个不正常的外部条件，如果仔细深入地分析，和台湾目前内部的一些乱象是有千丝万缕，直接或间接的关系的。如果两岸关系明确了，台湾前途，何去何从明确了，两岸人员来往正常化了，均有法可依，有正道可行，届时相信配合台湾内部的改革，台湾的人心亦会稳定下来，台湾的一些混乱局面亦会消除。所以说两岸当权者国民党与共产党，以及民间各方面应积极地接触起来。双方只要谈起来，许多问题就可迎刃而解，这是可以设想得到的。这也应是台湾当局目前所应放手做的事情。我想这才是根本之道。

今天借这个座谈会谈我的几点看法，希望抛砖引玉，给大家个参考。谢谢。

写于1991年9月11日

对台形势的看法与对台工作的建议

一、台湾一个新的时代的开端

1987 年初蒋经国病故，以蒋家为主体的旧国民党的统治迅速瓦解。有其外界的原因，也有内部的原因。外界的原因包括大陆的改革开放，经济发展，台商迅速往大陆投资以及国际格局的变化，包括冷战的结束，和平与发展的潮流等。内部原因可归于台湾经济的发展，特别是中小企业阶层的兴起；民主运动的发展；教育发展与普及带动了民主与法治的社会要求，以及新一代阶层领导人物的逐渐上台，包括国民党成员的组成变化（80% 为本省籍，年龄层次的降低，领导成员很多均留过洋，见过世面）等等。所以说，台湾国民党旧的统治体系的瓦解是个必然的历史过程，并不令人意外。

现在台湾已进入一个新的时代的开端。它的主要标志是：（1）政权结构的地方化或本土化，包括国民党的地方化与代表地方势力政治要求的民进党的出现；（2）社会的多元化以及民主与法治制度的要求与建立。以李登辉为首的国民党显然看到了台湾社会对上述这两点的历史要求，正不遗余力地为之努力。如果它的努力失败了，台湾未来可能是动荡的，反之台湾可安全度过转型期的阵痛，步入一个新的历史发展阶段。因此，国民党蜕变为"台湾国民党"也合乎其历史的发展轨迹，正是"存在决定意识"的真实反映。试想今日如还想以旧的意识来统治台湾，国民党面对台湾社会，恐怕不出几次选举就被民进党取代了。中国历代偏安的小朝廷的心态大都谨小慎微，没有气派，只顾过好日子。证诸台湾上上下下，此点不亦明显？大陆方面所提国共两党合作，振兴中华，台湾方面到底有多少人听得懂此话？此亦难怪"统派"在台湾曲高和寡，难有发展。至于民进党本为地方性党派，所思所虑止于一岛之上的格局。

国民党、民进党除非有远见的政治领导人物出现，否则其心态之地方化，亦不应令人意外。这种地方化的心态，我们不应只看到它有可能走上"台独"的危险性，还应看到有利的一面，即它会较现实地看待自己的处境，不会侈言代表中国，消灭大陆政权，乃至由它统治中国等，而专注台湾内部之问题解决。同时，我们还应看到对付这种地方性的心态，往往予其一些让步，同时晓之以利害，还容易突破障碍，使问题得到解决（历史上不乏是例）。总之，对于台湾地方化的政权，我们不宜悲观地只以为它迟早会走上"独立"的道路，而应看到事物可能有转机的一面，只要我们对之充分了解，处理得当，和平统一的契机应该还是有的。

二、对台湾社会变化之标志

政权地方化和社会多元化，伴随的对民主法治制度之要求为我们对台工作提出了新的要求和思考的参考点。即如：

（1）地方化了的台湾政权以及台湾社会民主与法治的要求，使得台湾必然走上西方的政党政治。在政党政治中，凡事靠选票，自然选票的后面是金钱、资本。然而，我们还应看到台湾可能由此步上西方资产阶级议会政治的民主与法治道路。辅之以台湾经济的再一步发展，这样它不论从经济还是政治的角度言，都将比世界上很多国家、地区都显得"进步与文明"（即如比邻近的菲律宾、越南、泰国等亦"好"很多）。此形象对其发展国际空间的作用，我们切莫低估了。

（2）政党政治的台湾社会，朝野间固然有对立，但对应付大陆言（至少）应是合作的。这和过去蒋家统治时期，主政的国民党和反对派之间你死我活的斗争不同。地方化了的国民党政权会将一些政治资源让给民进党，从而双方取得一定的合作以对付大陆的统一压力（包括"三通"等等）。我们在这几年内如不能调动其中之矛盾为"和平统一、一国两制"的方针服务，则若干年后，这个政治资源就更没有可以利用的空间了。台湾近日在提"命运共同体"就是很明显的迹象。

（3）国民党主流派的许多成员都是留美硕士、博士。李登辉周围也围着一帮学术界人士。这些人见过世面，知道利害。他们担心的是怕和大陆谈判时"掉价"（下面还将说明）。民进党中搞"台独"的，也只是一些走火入魔的"台美族"和极端台湾本位主义者。这些人脱离实际，也谈不上有政治手腕，难有作为。民进党包括"台独"人士会被李登辉"招安"的心态从这次他们想搭车"汪辜会谈"的着急状况，一览无余。

（4）"台独"问题将给台湾闯下大祸，这点台湾愈来愈多的人认识到了，且不说大陆去打台湾的问题，台湾内部可能就乱起来。国民党如果宣布"台独"，则它就面临统治台湾合法性的问题，可能就自己先倒下去。所以说喊喊"台独"到形成政治行为（结果）还有距离，不是一码事。我们切莫对台湾有人喊"台独"之事过度反应。事实上，今日在台湾不可能要求当政者去禁止人喊"台独"，这有个"言论自由"的问题。而国民党亦很难不让海外搞"台独"的人返回台湾，这有个"返乡自由权"的问题。与其批评这点，还不如批评台湾当局有歧视，不让在大陆上主张统一的台湾人返乡（这些人或也可称为"异议人士"）来得有力。

（5）大陆上改革开放政策之继续以及经济发展之成功，将大力吸引台湾的资本，从而将稳定住两岸关系，这是一个根本性的因素。在此格局下，台湾终将不得不开放"三通"乃至走上谈判桌。台湾有识者已逐渐认识到这个历史趋势。核心的一个问题是国民党怕"掉价"的问题。这有两个层面，一是今日如果国民党同意谈判，并成为地方政府，则它可能遭到民进党乃至对立者的攻击，从而垮掉。二是它今日以为不需"掉价"去和大陆谈，也可以过下去。如何促使它认识谈判的必然性——即谈判条件的促成是个必须认真研究的课题。

（6）如前所言，台湾当局鉴于现实利益，在一定条件下，会开放"三通"乃至与大陆开展谈判。这过程可能是曲折的，形式亦可能从民间面貌逐渐过渡到正式的官方渠道。但目前，台湾不论民间还是当局均对问题的解决缺乏信心亦是不容否定的事实。他们担心统一后的安全没有保障，同时也为了提高将来谈判的筹码，因之台湾目前极力运用其经济实力，进行所谓国际政治空间的活动。于此，我们一方面当然要反对，但同时也要看到核心的原因，就是对统一后的处境没有信心，或说是安全保障的问题。为此，我们需做大量的、艰苦细致的民间工作。对于台湾当局也要透过各种渠道、方式把问题摆清楚，把利害说明白，劝它放弃不应有的幻想，诸如参加联合国、"双重承认"等。

三、全方位、大量的民间工作

我们需要开展全方位的对台工作。对于"台独"，以及当局推行的"实质外交"不只要反对，还需做釜底抽薪的工作，这才是治本之道。

（1）关于"台独"问题，前已提及，我们不需有过度之反应。中国政府反对"台湾独立"之严正立场，众所周知。将这个立场摆清楚就可以了。大量的民间工作还是摆在说服的浅层次。鉴于历史的原因，台湾人有"台独"的倾向、思想或同情"台独"的观点，不应让我们大惊小怪（事实上，所谓"台独"，很多人的理解层次也不同。而一些名词的定义也很含混，如何谓"台独分子"）。大量民间的工作重心应是向他们解说两岸共济，共创美好的未来，而不只是反对"台独"或批判"台独"而已，这才是根本之由。由此观之，我们动员的各种批驳"台独"的活动，包括文章等有多少意义，值得商榷。这些活动、文章大抵表态形式的多，对台湾人有多少说服力，是个问题。特别是大陆台字号团体、人士的反对"台独"论点一定要格外慎重，除非一针见血有说服力，否则表态式言论宁可少说。由于报道的问题等原因，如果让台湾的人产生误解，以为大陆的台湾人、团体都没有台湾人的心了，那以后还怎么去发挥作用、做工作呢？我近来和台湾的记者交谈中就感到这个问题的重要性。希望有关部门对台字号团体、人士在台形象的树立问题，做认真的处理。对"台独"的批判，切莫落入不顾对象有无，只顾过干瘾。

（2）对于台方企图拓展实质"外交"，包括参加联合国等，我们一定要努力做好工作，防止民间也卷入支持台湾当局的这一企图。即如，如果出现台湾大规模、普遍的民间活动要求台湾参加联合国，则事情变大了，不好办。我们切莫因手中有否决权，而小看了这种局面出现时的危害性。

（3）有关部门应对台湾当局交涉大陆台籍人士返乡权利的问题。这不应被看作只是个单纯返乡的问题，问题的提出本身就会给台湾社会、当局造成震动和被动——大陆上台湾人返乡问题，台湾社会、党派、当局都不管，还是共产党有心。这种看似平凡之举，却是意义深远！试想如果今日台籍人士可以两岸自由出入，对两岸关系的发展，意义有多深远！国民党说台湾人来大陆过了四年就算大陆人，其重点是要割裂两岸之联系。我们应用此棋打破它的企图，和它做斗争。

（4）民间工作，不止于做好台湾企业界来大陆投资的工作。对于台湾的政界、学术界和舆论界同样要重视，并做好其工作。在台湾，学术界拥有很高的社会地位，特别是大学教授的言论很有影响力，我们应高度重视这股力量。利用台湾的舆论宣传我们的对台方针，效果总比我们自己宣传的好。总之，对于台湾报界来访，不要顾虑。他们报道往往有偏差，但我们透过他们去宣传，影响台湾的舆论动向，总是得的多、失的少。轮番做好台湾政界的工作也至关重要。这方面，统战部门出面或更合适，尺度标准应放得更开，而不应自闭门户。否则怎么谈去影响台湾的统一"导向"？去化解隔阂以及"台独"的倾向呢？

四、一个历史判定的问题

未来海峡两岸力量对比的消长，我们应认真地做好科学的预估。大陆的改革开放成就，经济的发展快速，有目共睹。然而台湾也在发展，若干年后特别是它的六年经建后，经济的发展，水平又是如何呢？目前台湾不愿和大陆谈判统一问题，除了前述的诸种原因之外，突出的两个关键问题是台湾要求大陆保证不使用武力和承认其比地方政权较高的对等政治地位问题。

因此，考虑到两岸力量的对比消长，我们对上述这两个要求，可以有下面三种考虑：

（1）有信心与把握再经过若干年后，大陆的经济社会发展综合实力，两岸关系的发展、相依性，以及国际因素，届时会有利于我们，到时，台湾将不得不同意谈判，成为地方政府，完成统一。时间对大陆有利，我们"耗"得起。

（2）两岸长期相持下去，大陆虽然在发展，但台湾也在发展。台湾没有条件脱离大陆独立，但大陆也没有力量迫使台湾走上统一的道路。两岸领导者只有叹息：让更聪明的子孙后代来解决问题。

（3）考虑到台湾是弱方，大陆方面在维护一个中国、一个中央和主权的立场下，采取一定退让灵活措施，以突破僵局，促使台湾早日走上谈判统一的道路上来。虽然大陆一方暂时"吃了亏"，但赢得了两岸早日统一的时机，加速了大陆的发展，最终还是得利多，有益于两岸双方，有利于未来中华民族的发展。

这个历史判定问题，带有根本性，牵涉对台政策的战略方针。答案何者为是，需做大量的、科学的分析。建议中央有关部门对此认真研究。

五、对台工作的方法问题

台湾局势的变化要求我们从实际出发，去了解它的结构，民众的各种心理，乃至各阶层的利益关系。一切工作要求从实际出发，才能有的放矢。我们对台工作的部门切莫也陷入文山会海的泥泞中，劳而无效。我们要重视各部门，乃至各方面人士的意见，对的就吸收，切莫以部门、个人地位的高低来判定其所提意见的对错与分量。周总理、邓颖超同志当年的作风是我们学习的榜样。70年代初，周总理曾抱病几番接见海外"保钓""统运"的台湾留美学生，这些学生论钱没钱，论权没权，论势没势，更谈不上有什么大学问。然而周总理倾听他们在海外搞运动的第一手经验，倾听他们对台湾情况的介绍，真是做到了"不以人废言"和"不耻下问"的政治家的风范，至今传为美谈。

台湾的社会和大陆的有不同之处，我们对台工作，也需克服习惯性的主观臆测，把对内的习惯性做法，也移植到对台工作、宣传方面。前面提及的对"台独"批判的做法，就遗留着我们过去习惯于搞运动式的做法。主观上感到达到目的了，但客观上效果如何呢？又如台湾在争论台湾地区领导人直选、委任选举的问题。我们有人反对"直选"是在怕台湾走上独立的道路。但这些说法不宜说出去，因为"直选"总比委任选举更民主（至少从形式上讲）。我们如果也著文去反对直选，就犯了不顾对象，主观的做法。

总之，只要我们经常善于分析台湾的动态，善于总结我们工作中的成功和失败，调动各部门、各方面人士的智慧、力量，我们的对台工作一定能做好，一定能取得成绩。

写于1993年5月

对"一国两制"构想的思考

——兼谈对台工作

　　"和平统一、一国两制"的构想在香港澳门回归祖国的问题上，现在看来已是确然了。台湾问题由于其复杂性，包括历史的和现实的因素，使得统一的前景至今尚无明确的轨迹可循，甚且有着诸多不确定的因素。这就不能不使得关心问题解决的人们忧心忡忡，忐忑不安。

　　台湾问题和港澳不同，它有着下述几个历史的特殊性：

　　（1）长期和大陆隔绝，不仅政治上和大陆长期脱离，甚至经济上、人员往来上也是长期阻绝的。这就客观上给两地人民间的相互理解造成很大障碍。这里需着重指出近100年来，大陆经历了中国历史上少有的翻天覆地的变化，而在此过程中，台湾却是和大陆基本上处于隔绝的状况，这100年中，大陆经历了"民族的苦尽甘来"，一个统一的现代国家的概念至今已在全民族（包括少数民族）中牢固树立起来（这个统一的国家概念有别于历史上的天朝概念）。而在这一历史过程中，台湾却是先受日本人的殖民统治，后在以西方买办为主体的蒋家统治之下。诚然，在此时期，有很多台湾人能跳出统治阶层的殖民与买办意识而追求民族的解放与新中国的成立。但是，就一个社会整体而言，台湾确然在近一百年中是处在殖民与买办的统治之下的。不同的历史经历，造就不同的看法标准与要求。这里没有贬义，而是客观地对一个社会的考察。

　　（2）蒋家40年统治的恶果。蒋家两代人在台湾40多年的独裁统治的恶果是罄竹难书的。说其统治是残酷的也不为过，远且不谈，70年代我在美国留学时，但见台湾留学生不是惧怕政治，就是站出来去搞"台独"（当时赞同统一的寥寥无几）。一个社会搞成出去的知识分子都反对它，亦可谓"苛政猛于虎"了。蒋家统治的恶果还包括使很多台湾人对"中国"的彻底绝望，搞乱了

90

"当家做主"和"台独"的区别，同时，因蒋家统治以"爱国""统一"和"一个中国""反台独"的名目压制人们合理的政治改革要求，也因此搞乱了人们对"民族""爱国""统一的一个中国"等本来充满正义的内涵的理解。这些，对在台湾受过蒋家统治的人而言，几乎都是"不正义"的同义词。我们挖"台独"的根，不从蒋家统治的恶果去寻探，就无法批到点子上。

我回到祖国大陆已有17年了。深感很多人，包括对台工作部门的同志是很难对上述两点做深刻的体认（或许说的太绝对了）的。特别是有的同志往往不经意就滑到在台湾人看来是蒋家的立场上去批判"台独"。上述两点是我们了解台湾人心态的两个主要"死角"。最近，我听到一个研究所的所长说：不是台湾人，不是亲身经历过日本、蒋家的统治，很难理解台湾人是怎样想的，又为何要那样想。这是真挚的话。不抱着理解、说服的心态而是抱着说教，乃至训斥人的心态去做台湾人民的工作是徒劳的。

（3）台湾40年来，在政治上、经济上、社会意识上自成一个小局面。蒋家溃败后，李登辉善于收揽人心，强化这个小局面的形成与巩固，使得原来离心离德的局面，逐步"覆水再收"。现在对台湾分据的局面是压不扁、打不了。这是难点。一个问题：我们在台湾有多少朋友？是愈来愈多还是愈来愈少？这应是我们经常要想到的一个问题。离开这个问题去谈对台工作不免"画饼充饥"。

现阶段对台湾人民的工作应是：（A）了解台湾人由于历史与近期的原因，对很多与统一问题有关的想法、概念、出发点和利益是和我们有所区别的。有的放矢应从此处着眼做起。（B）强化与台湾各阶层的各种沟通，逐步扭转各种被扭曲了的事物（如（2）所述）。（C）争取台湾民心，配合外交、两岸经贸往来，逐步削弱乃至瓦解台湾当局分据的企图。

现在的问题是：对于（A）点，说得容易做得难；对于（B）点，显得软弱无力；对于（C）点，对台湾当局巩固分据局面企图的反制，似乎跟不上步伐。现阶段对台工作的总策略应能解决上述三点要求。

很遗憾，十多年来对台工作的重点是蒋家，是台湾的当权派，着眼点是晓之以义，民族的大义。十多年来，台湾社会在各种内外条件配合下，一步步扭转了蒋家统治的各种不合理、令人痛恶的"恶果"。这些对台湾人而言，才是具体、可贵的。（从这个观点看李登辉的国民党、民进党的发展或许有所启示。）"一国两制"构想在这个阶段内没有和台湾人民心目中最急迫的"利益"挂上钩。因此，很难得到台湾人民普遍的共鸣。

世界局势在发展、演化，大陆的改革开放正取得迅速的进步，两岸经贸在加强，港澳回归在即，这一切预示着一个新的、美好的前景即将届临——中华民族的腾飞纪元的到来。"一国两制"蓝图的勾画应能使台湾人民看到在这个新纪元里，他们能获得最大的发展空间、最大的利益。

"一国两制"下的统一，台湾的经济发展、社会改革与进步必能得到长足的体现，这些是不难向台湾人民解说清楚的。我们对台工作应在这个范畴里进行大量的探讨，让台湾人看到前景的所在。

最大的困难是如何处理如台湾人政治层面的认同的问题，这也牵涉到如何处理"中华民国"这块招牌。

历史地看待台湾人一百年来的不幸遭遇，我们应理解他们有的可能对"认同"的厌恶感。台湾人难免想"自己来搞，才是可靠的"。"一国两制"的蓝图应能使台湾人不仅能当家做台湾的主人，也能和大陆人平等地做中国的主人。不解决台湾人的"国民意识"问题，分离的意识、运动难以遏制。原因很简单，"到大陆搞不成，自己一个小天地好好搞"的想法正是分离意识的原发点。这方面也牵涉到大陆对此问题之理解的分量，或说是承受力。但从长远的角度看，台湾和港澳不同，这是一个关键点。靠武力压"台独"，只是问题的一面，而不应是全部，大陆方面应有信心、气度、办法理解好、解决好这个问题。

退回十年、二十年前，要取消"中华民国"这块招牌，台湾人可能赞成的多，反对的少。时至今日，恐怕不同了。虽然台湾当局对外已宣布不在乎名分，然而欲拆这块招牌，台湾可能还会有很多人掉眼泪。这是个棘手的问题。

台湾局势的演化，如果反制分据的因素不足（包括国际条件、大陆因素、两岸关系等），不论国民党，还是民进党最终会走向割据一方的道路，我们对它们间的区别点不应看得太重。所谓存在决定意识，认为哪个人、党派是统、是独的分类法不免攻（取）其一点不及其余，事物的演化规律不是如此的，核心的关键是"一国两制"的前景能否说服台湾人放弃"偏安"的心态，积极地认识到统一潮流与展望。

就目前乃至未来一段时期的情况言，"一国两制"的架构应有可能也必须能让台湾人体验更高的"国际地位"感。中央明确表示在一个中国的前提下可以讨论台方所关心的各种问题。自然，这个问题也是可以谈的。但似乎在台湾各界间甚少有"与大陆谈此事"的气氛。反之，更多的是反其道而行。如何造成台湾人普遍感到可以、必须和大陆谈这样一种气氛是应该好好研究的。

和台湾各界建立沟通渠道，探讨、了解他们对各种问题，特别是政治层面解决问题的想法是极其必要的。"一国两制"的架构如何具体化、细化，台湾的人亦应有一席之权，此或可说是政治协商的前奏吧！鉴于历史和现实的原因，台湾各界不是铁板一块，各有其利益，各有其打算。最大限度地团结绝大多数的原则不可须臾忘怀。切忌拉一派打一派。台湾的各种党派、人物的立场也不会是一成不变的。

统一的前景对大陆人而言，更多的可能是民族的感情、历史的重责。然而，对台湾人而言，他们的民族感情已受过日本、蒋家太多的伤害，"往事不堪回首"，他们能赞同统一，赞成"一国两制"，端视这些能为他们带来什么样的美好未来。我们能打动、说服他们的也只能靠这点。

"一国两制"的宣传、架构的勾画靠大家开动脑筋，努力去完成。为了中华民族的腾飞，我们需要圆满解决台湾问题。愿有历史感的人们，共同努力，早日促其实现。

写于1995年

在首都台胞纪念江泽民主席
八项主张发表五周年座谈会上的发言

今天，我们在首都北京人民大会堂隆重纪念江泽民主席发表有关两岸关系的八项主张五周年，意义深刻，发人深省。我也愿借此机会，讲几句个人的感言。

一、一个中国的原则是看待和处理两岸关系最根本的准则。

众所周知，自1945年日本战败后，台湾便回到了祖国的怀抱。台湾一直是中国版图的一部分。1949年以后，两岸出现了人员往来阻绝，乃至战火纷飞的不幸局面，完全是国内战争的结果。台湾的地位并没有改变，一个中国的局面也没有变。最近十余年来，台湾内部的所谓"政治生态"有了很大的改变，长期以来遭人诟病、深恶痛绝的"戒严"恶法取消了，善良的人们不会莫名地被抓去坐牢，这些变化确实值得人们欢迎，同时台湾的经济在这段时期里也有了长足的发展，人们的生活变得富裕了。然而，我们也要指出，这些变化并不能改变台湾是中国一部分的事实，这些变化也改变不了"一个中国"的现实。两岸间的诸多矛盾，仍然是一国范畴之内的矛盾。这就是我们今天面对的两岸关系的最基本的现实。任何借口两岸50年来不正常的往来局面，借口台湾内部政治情势的变化而片面认为台湾的归属地位也起了变化的说辞是绝对无理的，站不住脚的，也必然遭受12亿中国人民的强烈谴责，在国际上也是没有市场的。因此，"一个中国"的原则是看待和处理两岸关系最根本的准则。舍此别无他途。台湾的人们应该认清这点。

二、两岸间不能"老死不相往来"，还是"和为贵"。

毋庸置疑，两岸间经贸的发展，人员的往来已是密不可分。随着两岸经济的发展，世界经济发展的一体化趋势，这种往来关系只会增强。因此，拖延了半个世纪的两岸间不正常的关系必须结束了。从经济层面上讲，两岸间必须直接"三通";从政治层面上讲,两岸间必须结束敌对关系。这是目前摆在人们面前迫切的、必须面对和解决的课题。"躲过了今天,躲不了明天;躲过了今年,躲不了明年"。总之,不能"老死不相往来"。两岸间还是"和为贵"为好。中国人之间的事情,完全可以自己解决好,中国人也不打中国人。然而,我们也要沉重地指出,确有"外力"不愿看到两岸间和平解决问题,而总是在制造各种"杯弓蛇影"的谎言,迫不及待地往台湾推销占世界第一位的军火买卖,台湾岛内也确有一股势力在推动迎合这种买卖。这些外国政府打的是干涉中国内政的主意,那些外国军火商图的是天文数字的暴利。而在台湾的这些人们想的又是什么呢?中国有句古话"利令智昏"。可悲的是,利在外国军火商,而昏者却是台湾岛上的衮衮诸公。台湾人民的血汗钱就在美丽的谎言、所谓"保护"台湾的自由民主下,成了外国军火商的囊中物。

三、两岸间的和谈应该是两岸双赢之举。

江泽民主席说得非常清楚:在一个中国的原则下,什么问题都可以谈,包括台湾方面关心的各种问题。台湾的人们应该对和谈有信心,和谈的范畴、空间是广阔的,再难的问题,只要谈起来,总是可以找到解决的办法。舍两岸和谈之正途而冀望单方面的所谓"突破国际空间"是不切实际的,也是不可能的。这些年来的事实应该已很明显地回答了这个问题。台湾的人们切莫对此再存幻想。两岸间的和平统一不是谁吃掉谁,而是两岸间求同存异的体现与实现。所谓同就是"一国",所谓异就是"两制"。这会是也必然是两岸双赢之举。

人类即将进入21世纪。中华民族正面临全面复兴的历史机遇,两岸的和平统一是这一历史机遇的必然要求。顺此历史潮流者,得生得存,而逆此一历史潮流者,必败必亡。两岸的同胞应携起手来,把握此一历史机遇,共同维护两岸间的和平发展与统一,坚决地与破坏两岸间的和平发展与统一的各种势力做不妥协的斗争。

写于2000年1月28日

关于《一个中国的原则与台湾问题》
白皮书的体会与建言

　　诸葛亮是中国历史上有名的谋略家，素来被视为"智慧"的象征。后人对他的总结很多，其中有名的一句为——不审势，即宽严，皆误。指的是后人要学习诸葛亮的审时度势，当机立断，否则贻误时机，就要犯错误。诸葛亮对孟获七擒七纵，很宽。然而，对待失街亭的马谡，却毫不迟疑地立斩。我们对台的总政策，20多年来，也充分体现着"宽严"的区别拿捏。所谓的"宽"很多，举如，统一后，台湾继续实行不同于祖国大陆的制度，中央不派人去台湾，台湾可以保留一定程度的军事力量，等等。所谓"严"就是坚持一个中国的原则。在这点上，我们不能有半点犹疑。同样，我们在台湾是中国一部分的立场上，在不承诺不使用武力解决台湾问题上，也不能有半步的退让。否则，就会犯历史性的错误。当然，我们也深知"自古知兵非好战"的道理。所以，20多年来，我们不遗余力地推进着"和平统一"的总策略。这些，人尽皆知，不一一再言。

　　对台政策，说到底是和分裂势力的斗争，是和美国干涉中国内政势力的斗争。这场斗争已经延续了半个多世纪。现在看来是到了一个转折点。转折点有两方面的表征：在美国方面，它长期违反"八一七"公报，不断向台湾出售先进的武器和军事装备。现在又在炮制所谓《加强台湾安全法》，并且企图将台湾纳入战区导弹防御系统。它简直是把台湾看作它的"第五十一州"。在台湾当局方面，李登辉最终抛出了所谓的"两国论"，并且试图框住以后的领导人继续这个政策。长期以来，台湾当局使出各种手段、借口，拖延逃避祖国大陆的和谈建议。与此同时，它且大肆购置武器装备，总值世界第一位。对待两岸的"三通"问题，也是"无理说有理"采取拖延战术。台湾当局还放话说：你只要放弃武力，不"武力犯台"，两岸间就可以"三通"，就可以和平共处，等等。可是它又不愿和我们谈判解除敌对关系，自然包括武力的问题，矛盾至极。总之，它是在拖，抱着拖以待变的心理。我看它且不敢寄望大陆的"变"，而是在冀望拉美国下水，继续自蒋介石国民党退据台湾50年来"挟洋自重"的总政策。

此次《一个中国的原则与台湾问题》白皮书的发表，就是针对这个转折点，向国际社会，向台湾当局、台湾同胞，做出我们明确的、毫不含糊的宣示。从前面所说的"宽严"角度来说，这次的白皮书是"严"字当头。台湾当局，不论谁当领导人，何去何从？答案是明确无疑的。台湾当局也不能拖，对待统一问题，毫无期限地拖延下去，我们也是不答应的。

与台湾分裂势力的斗争，有个争取台湾同胞民心的问题。历史上，台湾同胞具有光荣的爱国主义传统。在近代中国抗拒外国侵略势力的斗争中，台湾同胞和祖国人民一样，英勇不屈，写下了可歌可泣的篇章。虽然近代，日本曾霸占过台湾50年，但台湾人民的反日斗争从来未曾间断过，根本不存在什么"日本情结"。这是蒋介石国民党退据台湾以后，它的腐败所对比出来的一种错误的假象。50年前的"二二八"起义正是台湾同胞在新民主主义革命，打倒蒋家王朝，解放全中国的斗争中，用血和泪写下的历史。

我们要看到50年来，台湾的社会固然有很大的变化，但是它的统治者，从蒋介石、蒋经国到李登辉都一脉相承，对祖国大陆、对新中国在台湾社会中采取一种"污蔑"的宣传导向。有人形象地说台湾50年来万变不离其"反中国"之宗，只是把"共匪"换成了"中共"。然而，历史有其真正的轨迹，是台湾同胞冲破了蒋家的阻绝两岸来往的禁令，是台湾同胞大举来祖国大陆经商、投资、旅游。十余年来是两岸同胞共同架起了两岸往来的桥梁。

对台湾同胞在过去50年中，由于统治者的"反共"政策，由于美日等国思想领域的侵入而产生的带有一定特征的各种思潮，我们应细致分析，充分理解，采取有针对性的宣传对策。

如果说李登辉的"两国论"有其社会因素，则这个因素的源头可以上溯至蒋介石在台湾开始的"反共"、亲美政策。在中国历史上，除了石敬瑭之外，大约没有人像蒋家那样在自己的土地上引进外国驻军的。50年来，在扭曲的社会意识下，台湾社会弥漫着一股对祖国大陆的误解和疏离感。李登辉抛出"两国论"后，虽然台湾社会思潮混乱，但我们也应看到，和台湾当局截然相反，台湾社会、民间确有一股进一步发展两岸关系，和平解决两岸问题的意愿思潮。这是我们在处理两岸关系中，应该注意和保护的积极因素。

中国历史上的汉末至南北朝分裂最久，有近四百年。然而，最后的统一一战却只有半天的时间。真可谓"水到渠成"。当然，时代不同。我们不允许台湾问题没有期限地拖延下去。解决台湾问题也一样，需要全党全军全国上下不懈的努力，才能做到水到渠成。不仅要有正确的政策，还要有具体的落实。对台工作，特别是对台湾人民的工作有很多经验可以总结，也有很多思路需要我们去探索研究。为此，我们建议：

一、在全国范围内，开展学习中央对台政策、文件，准确认识了解台湾的活动。据《北京晚报》的报道，北京市中学生第一关心的话题是两岸关系。此项活动有其必要性，特别是应作为中学、大学（包括各级党校）的教育内容。

二、全面加强提升对台工作队伍的政治、思想和业务水平，加大资金投入，稳定和加强对台工作队伍。此课题已谈了不少，应继续加强力度。

三、全面提升对台湾社会经济各方面的分析研究，做到"心中有数"。不仅对其政治、民情有所了解，对其经济活动也需有深入的剖析。即如对其股票行情、上市公司与政治利益挂钩，岛内派系等诸种关系的了解分析。

四、建议集中财力，开办一个对台的电子网络报，使其成为台湾民众（包括大陆群众、世界华人）了解两岸关系、祖国大陆、中央政策的窗口。我们要了解到办好这个电子报所可能产生的作用是难以估量的。当然，这个电子报要注意形象内容的包装，才能为人所接受，才能起潜移默化的影响力，这些都是可以研究、解决的。总之，我们要有历史责任感，早日解决台湾问题，完成祖国的完全统一，迎接中华民族的伟大复兴。

写于2000年3月4日

在六台会上的发言

最近，台盟中央召开了台情专题座谈会，我们就台湾的公投和2004年选举进行了研讨，大家充分交流了看法，并就今后做好台湾人民工作提出了意见和建议。在这里我想向各位介绍一下专题座谈会上形成的一些观点和看法。

1. "去中国化"问题。关于"去中国化"问题，宜分清哪些是"台独"，哪些属于制度改革问题。对这些问题的处理不要一味地反对（泛反对）。

2. 台湾民众对中国的认同问题。台湾的民众对自己是否是"中国人"的认同问题，有时候有政治内涵，有时候也没有。一个人的认同问题，是复杂的，还有心理的因素。我们不要把这个问题看得太严重。考虑到台湾的情况，我们也不需和台湾的人就此问题陷入无谓的争论。我们不要把什么都当成统独问题。

3. 台湾经济没有如一些人宣传的那么差。据了解，台湾经济复苏的2000年经济增长5.9%，出口增长21.8%；2001年-2.2%，出口增长-17.3%；2002年3.5%，出口增长1.4%；2003年3.7%，出口增长7.4%。预计2004年经济增长3.9%，出口增长7.8%。这个经济增长速度在发达国家和地区中算是比较高的。

4. "和平统一、一国两制"的对台方针政策要具体化和系统化。若没有配套和后续政策，就无法落实或落空。应该加强一些问题的研究，如台湾现在一"中华民国"一中华人民共和国的问题。我们在两岸关系上提"台湾和大陆同属一个中国"。但这总是台湾人心中的一个问题。台湾当局是中国的一个地方政府，从代表"中华民国"（中国）这个角度来说，台湾民众对"中华民国"这个名称产生困惑和怀疑，是自然的，以后台湾要改名，怕也难避免的。台湾的政客有自己的目的，但台湾民众可能只是觉得不恰当。对"修宪"或"制宪"，我们要看它修改的具体内容。"五权宪法"的确有缺陷，很多都已经不符合台湾的实际。我们要冷静看待，应该淡化处理"中华民国"的问题。

5. 台湾国际空间问题。SARS流行时有关世界卫生组织问题被台湾当局拿来炒作，如何处理好这个问题值得研究和改进。"三个代表"也要代表台湾民众。我们要让台湾同胞认识到我们是考虑到他们在世界范畴内的利益的。

6. 打美国牌问题。台湾问题是中国的内政，美国说反对两岸任何一方改变现状。台湾问题本质是中美关系，但是台湾问题更是我国内政问题。我们何时要统一，是我们主权的事，不由得美国来反对。美国凭什么反对我们统一呢？（也是要改变现状）对于布什的讲话，我们要冷静观察。

7. 关于动武问题。文攻武备是要讲。但军事是中央军委的事。我们各级对台工作人员，从自己的工作性质和身份角度上言，是不宜向台湾客人轻言动武的话题的。

8. 关于两岸接触。目前两岸僵持的局面可能对台湾当局搞割据分裂更有利（？）。如何打破僵局？如何反制台湾当局？这些问题需要我们从长计议。泛蓝上台会不会马上承认一个中国？也不好说。我们应该尽力促进两岸的交流往来。对解决台湾问题要比以往更加有魄力、有信心。对台工作要有气魄，可以不计小节。周恩来总理的风范至今仍然值得我们学习。20世纪70年代，在当时两岸隔绝的情况下，周总理数次接见海外台湾留学生，与他们秉烛夜谈，倾听他们的谈话。现在，我们的综合国力增强了几倍，我们更应该有魄力地主动地做对台工作。

在具体工作对象上，我们可以反思为什么不去争取李远哲这样的代表性人物？为什么不更高规格地悼念温世仁这样爱台湾也爱大陆的省籍人士？我们应该向台湾人讲清楚什么是我们的"最憎"和"最爱"。我们最憎恨"台独"是讲了很多，但最爱什么没有讲清楚，也讲得不够。

在工作效果上，我们是否该反思，虽说国际上一个中国的格局没有改变，为什么台湾人民对于祖国的认同感没有增强？为什么岛内统派的声音越来越小？我们的对台统战工作到底做得怎么样？我们应该深思。

9. 反制台湾当局的分裂问题。台湾当局图谋分割两岸，划分你我。我们反制的举措要加快，要尽力打破两岸的区隔。由于我们自己存在的体制不顺、各部门之间难以协调等复杂因素，让来大陆的台湾人产生了"两国"的感觉。我们应该改正一切不符合一个中国原则的现行做法，要把台湾人民当作自己的国民看待。取消一些应该可以取消的体制性规定。如给予常住大陆的台胞居民的身份；取消旅游两种票价的做法；给愿意获得中华人民共和国身份证和护照的台胞相应的证件；放宽台胞证件续签的限制；为台生来大陆求学、工作扫清各种限制；为台商提供更好的经商、居住的条件；等等。

10.改进对台宣传的方式方法。要用台湾民众喜闻乐见的语言，让他们了解祖国统一的好处，强调他们能够得到什么实实在在的利益。宣传语言要改进。要丰富，要生动，要多样。少一些文献式的、党八股的、千篇一律的语言、文风。

建议今年的"二二八"纪念活动和"江八点"发表纪念活动要有新意。"江八点"纪念活动建议采取胡锦涛主席亲自与台商、台生家庭式的座谈的形式举行。把两岸的历史和关系，我们对解决台湾问题，对中国未来发展的观点，等等，说清楚。（就如周总理当年和海外台湾留学生谈心一样的方式。）

11.加强对台工作队伍的建设。在中央党校的各个班应考虑开设台湾情况，对台政策的课程。社会主义学院亦然。

12.对台湾人民的工作应落实到以台湾省籍同胞为主体。温家宝总理去美国演讲是很好的机会，还引用了台湾诗人余光中的诗句。年初，他也引用过于右任的诗句。这些都是去台的人士。我推荐台湾省籍的著名作家钟理和先生的一句名言："原乡人的血，必须流返原乡，才会停止沸腾。"我感觉这句话体现了台湾人与祖国血脉相连的关系，也表达了台湾人对大陆祖居地的热爱、依恋之情，充分体现了台湾同胞的爱国主义精神。如果中央领导能引用钟理和先生的这句话，相信对台湾民众会更有所触动。又如依据张主席的作品改编的电影《台湾往事》，就很好，是以台湾本地人为背景的。也可考虑拍台湾志士仁人的电影，如参加过辛亥革命的罗福星。文学，电影的感召力是很大的。

写于2003年12月

让历史告诉未来

——在"纪念台湾光复60周年座谈会"上的总结讲话

各位乡亲，各位同志：

再过两天，就是台湾光复60周年纪念日，台盟中央，全国台联为此召开"纪念台湾光复60周年座谈会"，大家聚集在这里，结合自身经历和体会，追忆和总结台湾光复的历史和意义，深切缅怀在光复台湾中英勇献身的先烈，以不忘过去、开创未来，并动员广大盟员及所联系的台胞，在促进祖国和平统一、实现中华民族伟大复兴的光辉事业中，更好地做出应有的贡献。

大陆和台湾，都是中华儿女赖以生存、发展的家园。从三国时期的卫温携带大陆的先进技术首次到台湾（当时称作夷州）开发，到明朝下西洋的郑和路经留下"三宝姜"，再到郑成功赶走荷兰人，宝岛台湾历经1000多年的风雨沧桑，凝聚着祖先们的艰辛血汗，融汇着民族的自强精神。自古以来，我们的祖先就在台湾这美丽之岛，戍疆守土，维护着祖国的统一。

110年前，日本帝国主义发动侵略中国的"甲午战争"，迫使腐败的清政府签订丧权辱国的《马关条约》，强占了中国领土台湾及澎湖列岛，实行殖民统治长达半个世纪之久。在这50年的岁月里，具有爱国主义光荣传统的台湾同胞，为推翻日本的殖民统治，前仆后继，奋起抗争，涌现出许多名垂青史的爱国英雄，多达65万台湾同胞流血牺牲，可谓"史不绝书"。这是所有中国人永远不会忘记的。但是，台湾的抗日终因敌众我寡，力量悬殊，虽历经40余年仍难以成功。在抗日的斗争中，越来越多的台湾同胞认识到祖国的安危强弱，直接关系到台湾的命运，只有将台湾人民的斗争与祖国大陆的强盛结合起来，将台湾的复土复省运动变成全中国军民抗战的有机组成部分，抗争才有坚强的后盾，宝岛才有光复的希望。也因此，台湾的志士仁人，早期便有参加孙中山的同盟会，以及以后，来到祖国大陆，包括来到重庆和延安，参加抗日的义举。台湾有识之士指出："欲求台湾之解放，须先建设祖国。""今日寇焰逼人，中日终必一战，光复台湾即其时也。"1937年抗日战争全面爆发后，广大台湾同胞采取了多种方式反抗日本的殖民统治，这客观上迫使日本在台留守相当的兵力，有力地支持了祖国大陆的抗日战争，加速了抗日战争的胜利。当时《新华日报》就曾载文指出：如"台湾安定，倭寇则无后顾之忧，自可放胆进攻我闽粤各地"，台湾同胞的斗争"对于祖国抗战，实有莫大之帮助"。在这场波澜壮阔的全民族抗战中，两岸同胞经过艰苦卓绝的斗争，终于在世界反法西斯战争走向胜利的进程中，打败了日本侵略者，彻底改变了中国近代以来饱受外来侵略的屈辱历史。根据当时中国政府参与签署的《开罗宣言》和《波茨坦公告》，宝岛台湾挣脱了日本殖民统治的枷锁，重置于中国主权管辖之下，10月25日也因此被确定为"台湾光复日"。

由于众所周知的原因，1949年以后台湾再一次与祖国大陆分离，两岸同胞咫尺之隔，竟成海天之遥！我这里要强调一下，40年代末，就有大批的台湾志士仁人和青年学生，或亡命大陆，或来大陆求学。50年代初，也有大批的台湾青年从日本回到祖国大陆，参加新中国的建设。50年代以后，两岸隔绝了。然而，台湾和祖国的纽带是切割不断的。70年代在海外（美国、欧洲和日本）爆发的台湾留学生的"中国统一运动"，其缘由就是因为他们认识到钓鱼台群岛的保卫，其根本还在于台湾问题的解决，中国的统一。当时，两岸阻绝，这些台湾学生勇于冲破藩篱，重新架起两岸的桥梁，受到祖国大陆同胞和周总理的热烈欢迎和高度的评价。当时，台湾知名人士陈逸松也毅然来到北京，向周总理阐述解决台湾问题的看法。当然，我们也深刻地记住，在那个苦涩的年代，从40年代末，到50、60、70年代，在台湾岛内也有很多知名的、不知名的同胞在为着这个伟大的事业而奋斗，而受冤屈，乃至受苦受难。当时，海内外爱国台湾同胞一条心，共同声言，为冲破两岸的隔绝，祖国的统一而奋斗。台湾同胞爱国主义的传统，在这个时期得以延续和发扬。诚如台湾老报人李纯青所言：每个台湾人寻找祖国的经历，都是一部千万行的叙事诗。

为早日结束这一拂逆民族意志、违背历史潮流的两岸分离局面，在半个多世纪的时间里，中国人民、中国共产党和中国政府始终致力于实现祖国统一大业。大家知道，1979年以来祖国大陆坚持"和平统一、一国两制"的基本方针，为解决台湾问题、实现祖国完全统一，进行了不懈的努力，展现了极大的诚意和善意。但令人遗憾的是，近一个时期以来，台湾当局"两国论""一边一国"等谬论相继出笼，所谓"去中国化""渐进式台独""台湾正名""法理台独"等分裂活动日益猖獗。最近，台湾当局漠视全中国人民引为自豪的抗战胜利60周年纪念活动，在舆论压力下发表的"纪念专文"竟连"日本"两字也不敢提，甚至在谈到抗战胜利时用"终战"一词取代"胜利"。这进一步暴露出"台独"分裂势力罔顾台湾在抗战胜利后归还中国的历史事实，以及图谋借助国际势力，妄图"台独"的幻想。

各位乡亲，各位同志：回顾历史，回首几十年来两岸关系走过的艰难道路，目的是获取智慧和启迪，从而更好地把握今天和未来。中国抗战的胜利和台湾的光复，给了我们很多深刻的启示，其中最重要的，就是包括台湾同胞在内的全体中华儿女必须世世代代继承和弘扬以爱国主义为核心的伟大民族精神和万众一心、众志成城的民族团结意识。历史已经深刻地昭示，只有国家统一，民族才能强盛；只有团结在爱国主义的伟大旗帜下，中华民族才能创造更加辉煌的明天。

台湾民主自治同盟从成立之日起，就高举反对以任何名义、任何方式把台湾从中国分割出去的旗帜，为了祖国的统一而奋斗着。今天，两岸来往的渠道已经开通，每年数以百万计的台湾同胞来大陆旅游、经商、学习、交流。愈来愈多的台湾同胞认识到两岸血脉相连，命运与共。经过20多年的改革发展，神州大地欣欣向荣。这是两岸共谋发展的历史性契机。争取和平统一、共谋复兴大业，更应成为两岸人民包括各个党派、团体共同的奋斗目标。我们也希望台湾当权者能认清形势，顺应历史潮流，摒弃"台独"主张，停止"台独"活动，承认一个中国原则和"九二共识"，早日恢复两岸的对话与谈判。

最后，让我们永远铭记两岸同胞共同抗击日本侵略者的英勇事迹和为民族解放建立的不朽功勋，携手同心，排除"台独"分裂势力的破坏和干扰，共同为推进祖国和平统一进程，实现中华民族的伟大复兴而努力奋斗。

写于2005年10月23日

辑四

感言与思考：两岸关系探寻

台湾同学会1984年学术讨论会总结

台湾同学会于8月9日至8月14日在北京香山饭店举办"我们的台湾"学术讨论会。这次讨论会邀请了海外学者五名。他们人数虽少，但分别代表了目前海外台胞社团中（主要指美国）占有相当分量的"海外民主同盟""台湾与世界杂志社""台湾民主运动支持会""台湾思潮"等团体。这五位朋友都是爱国的，拥护社会主义祖国，赞成台湾和平回归祖国。国内邀请的学者有台湾同学会的会员三名，另外"老台胞""第二代台胞"各一名。十位学者的报告涵盖了目前台湾社会、经济、农村、政治以及大家关心的台湾回归祖国的一系列课题。讨论会还邀请了国内和台湾工作有关的单位：台湾民主自治同盟总部，中华全国台湾同胞联盟会，台湾省体育工作联络处，中央人民广播电台台播部，现代国际关系研究所厦门台湾研究所（因故未到）等。此次讨论会在科委科技干部局、中央统战部三局的大力支持协助下，在台湾同学会和理事会成员的努力下，自始至终充满了认真、严肃、热情的气氛。与会同志均表示此次讨论会虽然规模较小，但办得有声有色，是个成功的讨论会。讨论会开幕式上，全国政协副主席费孝通教授作为特别贵宾出席并讲了话。讨论会闭幕之前中央领导同志邓颖超主席，宋任穷、姚依林、杨静仁等同志在人大会堂亲切接见与会人士更给大家无比的鼓励。海外五名学者对邓颖超主席的讲话印象深刻，认为言语朴素真诚，内容具体，解决他们心中的不少疑问。他们对邓主席以80岁高龄不辞辛苦还和大家做长时间的亲人似的讨论，更为感动。与会人士对邓主席充分肯定这次讨论会，认为这次讨论会是件很有意义的事，备感兴奋。在会议期间，中央统战部部长杨静仁和科委干部局局长宴请了海外来宾和理事们。讨论会结束后，台湾同学会副会长和一名理事以及科技干部局一名同志陪同海外学者到桂林、厦门游览参观，增进了海外学者对祖国的了解。一路上，大家还就讨论会和台湾同学会将来如何为祖国"四化"建设和台湾回归祖国等问题进行了讨论。

这次讨论会是台湾同学会第一次举办的，带有尝试性探索性的讨论会。这次讨论会收到了一些成效，取得了一些经验。这些成效和经验也提出了不少需要进一步探讨和总结的课题。下面是台湾同学会理事会就这次讨论会初步总结出来的几点意见：

（1）促进了海外爱国台胞和国内参加讨论会各单位的了解和联系：这次讨论会从海外应邀前来参加的台胞在会上作了具有水平的报告。他们在会上、会下和与会的国内同志就各方面感兴趣的课题进行了充分的讨论，交流了思想看法，也发展了友谊，为日后的联系打下了基础。例如在会议进行中，社会科学院台湾研究所筹备成员赵、阚两位同志等到香山和海外来宾就台湾研究所的筹备工作交换了意见。在会上国内同志所做的报告，海外来宾也很感兴趣。在讨论会上，海外来宾对所听到的国内同志的看法和意见，也认为是个很好的交流，尽管大家有时在一些具体问题上有着不完全一样的观点。值得一提的是，台盟同志详细介绍了史明的经历。海外来宾对此莫不感到是宝贵的收获，因为在海外史明弄虚作假，编造自己的经历，但过去因为缺乏资料无法对他进行揭露。在讨论会上，林先生介绍台湾最近几个月的情形，配上幻灯片、录像，很是精彩。与会同志感到这种最近情况的介绍是难能可贵的。有的同志还提议，以后应隔几个月就从海外请人回来做台湾最新情况的介绍，很有必要。

（2）打破了过去各单位各自为政的旧习惯：这次讨论会邀请了国内和对台湾工作有关的单位一起来参加，共同开会生活在一起，共同交流意见和看法，也共同分享了海外来宾带来的精彩的有关海外、岛内的信息。就我们所知，过去办活动都是各单位自己办，往往局限于自己的小单位、小框框，和别的单位交流很少，至于"信息的共享"就更谈不上。我们这次讨论会初步打破了这个旧习惯，但如何做好这个工作，困难还不少，但将来要把对台（包括海外）的工作做好，这点确是非常重要的。搞自我小单位闭关自守，开展不了新局面的。我们要提倡：一个目标，共同做好对台工作；一个风格，由谁来做最合适，就由谁来做。

（3）这次讨论会不足之处是海外来宾人数上少了一些，原先我们预定邀请十人，但由于在海外工作生活时间很紧，一些人临时就来不了。这是我们当初没有估计到的。以后如果还要办类似的讨论会，应该事先准备多邀请一些人，这样在人数上才会主动，这一条很重要。

（4）国内同志在这次讨论会上所提出的论文水平显然较之海外来宾的差，其主要原因是国内同志所能接触到的资料有限，即使有的单位资料比较丰富，但由于资料的借阅都不是很方便，不能随手可得。这就大大影响了对海外、岛内情况了解的广度和深度。这是目前存在的一个比较严重的问题。特别是经常有机会和海外有接触的同志由于所知有限或不及时，往往给人造成一种一定程度上"信息不通畅"的感觉。联系到（2）点，各单位如何共同一起做好工作，乃至如何共享资料，资料的开放程度等都是目前存在的关键性问题。

（5）这次讨论会名为"我们的台湾"学术讨论会，讨论课题主要围绕在台湾问题方面。在讨论会上，大家就如何支持祖国"四化"建设等问题进行了热烈的讨论。事实上，台湾问题和祖国文化建设是分不开的。对海外台胞乃至岛内的工作绝不可能只停留在所谓的政治工作这样的水平上，工作是必须和"四化"建设联系起来的。台湾同学会的成员从人数上来讲显然不多，但各行各业种类多，和海外的广大台胞乃至岛内有着密切联系，朋友关系，师生关系，所联系的社会面，科技专业面，生活面是很难一下就估量出来的。这个渠道如果不很好地利用实在是件很可惜的事。通过这次讨论会，我们认为这个渠道的开发才开始了第一步。同时，我们也感到台湾同学会所联系的海外朋友既然都是各行各业的高级知识分子，都学有专长，为什么不能进一步将这方面的人才资源也开发出来，为祖国"四化"作贡献呢！我们以为，以后再办讨论会，应该扩大讨论会的内容，不仅包括台湾问题，也包括"四化"，这样局面就更大更活了。

（6）这次讨论得到科委科技干部局和中央统战部的大力支持，特别是最后中央领导同志亲自接见，海外来宾对此至为感动。原先他们以为台湾同学会人数少，"名气"不大，办讨论会行吗？有效果吗？讨论会结束后他们改变了。他们原先对台湾同学会的"处境"是有保留的，这是可以理解的。原因之一是台湾同学会的成员过去回国服务之前在海外和他们是同学是朋友，今天回到了祖国，工作生活如何，他们当然至为关心，因为，这也是他们的问题（说不定几时，他们也会回来定居）。在这次讨论会上，他们亲眼看到了党和有关部门关心台湾同学会，支持台湾同学会。此情景，他们回到海外后，自然会广为传布开来。这点是此次讨论会很重要的成效。

（7）讨论会闭幕式上，我们听取了与会同志对本次讨论会的意见，大家普遍反映很好，认为学到了很多东西，也交了新朋友，也都希望类似讨论会能继续下去。海外来宾李教授以为这次讨论会的结束应该是开始，以后应该还要继续办下去。纽约邱先生对讨论会虽由台湾同学会举办，但别的单位也一起来参加表示非常高兴，认为很有意义。北美华侨日报记者郑先生希望下次如果有讨论会能提前通知他们，他们好做好采访的准备。黄教授认为有机会和国内这么多来自不同单位的朋友一起生活，一起讨论很有意义。此外与会同志还提到应该将讨论会的论文报告和讨论内容形成文字材料，并且在国内、海外杂志报纸上发表，这样可以扩大影响。有的同志还提到应该扩大讨论会的面，多些人来参加，包括爱国的赞成统一的，也最好能邀请诸如有"台独"倾向的人士来参加。国内与会同志也有表示希望下回能每个单位多些人来参加。海外来宾还提到，这样的讨论会将来时机成熟，还可以一起出去到海外去办，那影响面就更广了。

台湾同学会这次举办"我们的台湾"学术讨论会，由于理事们经验不足，一定有许多地方没有办得妥当。在很大程度上，由于科委科技干部局和中央统战部三局的大力支持，使得讨论圆满结束，对此我们要表示最衷心的感谢。有党的领导和有关部门的支持，相信在台湾同学会全体同学的努力下，同学会能争取为祖国做更多有意义的工作。

写于1984年8月

关于两岸关系的几点思考

一、引言

台湾同学会自1984年以来每年8月均举办讨论会，邀请海内外学者共议国事，其中两岸的关系一直是历年讨论会的重点。今年（1991年）讨论会的重点之一是关于两岸文化、学术、科技、经贸交流的课题。台湾同学会理事会商议由我来谈这方面的课题。我不是这方面的专家，只能凭着点直感来谈些有关两岸的种种。因为是直感，所以谈不上全面，只能说是一鳞半爪。同时，因我相信历史的逻辑发展应有其理性的成分，因此，所谈的多倾向于以历史宏观的角度作为思考点，而自觉尽量摒弃因己私而有的偏见。其中不少也是平日与同学会学友交换意见之所得。这是需要说明的。

二、关于两岸双方

A. 台湾方面

40年来的台湾在西方资本主义体系中凭着天时、地利以及本身良好的条件（诸如良好的教育水准、总人口相对小、凡事较易于处理等优势），经济迅速发展。固然今日台湾的经济有困难的一面（包括为此而付出的各种代价，如环境之破坏等），但无可置疑的是，它对于大陆已是一个有分量的经济实体。在可见的未来数十年内，只要国际上没有大的经济危机，两岸和平相处，台湾相对于大陆的某些可观的经济优势将继续保持下去。

40年来的经济政局架构一直处于僵化的以不变应万变的态势之中，扭曲的政治结构直到蒋经国去世以后的近三四年才开始了调整。多年累积下来的各种矛盾，于是纷纷显现出来。有人以为今日台湾够乱了，而过去不乱，其实今日社会各种矛盾的显现是其由高压下的假稳定走向正常状态下的稳定的一个可贵的历史机遇。讽刺的是这一切的"乱"都始于蒋家统治之后，历史或会表明台湾社会也由此逐步过渡到正常的状态，尽管此过程可能是不平坦的。由此岂不愈见蒋氏统治之历史虚伪性。40年来台湾政局的扭曲、虚伪性集中表现在其"代表整个中国"的虚幻意识。今日台湾政局改革的核心意义在于它逐步形成正常的架构，即政权的地方化。唯有地方化了的台湾政局才能较多地代表民意，也只有经过这样的改革，台湾政局才能稳定下来。自然，如果这个改革的步伐"慢条斯理"甚至虎头蛇尾，则台湾"乱局"很难避免。

在此过程中，值得注目的是台湾人因对长期处于扭曲的、不合理的政治架构中无权地位的不满，而产生的对自我命运强烈追求的意识。群众追求自我命运的主导权是无可厚非的，尽管其中往往带有异常的非理性，乃至不顾后果的情绪性的宣泄（当事人自然很难承认此点），但此种追求意识应有其合理内涵，亦不容置疑。这是我们看待台湾变局所应有的基本立足点。

有人喜欢将台湾的社会派别活动分成两大类：独派和统派。我倒觉是否可以合理性和非合理性两类来分析，划分。前者的立足点是以政治目的为标准，而后者是以其是否合乎台湾社会的理性历史发展为标准——即能结合台湾社会实际，有益于台湾社会进步，又有益于两岸关系之理性发展。台湾社会团体不论左中右，不论哪一派，如果脱离了上述这三条准则，势必无所作为或为历史所淘汰。

B. 大陆方面

中国大陆40年来的历史应以1978年为分水岭来划分。前30年除50年代早期属于正常的发展建设时期外，可说是处于"左"的、动乱的不安宁时代。这20年中，固然国家的实力有很大的发展，但事实是整个社会处于一种压抑的不正常状态。凡事有两面，海外一些人只看到这20年中，国力增强的一面，而无睹于人民所付出的代价，片面地强调这时期的"可贵"之处。事实上，如果没有1978年以后政策的调整与转变，中国大陆或许不可避免地最终走向混乱与崩溃。1978年以后的改革开放可以说是经过前20年曲折社会主义道路后的再出发。改革者改变不合理的事物，开放者承认并接受西方资本主义体系中属于人类历史共有的因素。大陆前 20 年由于政策失误所遗留下来的问题，庞杂而低效的大政府官僚体系，僵化而趋静态的社会活力。改革与开放无疑给大陆注入新的活力。

但是改革与开放的道路并不平坦。过去的十年，固然成绩不小，但冷静地观察局势，便不容人们过分乐观。经验表明不合理的事物不会自然消亡，而开放也带来种种糟粕纷纷涌现的不稳定因素。问题是要开放接受外界有利、有益的因素则必然要求大陆社会有个健康、能合理运作的体系，而这只能通过改革才能成就。于此可见，配合着经济改革，对社会、政治结构进行相应的改革不容忽视。没有这方面改革的改革亦不可能成功。这方面的改革困难很大，但亦充满着契机，因为广大的社会基础是赞成改革的。对于拥有 10 多亿人口、幅员辽阔的大陆，此诚属不易之举。但改革与开放的道路不走、停止或走回头路，则是没有出路的。

未来的五年、十年是大陆改革与开放，特别是改革，关键性的时期。从经济层面上讲，如何克服占国家税收极大部分来源的国营企业经济效益低下的问题，以及每年花掉国家财政收入四五百亿元的物价补贴问题，均是目前改革中出现的困难焦点，而这些困难亦只有在坚持改革的途径上继续往前走才能解决。自然，核心的问题是过去"一大二公""平均主义""脑体倒挂"有违社会主义按劳取酬的旧体制在多大程度上得到改革。改革的道路不可能是处处稳当，处处顺人意的。我们应以动态的、全局的眼光来看待改革，才能正确理解改革。否则往往视其为洪水猛兽，不仅不能接受它，反而反对它。中国的成语故事"叶公好龙"或许正适合来提醒人们所应避免的可能犯的错误。

90 年代大陆的改革如果进行得比较顺利，即经济上有个大的发展（如 2000 年总产值达到官方所计划的比 1990 年约近翻一番），国营大型企业能再生其活力，中小、乡镇企业能蓬勃发展，外资的吸收利用能顺利进行，社会总体运作的活力、机制能相应的增强（伴随着经济所有制多样化的发展，"官本位"的价值体系逐步得到调整），这样的改革就应算大半成功了。这就要求领导者具有高超的政治智慧、宏大的气魄去完成它。可以说 90 年代对大陆而言将是发展、困难与契机共存的年代。

三、关于两岸关系的思考

前面提及台湾目前正在进行的政治改革的本质乃是政权的地方化，这条道路就是合理的。地方化了的台湾政局才能再具有新的活力，问题是台湾能否正视其本身的处境——即台湾在整个中国中所可能、合适扮演的角色，亦即历史赋予它所应有的角色，而坚决勇敢地往前走下去。

事实很明显，除非台湾"独立"，否则在全中国政治范畴内，它只能是个局部，而不可能是个政治中心。这和它多年的基调（主要是蒋氏父子遗留下来的它代表全中国的意识）是相违背的。对台湾某些人来说要认识到这点可能是痛苦的，而年青的一代比较容易接受这个事实。政治层面上如此，却并不意味着台湾以其优势，在将来对全中国影响能力的否定。我想这才是台湾真正潜能的所在。如何正视台湾在未来整个中国中所可扮演的积极角色，需要两岸有智慧的领导者与全民的高度理性来认识。而这亦是两岸统一过程中所需解决的核心课题。

台湾目前正在进行的政权的地方化，我们应乐观其成。事实上，唯有地方化了的台湾政权结构才合乎大陆方面的"一国两制"的条件——即台湾属于中国之一特别行政区（地方政权）。然而，台湾由此亦具有走向"台独""独台"的内部条件。因此，台湾政局确实具有未定数。有人以为在蒋家时代，台湾力求代表全中国，有利于统一。殊不知在那种条件下双方的对立绝难有个解决，反而地方化了的台湾政权才具有接受统一的条件。问题是如何避免地方化了的台湾政权走向"台独""独台"而走向统一，这是两岸双方需共同努力的课题。

台湾民间势力要求政权结构的合理化是正当的，但如何处理好台湾内部矛盾的转化，并在国际条件下理性地处理好它与大陆的关系亦至关重要，这是台湾具有历史眼光的人所应严肃对待的课题。事实是大陆不可能接受独立的台湾，一如它不可能接受"两个中国"一样。从现实的情况看，今天的大陆比起五六十年代具有更大的国际作用，它当年在困难的情况下拒绝做到的事，今后怎会有可能接受？台湾有人批评大陆不同意台湾"独立"或台湾成为国际上的一个政治实体为"封建一统意识"或"不具解决问题的诚意"，这是不了解大陆视此问题之严重性。因为更深层次的原因是和大陆自身在国际条件下稳定与安危有关的考虑。台湾的人应树立一种让大陆感到安全也才是对自己安全有保障的思维方式，这需要开阔的眼界与长远的历史判断能力。同理，台湾方面为了自身的安全向大陆提出的种种，大陆方面亦很难完全回避，否则双方很难谈成（后面还要谈这点）。

两岸社会各有其特殊性，各有其内在的逻辑发展与演化。处理两岸间的不同点应以理解、尊重为基本原则。即如政治层面上的批判对方。要求对方改变其基本理念的诉求，不仅没有意义，反而导致不必要的紧张关系。如一方批判、要求另一方如何如何，另一方则层层加码，互相防范、互相封锁，这都不是有智慧的表现。最大的伤害还在双方。

但中国作为一个整体，没有理由认定任何一方的人完全没有权利来对它方表示关心，提出批评，进而成为各种层面上的作用。试想当今世界越变越小，全球区域间相互牵引的动力越来越大，又何能在两岸人民间做一刀切成两段的区分彼此呢？于此，双方除应多反求诸己，努力做好己方的工作外，对待批评也要有宽容的雅量。中国的古语"不以人废言"是个真理。我们期待的是双方都能接受对方的有识之士来帮助自己革新发展。古代的春秋战国时期有着最好、最生动的历史可供我们借鉴。两岸对比，如果说台湾有很多好经验可以给大陆（事实上，人们可以发现大陆改革开放几年来所遇到的不少问题，台湾在五六十年代也都出现过，诸如税收问题、公务员制度问题、廉政问题），同样地，大陆也应有好的经验给台湾，即如台湾一位人士所谓的大陆的"社会人权"比台湾的好。对此，双方应以开阔的胸襟来对待。"你不吃掉我，我不吃掉你"，有人将之理解为不允许对方，特别是对方的百姓对自己的批评与关心，这至少是个误解，否则又怎能解释大陆方面所提统一后，台湾的人可以来大陆"当官"呢？

合理的两岸关系应是一种兼容的关系。在此体系中，两岸之间的差别正是两岸各自所缺少的补充。就此而言，两岸的统一要求双方在各自的内部做好调整的工作。双方没有具有兼容性的健康、合理的肌体，怕很难和睦相处。

目前两岸关系的发展有令人满意的地方。对比过去40年，固然今日大陆这边的人去台湾仍然困难，但台方来人如过江之鲫，络绎不绝。两岸双方交流的前景，似乎充满着乐观的气氛。它的形成与发展应归功于双方执政者顺应历史潮流的结果，没有大陆的改革与开放，没有台湾方面政局的调整，这些都是不可想象的。

两岸交流前景的看好，未必意味着统一局面的早日来到。目前双方开出的统一条件差距还颇为悬殊。大陆一方的"一国两制"是它对台湾现况不主动去改变，或说是采取不干预的策略，执意的要求使台湾变成一个特别行政区，挂五星旗。冷静地审察形势，目前周遭环境对台湾的压力还很难看到实现这点的蛛丝马迹。反之，我们看到大陆对台湾内部局势的变化是处于一种无可为的地步，固然在国际政治上大陆有相当的实力来约束台湾当局，以及由于两岸关系的缓和，大陆对台湾的中小企业（似也应包含大型、官营企业）亦具有相当的吸引力。

台湾方面目前正在加速政权地方化，并对大陆采取一定的开放政策。然而目前以至可见的将来，只要两岸在和平的架构内，台湾可采取长期拖的策略，孤悬海外，继续其小江山的局面，大陆似亦无可奈何。所以说两岸交流将会有大的发展，但离政治层面之彻底解决料还是长远的未来。如果双方均不在意这种长期"分而不独""合而不统"的分离局面，那倒也相安无事。反之，如一方不满意于此，则引发的问题实足堪忧——这包括人们所不愿看到的非和平因素。理性的历史发展不应走到这种灾难性的结局。这就需要双方运用高度的政治智慧来处理，而这只有通过对话谈判，包括必要的妥协来解决。

大陆方面对统一问题解决的方案是明确的——和平，维持台湾的现况。这些台湾方面都可以接受，关键的问题似也不在台湾方面反对它变成地方政权（前面已谈及台湾目前进行的政改，其本质即是政权的地方化）。台湾目前所提其在国际政治层面的活动空间问题只是个表象。事实上台湾既没有这方面的空间对其生存发展，亦不应有多大的困难。自1971年台湾当局离开联合国以来的二十年间，它的国际政治活动空间已经很小了（目前只有二十来个小国与台湾有所谓的外交关系），但其经济发展亦未受多大影响。今日台湾一再要求大陆开放予它这方面的空间（如前所述大陆很难答应这点）。除了提高其谈判的立足点外，核心的问题应还是个安全感的问题。这就需要双方以更高的理性、更大的诚意来处理。在一个中国、统一的前提下，大陆应正视台方所关心的安全问题，并提出积极的、具有实际作用的保证措施。

总之，大陆的改革开放和台湾政局的调整，给两岸统一的前景带来了希望。大陆方面如何搞好未来五年、十年的改革与开放对海峡两岸关系的发展具有决定性的作用。统一的共识应在如何正确地处理好台湾在整个中国中所应具有的角色作用，而这只有通过执政者与人民以坦诚之心，正确估价己方与他方，通过谈判交流求得解决。统一问题的解决应使双方成为独自而兼容的体系，统一的双方应是有机的、动态的结合，使对方成为促进己方、发展己方的源泉。中国有句古话，有容乃大，有包容才能发展，这是历史的规律，也应是正确处理两岸关系的根本立足点。

四、后记

自1895年甲午战后，台湾被割让给日本以来至今已近百年了。这一百年中的前五十年，两岸人民的往来从未间断。异常的是近四十年来双方人员阻绝的程度为旷古所未有。从这个角度上看，人们或可承认台湾同学会成员的经历是相当特殊的，他们在海峡两岸的社会中各生活过一二十年的时光（此外，他们还在国外求学、工作过近十年的时间）。同学会的不少成员都曾参与过70年代的"保钓"学生运动，他们接触过当年席卷全球要求社会进步的思潮。这对比于他们从小在台湾所受的僵硬传统儒学与反共八股教育自然是个反动。说这些人是"一小撮"最为恰当，因为四十多年来，大陆十多亿，台湾二千万人口中，差不多只有这些人才具有海峡两岸的切身经验，于此，他们似具有历史的特权。台湾同学会的学友应珍惜这个独特的历史机缘，发挥好团队精神，以独立的思考与价值判断，秉承知识分子的良知，勇于为两岸同胞（如可能，应包括两岸执政者）提出其所有的独特见解与异议，从而有益于两岸关系和谐的发展。坦诚地面对自我、人生乃至历史应是我们的座右铭。某些人可能会以异类或所谓的叛逆者视之，"千秋功罪"，相信历史会有公允的批语。

写于1991年4月

探亲归来话观感

一、关于国民党与民进党

如今的台湾已几乎感觉不到蒋家势力的存在和影响。一位专职的国民党中层干部同我一起吃饭，席间谈及蒋家王朝过去几十年欺压人民的所作所为，他没有试图对此进行任何辩解。而对于李登辉，却不公开讲什么批评的话。对于我当年参加"保钓"运动，他还表示了敬意，并感叹说，"如今台湾像这样有血性、有理想的年轻人已经不多了"。

台湾知识界中有一部分人不满李登辉的专横弄权，对于他把非主流派人物"赶尽杀绝"的毒辣手法颇有微词。有的人担心李会步戈尔巴乔夫的后尘，最终走向自己的反面。

台湾南部支持李登辉的呼声却很高。尤其是那些与大陆没有深厚渊源的台湾本土人，对于李"几年内走完西方上百年才走过的路""结束蒋家的白色恐怖"，实现了"民主"，百姓"想干什么都可以"，普遍表示满意。他们还认为，过去那些国民党大佬（指非主流派等人士）欺负了我们几十年，如今台湾人掌了权，能让他们体体面面地下台养老已经很不错了。

总的来说，现在无论带有什么倾向的人都同意这样一个看法，即非主流派大势已去，本钱已经丢光，退出历史舞台是不可避免的了。

如果国民党只把自己的位置放在台湾，蜕变成台湾国民党，它的势力还是相当巩固的。尤其是地方、基层，通过几十年经营所形成的盘根错节的利益流动体系绝不是轻易所能打破的。民进党或许可以在"立法院"等上层机构有所作为，甚至做"总统"，但其根底毕竟太浅，物质基础相对来说也显得薄弱，没有办法从根本的立场上改变现存的社会和权力结构。

站在反对党的立场上嬉笑怒骂容易，真想取国民党而代之，上台执政，就难了。

但民进党在营造自己的"新形象"方面很下本钱，也做出了一些成绩。比如在台北县等民进党执政的县、市发放养老金等，产生了不小的震动。国民党在控制地方选举方面有优势、有办法，但到了"省长"和"总统"选举时，不定因素增多，形势会比较复杂。

二、关于新党

这个党目前在台湾还是一股很微弱的力量。虽然其号称拥有多少多少万的党员，但水分颇多。也许在"立法院"可以发出一些声音，起到打边鼓的作用，但仅止于此。在地方上，它的影响几乎没有。一般群众觉得，这是个"外省人的党"，把持"老框框"，如三民主义之类的不放；所提出的比较激进的大陆政策也不是老百姓现在就能接受的；另外，也没有地方财团的支持，财政动辄竭涸，举步维艰。

三、关于统联

我曾前去拜访。其间，他们对自身在台的艰苦处境感到困难。这个组织及其团结在它周围的群众，作为一股力量、一种存在，其意义还是不容忽视的。当孙亚夫第一次踏上台湾时，有没有统联举着标语来欢迎，情形就不大一样。

他们能顶住来自各个方面的压力，这么多年在台湾坚持下来，很不容易，值得钦佩。我们不能因为其力量微弱而忽略了他们，应继续大张旗鼓地扶持他们的声音。

四、"民意"遭到严重的错误导向，甚至认为大陆会"同意"台湾独立

台湾一般民众在从蒋家统治过渡到李氏统治的过程中，长年在思想上和社会生活中的禁锢和恐惧被打破，各种各样潜伏的思潮和情绪全面地释放出来。

这一方面带来开放和"自由"，另一方面也使台湾民众在某种程度上失去了现实的依托，造成思想上的混乱。与普通老百姓谈到政治问题，他们那种"想当然"的、随波逐流的倾向到了十分严重的程度。这种情况被民进党所利用，他们投入极大的财力和精力所维持的宣传工具不停地给百姓灌输没有现实意义的空想。说得多了，竟也凝聚起不小的力量，同时带动那些本来就对政治一知半解的人，共同构成一种"现实存在"，也就是所谓的"民意"。

当谈及台湾"加入联合国"这一不可能实现的目标时，不少人在全然不懂联合国是怎么回事的情况下，伴随着每天充斥报纸和电视的"信息"，竟认为这"很快就能达到"。

原来最害怕的大陆武力对付"台独"的问题，如今在民进党的反复鼓噪下，也被一般人淡化了。有两种幻想，一是把自身的安全寄托在美国身上，觉得美国了不起，什么都能管，说什么都算数；二是寄望大陆重蹈苏联的覆辙，即使不解体也变质。甚至认为"七转八转""七弄八弄""谈谈条件"，大陆就会"同意"独立，台湾也就独立了。"动武是不可能的"。有个人甚至让我"估计"，"台湾什么时候能独立？"

五、我宣传不得力，台湾百姓不了解我政策

在台湾的经历使我切实感到舆论宣传的重要。民进党那些在旁观者看来不值一提的论调能影响那么多人，宣传鼓动起了举足轻重的作用。

我们的对台方针政策，反复讲了那么多年，台湾普通百姓仍不了解，这有宣传力度不够的问题，也有宣传方式不理想的问题。

中央电视台第四套节目应进行一些改革，办成台湾人喜闻乐见的节目，吸引普通民众观看，这才有效果。统联的刊物发行范围有限，可以考虑在大报上开辟一些新的园地，还可以出书，我们应支持他们这样做。

岛内每年来大陆访问的民众有近百万，如何做好这些人的工作具有战略意义，这是带有普遍性的、面上的工作。还可以重点做学校教师、大学教授的工作，他们能影响的范围很广。台湾毕竟是个不大的地方，十几所大学，几千个教授，可以有规划地安排他们来大陆访问交流。知识阶层对于大陆雄厚的科技力量、强大的综合国力以及迅速发展的经济实力会更快、更敏感地做出反省。

他们所说的话对于化解在群众中普遍存在的"狂热性幻想"情绪会起到比较突出的作用。

六、结语

在岛内形势急遽变动的情况下，台湾人要求"当家做主"的愿望会以比较强烈的方式表现出来。这种愿望及由此衍生出的一些主张，可能在未来主导台湾政局的演变。各种政治势力都不能忽视这一情况，也都要想尽办法利用和引导这一情况，否则就无法生存。

对此，我们也要认真研究、规划、制定一套富有远见的工作做法。宣传舆论也要跟上，形式要调整，争取使我们的声音逐步由弱变强，深入人心。

写于1994年2月19日

台湾的未来发展与对台人民的工作

　　经过40多年的对立、变化和发展，两岸关系进入了一种又有交流又有斗争的格局。改革开放使得大陆进入了一个蓬勃发展的历史时期，同时也正大力吸引着台湾的资本。台湾的政治、经济以及社会结构、意识等也经历了巨大的变化。政治方面，蒋家独裁的统治已为相对代表多数民意的政权所替代，即政权的地方化和多党议会制度的逐步建立。经济方面，台湾固然有了很大的发展，然而它毕竟只是资本主义世界的边缘部分而已。它既受益，同时也受制于西方世界。随着西方世界经济的停滞和衰落，台湾也面临着再发展还是停滞和衰落的问题。就社会结构意识言，今日台湾的"社会自主性"可谓高涨。两岸的这种情况为我们提供了台湾未来可能发展的趋势和统一的前景，特别是为了这个目的，大陆所可能采取的方针和策略。

　　地方化了的台湾政权结构和多党制度有可能使台湾进入一种较良性的、具有能自我调整的机制的时期，即从过去蒋家独裁的统治过渡到一种较符合台湾内部自我利益的平衡的状态。这种情况和过去蒋家统治时期最大的不同点是其内部的矛盾已从"你死我活"的斗争转化为一种较具有共同利益和意识的状态——固然其间还会有矛盾，而且有时还相当激烈。自蒋家败落后，台湾如果没有顺从民意潮流的变革，台湾的政局可能是灾难性的。就此而言，李登辉能控制台湾今日政局，并且有其民意基础也不难理解。台湾内部政局的演化，依此脉络，当可以看出它和大陆的关系是：一、承认它只统治着台湾，放弃对大陆的发言权。二、朝野上下力图对大陆政策的一致，以维持其"分治"的局面。如此的台湾政局也要求台湾社会上上下下所谓"共同命运"意识的加强。于此，我们可以看出台湾的统治阶层如何巧妙地利用原本与其对立的、来自反对势力的一种受压迫者共有的"一体感"的意识。

　　台湾社会所具有的这种"一体感"的意识值得仔细分析。首先它来自传统汉族社会的地方主义，同时也和台湾长期和大陆分离有关。蒋家的压迫统治更激励了这种意识的成长。最近20年来的经济快速成长也促使台湾社会萌发一种自信感，这也促发着此"一体感"的形成。蒋家法西斯统治的最终瓦解又使相当一部分台湾人深深感到自己"当家做主"的美景不再是梦想，而是完全可能的。还有，由于统治阶层的无能，这些年来台湾社会的群众自发的自立救济运动，等等，所有这些因素的汇总，凝聚成今天台湾社会相当凸显的"社会自主性"。此一特殊性深值我们注意。因为，它不但影响着台湾政局的发展，而且也关系着两岸关系的发展。

台湾毕竟幅员有限，外贸的发展固然成绩可观，但是其未来的发展肯定不能再循老路。西方世界长期的经济停滞与衰退正迫使台湾另外寻找市场。东南亚，特别是大陆，是它的一个选择。另一方面，台湾产业的提升与否，也关系到它的发展前景。台湾的产业很难（不可能）提升到与西方抗衡的地步。退一步，如果它能结合大陆幅员辽阔的实力，则对它的面向西方市场的竞争会是有利的。如果台湾在未来的一段时期内（十年）不能将产业提升到一个新水平，则它面对大陆发展的压力，势将难以支撑。如此，台湾可能再难以维持其偏安的局面了。台湾产业能否提升牵涉到多方面的因素，特别是它的科技力量。这是一个复杂的因素。固然不能说完全不可能，但难度确也不容乐观。这就是台湾当局一直想借重大陆科技力量的原因。台湾方面也看到依赖大陆市场，必将不利于其偏安的局面，故而极力企图发展东南亚市场。但是经济有其客观规律，不依人们主观愿望而改变。总的说，大陆综合实力的快速发展，对台湾的偏安企图是个致命的打击。所以说，大陆改革开放的持续、稳定、快速的发展是和平统一的核心因素所在。

如上所述的台湾政局是会较具信心地与大陆来往，打交道。经济方面的问题或许较容易解决，即：如何在两岸共同的利益基础下，双方能相互协调，找到平衡点，使得台湾能在它认为安全有利的情况下，加快到大陆投资的步伐。这方面大陆可以努力的潜力很多，现阶段的重点是改善投资环境的问题，包括市场制度的建立，特别是法律的完善和腐败问题能否得到约束和改善。

大陆对台湾内部政局的影响，如前所述，在短时期内怕很难有多大的支配力量。其原因很多，令人深思。总结历史经验教训，准确、深入、全面地分析台湾内部的各种矛盾，立足长远计划，兼顾短期效应，动员所有积极力量，精心组织，精心策划，全面加强对台人民工作的力度，应是我们刻不容缓的历史抉择。

所谓"人民的工作"当是指台湾社会各阶层群众的工作。除了上述促使两岸经济利益尽快挂钩的，最现实、直接的经济工作外，"民心"的工作应该是核心所在。这方面可以有几个层面：首先是做好"公关"的工作，让台湾人更多地对大陆有好的印象；其次是争取更多的台湾人"同情"大陆在半个多世纪以来在中国共产党的领导下，如何外抗强权，让人敬佩地在建设自己的家园；最后是让台湾人对大陆有参与感，不论在经济建设方面，社会文化方面，乃至政治层面。唯有让台湾人有了"国民"意识，"台湾独立"的思潮才能得到遏制。把"一国两制"说成是让台湾人只管自己，不要来管大陆的事是很不合适的。统一的前景，对台湾人而言，应是美好的前景，而不是更多地为了历史的意识，或民族的感情、大义。

台湾社会已经结束了蒋家白色恐怖的阴影，而且显得异常多元化。两岸间的来往也已经开通，形势的变化已使得大陆可以直接强化它对台湾的宣传。我们不期望目前在台湾有很多人喊出统一的声音。但是，现在的重点应该是大力向台湾的人宣传好台湾问题的所在。台湾当局，某些国际势力以及岛内的一些人是有企图改变台湾问题的性质，但是绝大多数的台湾群众可能是随大流的，甚或不清楚台湾问题的来龙去脉。他们没有一个固定，已经很明确的"统、独"结论。在未来一段时期，岛内有关台湾前途和未来的论战，及其对群众的争取会是相当激烈的。大陆的宣传力量不应该置身于此事之外，而完全有可能强化它对台湾的影响。这个工作应该是宣传、说服艺术的运用，而不是教育式的，或说教式的（我们所习惯的对内宣传方式）。对台湾的宣传应多利用台方的宣传机器为我所用，而减少自说自唱的倾向。我们应该放手到香港、台湾运用那里的宣传机器，宣传我们的观点、我们的政策。目前，这样的方法可能较为有的放矢。从这个观点来看，运用好、做好台湾舆论界的工作，包括公关，至关重要。我们的对台工作部门，党和国家的领导人应重视这个渠道。由此历史的原因，对台湾人即便有的分离想法（这主要还是蒋家统治的恶果），不要随意组织批判，这会是徒劳的。重要的是，我们能否说服，改变他们的想法。

台湾的学术界在台湾有相当大的舆论导向作用。理工科学界对大陆的看法比较单纯，希望和大陆加强来往的意愿也比较强烈，这和他们的专业有关。

这方面工作显然不足，可以大力加强，有组织地进行。文法商学界的思潮比较复杂，多交往，求同存异，积极加强两岸学界的合作具有长远的战略意义。台湾年青一代学生，特别是大学生的工作也至关重要。虽然台湾当局对大学生来大陆仍有种种限制，但突破口也不少。对于台湾学生来大陆学习要极力提倡，努力创造好条件。台湾问题的解决可能还需较长远的过程，年青一代的倾向将具有关键性的作用。同理，年轻教师（包括大中小学）的工作也应积极地做起来。我们对台湾学界工作的方针应当是敞开大门，热烈欢迎，不要顾虑太多，更不要有"左"的偏见。

以民进党为代表的民间势力在今后台湾的政局中，将扮演举足轻重的角色。民进党要取代国民党的势力也不是短时间能做到的。国民党至少还有十年的时间可以稳住政权。台湾政界目前还看不出有眼光的政治家，而其政界所表现的短视、低水平乃至相当严重的依附西方的心态（这也是蒋家统治的恶果）在短时间内很难有变化。他们立场的改变只能来源于局势的变化，特别是民心的向背，以及国际局势的变化。台湾政界矛盾严重，很多是属于派系间的，不属于"统独"原则的。我们不宜混淆二者的性质，否则会犯错误。新党由于其理念，社会关系不依附着强烈的蒋家色彩，短时间内难有较大的作用。对其统一主张，我们自然欢迎。但其在台湾的影响力也需准确估量。台湾"左统派"的存在实在难能可贵。然而除非局势有较大的变化，他们所能起到的社会作用也是有限的。"保钓"时期的积极分子在台湾、香港都还有。这些人不管现在的态度如何，毕竟会理解大局的方向，他们是会有可能对两岸的交流、关系的发展起促进作用的。我们应重视这个群体的潜力。如果说，对台湾民间的工作，更多的是民心的争取，则对台湾政界的策略会较多地在安抚和团结。不应把这种团结理解为丧失原则。这是台湾问题的特殊性所决定的。否则，无益于问题的解决。

虽然说，只要中国人民不放弃统一祖国的决心，不放弃完成近百年来，外抗强权，争取国家独立和统一的愿望，台湾的回归终究是有朝一日的。然而，不可否认，台湾民心的向背会是影响这个进程的关键因素。中国历代的统一都是最终依靠民心和武力完成的。50年前的解放战争正是如此。此点证诸中外，亦莫不皆然。国家乃是意志、实力（包括政治和经济）和武力三者的结合和表现。西方势力总是会阻挠中国的统一。因而，对台湾民心的争取就变得很关键了。历史经验值得注重：隋文帝最终统一分裂达300多年的南北朝局面，依靠的不仅是经济和政治的实力，还依靠一个廉洁而有效率的政权机器。腐败之风，如若不能得到约束和治理，不仅不利于大陆的现代化建设事业，而且会腐蚀两岸关系，断送台湾民心，甚至断送统一。我们对此必须有清醒的认识，并采取确实有效的措施，始终保持对台工作队伍的廉洁、自律和高素质、高效率。

　　海峡两岸关系在未来若干年内，将会是相对的稳定。两岸实力的对比在十年后或会有关键性的变化。在这段时间内，大陆改革开放的发展若能超过台湾方面企图的产业升级或发展，则台湾方面届时必然会感受到来自大陆方面强大的统一压力，而不得不放弃偏安的局面。（届时，自然还要看西方和大陆的关系。）我们应把握好这段时间的对台工作，特别是"民心向背"工作，促使整个局面朝着有利于和平统一的方向发展。

写于1994年

关于现阶段对台湾人民的工作

自李登辉去年（1995年）访美以来，两岸间爆发了近30年来最严重的危机。经这一年来两岸、三边（包括美国）的"过招"，虽然各自均谓有所得，然而局面的发展，也许对李登辉言，是最大的意想不到。这就是两岸关系提前进入第一阶段的摊牌。近20年来，大陆"和风细雨"耐心地对台上层集团做工作，至此可谓进入转型期。两岸关系，几年来固然有所进展，例如双方人员的交流、两岸经贸的迅速发展等，然而，异常突出的则是台方上层领导人对两岸关系的正常化——解除敌对关系，在统一的定位下，发展两岸关系——不仅采取拖延的策略，且亦有单方面改变台湾地位的企图。这固然有台湾方面的原因，更重要的应是美国对华策略的运用与试验。经过一年来的较量，台湾似已面临一个抉择，与大陆进行"政治性"谈判，或两岸长期僵持在一种"冷过渡"阶段。关键的问题是"世上没有绝对静止的状态"，问题是"在这种表面上冻结的两岸关系，局势究竟是朝着有利于哪一方发展"。

几年来，包括可以预料到的未来一段时期里，大陆可以有年均10%的经济发展势头。以此为基础，大陆可以合纵连横世界中的有利因素，以对抗美国。国际因素、国内因素总的说是有利于大陆的发展，因此说也有利于统一的趋势。问题的关键点还是台湾岛内因素的发展究竟哪些方面有利于或不利于统一的趋势。我们需对此做出科学、客观的分析与认识，从而采取有效对策。这其实就是对台湾人民的工作应是如何做的问题。

此次台湾"总统"选举，李彭合计获得选票的75%。此显示，于朝于野，大约鲜有人（或不多）已认识到"务实外交"绝不可取。在此群众认识的基础上，李登辉在未来四年内，大约还得在这方面竭尽全力，以求其功。台湾社会上下，还不到完全认识这个问题本质面貌的阶段。故就其言，"务实外交"是真，缓和两岸关系是假。李登辉去年还拒绝解除敌对关系，拒绝访问大陆。现在他真的想这样做了？

我们要向台湾讲清下面几点：

（1）从国际关系言，大陆与台湾间的对比不可能从5比1（即如按双方现在有的建交国数之比）扳成1比1。即"两个中国"之议，大陆不可能接受。"双重承认"亦然。

（2）"务实外交"与两岸和谐的关系对台湾言是鱼与熊掌不可得兼。

（3）在不和北京商量（谈）的情况下，台方在国际上的政治活动，必然会受到北京方面的全力"封杀"。

（4）一个中国的原则不可变，"台湾是中国的一部分"的原则不可变。台湾必须面对在国际上代表中国的唯一合法政府是中华人民共和国政府的现实。

这些课题对很多台湾人言，并不是"于理自明"的。我们应从多个角度，深刻阐述这些问题的来龙去脉，以及它们若得不到坚持，则可能衍生的后果等等。

台湾人心处在迷惘之中。他们靠着自己的努力，创造了可观的财富，改变了蒋家的威权统治。他们现在面临在经济上更上一层楼的困境或处在瓶颈之中。而在政治方面，他们面临在岛内当家作主与在世界范畴扮演更重要角色的迷惘。两岸关系方面，他们面临的是大陆会给他们带来更大的发展机遇，还是一如过往更多的是对抗，而不是互助、合作。这方面，无疑地，香港的回归对他们具有重要的示范作用。

面对台湾人民的工作，就上述这些课题，我们要"摆事实，讲道理"，也需要"摆利害，讲后果"。

如前所言，台方在未来四年内，不会认真与大陆和解。它大约真意还在搞它的"务实外交"。所谓的"访问大陆，进行和平之旅"也好，"解除敌对关系"也好，大约均是"真戏假演"。我们于此也得与它周旋一番。目的就是一个：争取群众，让更多的群众看清台湾是处在什么状态之中，看清台湾往何处去于其有利，看清台湾与大陆的关系，看清台湾统治者究竟是为何人何集团的利益服务，看清统一的趋势。在未来数年内，我们要加大力度，主动寻求"战机"，做好台湾人民的工作，以为下一个阶段的摊牌，做好准备工作。

只要大陆保持稳定的政治、社会环境，搞好经济建设，按目前年均10%的增长速度发展下去，十年后的国力更可上一层楼。届时或可预料到与美国、台湾领导层将会有新一回合的摊牌。在这个阶段内，我们要做好台湾人民的工作，使局势朝更有利于统一的方面发展。

写于1996年8月

探讨对台宣传的核心课题

关于对台宣传的内容，针对不同的对象、时空，应有所侧重。有时动之以情，有时晓之义。然而针对目前台湾的民情舆论，更重要、更多的宣传应摆在"将台湾所面临的客观情势，平实地剖析开来，让台湾人民了解清楚"。

这当中的课题，可包括：

（1）台湾问题的来龙去脉、本质，包括所谓"中华民国主权独立"的命题为何是虚假的。这就联系到1949年后，"中华民国"这块招牌的本质，以及美国在这整个历史过程中所扮演的角色。

（2）改革开放20年来，祖国大陆的发展成就，特别是展望20年内，祖国大陆所可能发生的巨大变化。这包括香港、澳门回归后，所可能引发的强劲发展动力。

（3）在当今世界格局中，中国所扮演的角色。中美之间的角逐，其间的斗争、妥协与联合，从而分析在美国眼中台湾所扮演的令人可叹的角色，并使人们了解所谓"中华民国在台湾是个主权独立国家"的可悲角色。美国过去在台湾有协防条约，有驻军，都保不住了，今日的"与台湾关系法"又何可依赖？

（4）历史地看待两岸关系的发展：从蒋介石到蒋经国，从"反攻大陆""汉贼不两立"到"三不政策"不是均为明日黄花了？李登辉翻版"戒急用忍"企图阻挡两岸关系发展，其结果可想而知。

（5）面对祖国大陆迅猛的经济发展，两岸经济关系的进一步密切，包括"中华经济圈"的逐渐形成；香港、澳门的回归以及中国在国际上政治影响力的日益突出；台湾岌岌可危"国际外交空间"的坍塌和没有人（或很少人）承认的"主权独立"。台湾当局可以口头上反对"一国两制"，但是，它如何能解决所面临的这个局面呢？这才是问题的关键。要让台湾人民了解这点。这是对台宣传的核心。

对上述问题做出客观、不用意气、不主观设置"立场"，讲求逻辑，平铺的，令人信服的分析很是重要。由于很复杂的历史原因，很多台湾人对自己的主体和所处的客体以及其间的关系是很不清楚的。台湾人心处在迷惘之中。现阶段，我们要做好这方面的工作。相信当更多的台湾人了解了事物的真相、本质后，统一大业，台湾问题的解决会变得好办起来。

写于1997年

观"台湾县市长选举"后有感

（1）此次地方选举，国民党遭到惨败，民进党则斩获可观。除去外岛，事实上国民党只掌握有5席，而民进党则有12席。如考虑人口、土地以及财政的因素，二者的优劣对比亦甚悬殊。此次选举，国民党的惨败，固然与其选举运作以及这些日子以来治安的恶化等诸种因素有关，但更深层次的因素，即台湾人民"当家作主"的心理因素的提升，实亦紧密相连。国民党在以后的选举中，如改进选举运作，下大力气解决民生相关的社会问题，不排除其挽回若干劣势的可能。但如我们综观近30年来台湾局势的演化，即一段所谓的台湾民主化进程，可见国民党的气势"江河日下"，这大概是很难扭转的历史趋势。从台湾人心的直觉反应来看，国民党的确很难摆脱蒋家统治阴影的包袱与形象。

（2）此次地方选举，选民关心的是切身的社会问题，他们不从"统独"的角度来看待国民党、民进党或新党，而民进党亦刻意不凸显其"台湾独立"的立场。所以选举的结果，更多的是反映选民对国民党施政的不满，反映一种换个他人干干看的心理状态。

（3）我们应以平常心来对待此次选举。不宜将选举结果与台湾人民的"统独"的态度直接挂钩，而忧心忡忡，甚至持反对、负面的表态。这就与台湾一般群众对选举结果的正面反应不相协调，岂不被动？

（4）国、民两党对岛内政治资源的争夺，不是我们关切的主要课题，对新党亦然。不宜说哪个党、哪个人上台了，就对统一的进程有多大帮助。我们对其只可静观，而不宜表态取舍，支持与否。这些党派对两岸关系的发展，态度不在其表面的党纲、宣示或讲话，而有其更深层次的因素，这就是（a）台湾经济发展的需要，包括目前普遍希望维持安定的愿望。（b）国际条件的约束。

（5）因此，对台工作的着力点应：一是强力压紧压死台方的"务实外交"，全力遏制其突破所谓国际空间的图谋。只要这方面稳得住，则不论台方如何宣示"主权独立"，乃至"全民公决"，这些东西只能是个虚幻，因为在国际社会间没人承认。二是诱导台湾人民逐步看清台湾进一步的发展，不和祖国大陆和平解决两岸问题（即统一的问题），不和祖国大陆共同发展是不可能的。所谓形势比人强，我们寄希望台湾人民的着力点应在这里。我们应该有信心。台湾人民终究会选择正确的历史方向，终究会有力量迫使国民党、民进党或台湾执政者做出统一的抉择。台湾人民对明天的两岸关系如何摆置，如何正确看待其自身的角色（包括在国际社会间与两岸三边间）均甚模糊迷惘。这是对台工作的核心课题。

写于1997年12月10日

新春寄语：不去刻意夸大两岸不同

新春伊始，我心中怀着极大的期待感，期望在新的一年里，两岸关系能往积极方向，有一个更大的发展并有所突破：这就是两岸在解除敌对关系、规划统一进程上，能有所前进。

历史事实非常清楚，两岸间的矛盾是40年代末国共内战的结果。台湾在1945年日本战败后，就已经重归中国版图，重返祖国怀抱了。从40年代末至80年代末，两岸间的阻绝既有内战的后果因素，也是国际间冷战的产物。如果不是这样，为什么近十年来两岸间的人员往来、经贸往来会有这样大的发展，而这又正是发生在冷战结束之后呢？当然这里还有两岸各自的因素，这就是大陆的改革开放经济的发展和台湾对外贸易的需要与对大陆政策的变化有关。所谓冷战的因素，其实质就是美国把中国的领土台湾纳入其势力范围，用以围堵中国大陆。现在中美两国关系已正常化了，冷战也结束了，这个格局也有很大的变化。所以说两岸的问题是国共内战的结果，不是所谓"自由"与"共产"的问题，也不是"制度差异"的问题。

国共内战及"冷战"的后遗症使两岸处于敌对的状态，至今已近半个世纪，经历了两三代人。这在中外历史上也是绝无仅有了。50年来，两岸各自有其发展，至今确有所差异，以及因为长期的阻绝，在两岸间也确有隔阂、藩篱。我们要承认这个不同的现实。但是将这个不同上升为"台湾地位"的问题，则是于法于理所不容。我们对于因为历史的原因造成的两岸间的差异，一是正视，承认其存在；二是通过交流交往，互谅互解，而不是去刻意夸大不同，我们更反对拿这个不同在两岸间制造仇恨和不信任。

两岸间的问题错综复杂，需要时间、过程逐步解决。问题是错综复杂但也不是没有头绪，应有先后急缓。首先，近十年来人员的往来、交流，以及商贸的发展，均已有规模基础。据台湾经济部门统计，仅两岸贸易去年1至12

月份台湾对大陆贸易总额突破220亿美元，比1996年同期增长一成多。在这方面，应该大力发展。与之相关的三通问题也不能老停留在目前的水平，应朝直接方向发展。此外，带根本性的课题是两岸统一的问题不应一步走完，要有进程。目前可以做到的是解除敌对的状态。这个不正常的状态解除了，两岸间就可以有一个更祥和更宽广的空间供大家发展。有关统一的后续事宜，可以从长计议逐步解决。这一切的大原则应该是谋求两岸人民的福祉，特别是台湾人民的利益。

新春新期望，我相信两岸人民以及全世界的炎黄子孙都会有这个期待。

写于1998年1月

有关两岸学生的交流

　　自80年代两岸开始人员往来、经贸交流以来，至今已形成相当的规模。随着祖国大陆经济的发展，两岸即将加入世贸组织，两岸间的人员往来，经贸交流的趋势必定会更进一步地增强。展望21世纪，为了中华民族的腾飞，为了两岸经济更进一步的发展，目前两岸间不正常的往来关系势必改变。首先，持续了50年的，由于"国共内战"而延续至今的敌对关系应该结束，在此基础上，两岸即可全面规划共同促进、共同发展的互利双赢的关系。这就要求两岸在一个中国的原则下，进行政治谈判。这应该是两岸迈入20世纪的必由之路。

　　经贸交流、人员往来也必然反映到两岸学界的交流，目前这一领域的交流还很不足，可以发展的空间还很大。这可包括：（1）学校、科研单位的相互支持交流，各自取对方之长以补己方之不足。（2）学术资讯的共享避免不必要的重复性建设。（3）文学艺术作品的往来共享等等。两岸学界的交流促进，必定会丰富两岸社会的文明进步，此一作用的长远影响实不可低估。

　　两岸的未来必然属于年青的一代。因此两岸学界的交流也应该为两岸的年青一代创造宽松的环境。首先台湾的学生应该可以到祖国大陆上学，自然他们在大陆的学历应该为台湾当局所承认。两岸关系的特殊性在21世纪仍将长期存在，台湾的学生来大陆学习可以增进隔阂多年的相互了解。台湾应认识到它需要培养"大陆通"，愈多愈好，这对台湾是非常必需的。而"大陆通"的培养最有效、直接的就是让台湾的年轻人到祖国大陆来就学。自然，也应该有大陆的年轻人到台湾去上学，以促进大陆对台湾的了解，大陆也需要"台湾通"。两岸年青一代的相互往来相处是非常重要的，只有这样，才能促进两岸的相互了解、互信，为两岸的共同发展铺起坚实的基础，自然，由于历史和地域幅员的限制，大陆赴台学习的学生应该会是有限的，而且可以采取较严格的控制把关。

两岸关系50年来风风雨雨。我们应该让不幸、不愉快成为过去。我们也应该有信心，经过两岸大家的共同努力，两岸应该会有一个美好的明天、美好的21世纪。我们应该为我们年青的一代创造一个无拘无束，可以相互学习的环境，让他们共同地发展，如果我们继续剥夺他们的这一权利，那实在是我们民族的不幸，也是不能为历史所原谅的。

写于2000年7月

大力发展两岸经贸，密切两岸关系，积极做好台湾人民的工作是打破美、台抗统拒统局面的有效手段

　　台湾的经济经过多年的成长以后，如今面临了瓶颈，一方面传统产业大量外移，另一方面，即便是它一向引以为傲的计算机产业也面临外移和被别的地区追赶上来的处境。此种情况自然与它周边地区的发展有关，特别是祖国大陆近20年来的发展有着深刻的关联。台湾的计算机，或者说是资讯产业严格地说是处在相当初级的阶段。此产业的高精尖技术掌握在美国，台湾事实上只在此产业的末流，处在技术行业上很容易被后来者赶上的层次。台湾更多的是掌握着营销市场。然而，祖国大陆不仅在传统行业，也在资讯产业上飞速进展。台湾如今可谓"前有挡路，后有追兵"。祖国大陆经济的发展，以质以量，对台湾犹如一个强大的吸引力，台湾是很难逃脱的。陈水扁上台以来，固然有多种因素，诸如民进党的"台独党纲"，陈个人的能力有限，以及台湾内部党派的恶斗，使得台湾的经济往下滑坡，但核心的因素还应该是如上所言的原因所致。

　　台湾往何处去，台湾的人心往"统"往"独"，主要还看它的经济走向。台湾的产业面临痛苦的升级。说是痛苦，因为对它而言，更多的可能是困难而不是机遇。未来五年，如果台湾在产业的升级上闯不出一条路子，则台湾的情势必有大的变化。未来五年，十年也是祖国大陆经济大发展的时期。大陆经济的大发展就是对台湾走向的大吸引，特别是大陆资讯等高精尖技术产业的异军突起就是对台湾经济乃至政治极大的压力与挑战。因为这将极大地削弱它目前唯一有优势的产业。形象地说，大力发展资讯等高精尖科技产业，有助于提高我们的综合国力，更有利于引导、主导台湾政局的走向，乃至其统独的走向。应该说，这是我们对台工作的战略组成之一。

　　循此思路，我们应可认识到，大力发展两岸经贸是未来几年内，我们对台

工作的着力点，是对台工作的重心，"重中之重"。两岸经贸关系密切了，祖国大陆的经济发展了，对台独是个有效有力的"破局"，对台湾的"拒统"也是个有效有力的制约。总之，在此格局下，台湾对抗祖国大陆的能量将是非常微弱的，台湾只能走统一之路。

美国自不乐于见到台湾与大陆的统一，但它对于两岸经贸的密切发展却无法阻挡，台湾当局要逆此势，美国要阻挡此势，都必将危害到台湾人民的利益，都必将失去台湾民心。我们大力发展两岸经贸，密切两岸关系，同时积极做好台湾人民的工作，我们将处于主动有利的态势，我们将逐渐有能力掌握台湾的局势走向。美国、台湾当局将处于被动、不利的处境。

武力是为政治服务的，有理有利的政治才能发挥武力的效用。武力一旦失去政治的基础，便会走向反面。我们对美国武器售台一事，也应如是观。事实上其中很大的一个因素是台湾当美国军火商的"冤大头"，为美国的下滑经济无偿输血！自然我们和美国有关主权的斗争是没有退路，也是没有后路的。但是斗争要讲求策略、计谋和方法。我们不可图一时之气，而落入它的陷阱，我们要增强国防，但不和它搞无止境的军备竞赛。台湾地小，经济规模也比我们小，它愿意举大宗财力去搞军备，逞一时之快，无异于饮鸩止渴，正是伤其元气，蠢人之举，就让它去搞！我们应沉着应付，"争千秋，不争一时"。

20世纪六七十年代的越战是一场政治与武力的较量，美国凭借其绝对的军事优势，最终却是"输得精光"！历史的经验、教训发人深省。所谓"一物降一物"。对抗美国的军售台湾，对抗美国的企图使两岸长期"不统不独"，对抗台湾当局的"台独拒统"，不一定要和它们直来直往地斗。大力发展两岸经贸，密切两岸关系，做好台湾人民的工作会是破局的有力点子。只要我们沉得住气，处心积虑，不争一时争千秋，最终是可以全面掌控对台斗争的局面的。

台湾未来局势的发展，变数颇多，岛内政党轮替是个可能，何人上台主政也不明朗。较大的可能是台湾进入一个较长的不稳定时期。岛内的政治人物不论是何党派，多数属政客心态，在美国的要挟下，难免不兴风作浪。但是他们最多也只能搞搞小动作，成不了大气候，主要原因乃在祖国大陆的13亿人民，党和政府的统一决心，也坚决不允许他们搞"台独"。在未来五年、十年不管岛内如何风云变幻，台湾局势不能稳定，政治、社会必然动荡，经济必然下滑，人心也将涣散，这也是我们大力发展两岸经贸，做好台湾人民工作的良机。

我们要坚持大力发展国力，使之上一新台阶，进一步密切两岸关系，则任何力量都不能阻止中国统一的必然趋势。这是我们要牢牢树立的对台工作中的最大政治。

写于2001年

关于"两岸关系"讨论之议题

有关两岸关系的话题，就其涵盖的时代，或者约略可以区分为四个年代尺度。下面将就这四个年代的主要特征，特别是从有益于未来两岸关系的发展，两岸共同的利益和中华民族的统一、复兴，我们所应着重研究好、宣传好的内容做一扼要叙述。此或可为关心两岸统一的朋友们的参考。

（一）1945年以前台湾人民处在日本帝国主义统治下的深渊，而祖国大陆的人民也处于内有封建压迫、军阀混乱，外有日本帝国主义侵略的苦难之中。台湾人民的反日斗争不论是武装的，还是文化的方面，都值得我们后辈敬仰，其历史传承尤应大力发扬。一个核心的主题和脉络就是保持中华文化的传统和中国人的自我意识。而在政治上的宣扬就是争取重回祖国的怀抱。祖国大陆自辛亥革命以降，国共二次合作后，中国现代化的步伐大大加速了。应该说，中国近代的崛起、民族的凝聚，在这时期，得到了空前的发扬和巩固。

（二）1945年日本帝国主义战败，台湾光复，重归中国版图。这是一切主张"台湾地位未定论""台湾独立"，乃至"两国论"者所无法否认的历史事实。

（三）1949年至今因内战，以及美国势力的干预而延续至今，导致两岸阻绝，乃至敌对的局面，实中华民族史上之大不幸。虽然如此，台湾之地位乃属中国，未曾有变。而其他之一切纠葛乃属一国之内的矛盾。其中曲折是非，历经50余年，今日应是有可能作出客观、恰如其分的评述分析。这一切绝对不是为了"算账"，而是从中吸取历史的经验和智慧，以为后生者戒，以为未来者鉴，以为未来发展两岸关系以及统一之目的服务。故而对一些历史恩怨宜粗不宜细，且不强求有结论，秉持"向前看"之精神公开供大家讨论。

（四）展望新世纪，祖国大陆的发展日新月异，全面复兴势在必行。台湾今日发展已甚可观，然而仍难回避何去何从之问题。两岸今日实无理由继续往昔对抗之局面，而应携手共创繁荣美好之未来。

有关两岸关系话题之讨论，应注意"温故知新"。"温故"者，应多研究好、宣扬好（一）、（二）之课题，树立起大家应有之共同历史观和历史传承。对歪曲历史，按着所谓"本土化"而行"台独"之实者之各种谬论，更应做不妥协的反驳斗争。"知新"者，对于（三）之课题的讨论，则应平心静气，坦诚相见，合情合理，让人信服。这些历史经验不论谁是谁非，诚可为未来两岸双方发展之可贵财富。最后，对于（四）之课题，应大力宣扬：往者已矣！展望未来共同繁荣，美好统一之大局。

　　我们反对"台独"，包括它的思维乃至文化领域的各种包装，或可从上述四个方面作出努力。如此，则不致无的放矢，内容、语言枯槁。此战线之广度与深度应是大有可为的，也一定会得到广大同胞，特别是台湾同胞的共鸣。

写于2002年1月

对于当前台湾局势的几点看法

1. 1999年李登辉抛出"两国论"，2002年陈水扁也抛出了"一边一国"的言论。今年陈水扁又进一步抛出了"全民公投，催生新宪法"。10月25日台湾高雄发生了有近20万人的游行，这显示了民进党的动员能力，也暴露了台湾内部对台湾的何去何从，台湾的未来的争论。这个事件不能只单单看作是陈水扁、民进党的选举动作。它事实上引出了台湾社会的矛盾。这应引起我们的注意和重视，并看到它的长远影响。

2. 台湾社会的这个矛盾，是不是"统独"之争？是不是我们概念中的"统独"之争，需要认真了解分析。和这事件有关的则是台湾当局要继续扛"中华民国"这个牌子，还是换个牌子，如"台湾共和国"来维护它割据一方的局面。不论台湾当局的"中华民国"还是"台湾共和国"都宣称主权独立。"台湾共和国"称要"独立建国"，台湾不属于中国。"中华民国"的"宪法"虽称及于全中国，但台湾当局又宣称它的统治权只及于台澎金马（讳于说它统治权及于全中国，以免贻笑世界！），又说"中华民国是主权独立的国家"，"和中华人民共和国平起平坐"，因此也是"两国"，或至少是"一国两府"（但台湾当局讳于说一国，时而也说"一边一国"）。这些说法的本质都在否定，或不愿承认，或模糊台湾是中国的一部分，都是割据分裂。我们坚决反对"台湾共和国"，也不承认"中华民国"（和它的"宪法"）。我们不能容忍"台湾共和国"。对台湾在"中华民国宪法"的政权结构，因为它从法律上未否认台湾属于中国的领土，则采取容忍的态势（这个局面已拖延了50多年）。从国际局势看，这两块牌子在国际上都没有大的市场。在很多西方舆论界中，很多不明就里，以为这两块牌子都没有什么差别，或以为"中华民国"是不适当的，因为从它的英文名字看是代表全中国的国，反而"台湾共和国"才更符合实际。国际上不承认"中华民国"或"台湾共和国"不是因为他们在乎台湾是否是中国的一部分领土，而是因为北京的反对。

3. "台湾毕竟只是区区一地，台湾代表不了中国。"今天在台湾这已是普遍被接受的思潮看法。由于两岸的长期分离，由于国际社会普遍接受中华人民共和国政府是代表全中国的唯一合法政府，台湾社会很多人也逐渐对台湾是中国（它的代表是中华人民共和国政府）的一部分乃至"中华民国"这个名称产生了困惑、怀疑。（虽然，我们在两岸关系上，只提台湾和大陆同属一个中国。）另外在"中华民国宪法"的构架下，区区之地的台湾，也是机构臃肿，选举繁多。一个设计架构于统治全中国的机器要施之于台湾是很勉强的。（另外，这个宪法是以孙中山的三民主义为蓝本、基础的，其中包括有不少空洞的，不切实际的设计。）虽然经过几次"宪法的修正"，但这个问题并未根本解决。我们应该看到台湾不少人反对"中华民国"是有这个因素的。当然反对"中华民国"的人也会有更久远的原因。虽然台湾的政治统治和蒋家时代有了很大的变化，但当时的白色恐怖的阴霾，至今在很多台湾人（特别是本省人）中仍然记忆犹新、挥之不去。"中华民国"对他们来说是邪恶的同义词（这事实和40年代末，大陆人对"中华民国"的感情现象有相似之处）。我们要注意到这个事实。

4. 对于台湾的这个思潮活动，我们要冷静观察，处理好这个问题。"公投""新宪"固然为民进党、陈水扁所挑起，但是我们也要了解这个思潮活动的复杂历史背景和台湾社会的内部矛盾，以及台湾今天在亚洲、国际中的实际处境。从（不少）台湾的人心的角度看，"台湾牌"和"中国牌"的争斗也相当复杂，一方面恶于"中华民国"的虚伪性——世界上没人会以为中国在台湾，台湾不能称为中国。而另一方面，如果我们没有向台湾人民说清楚，或他们没有确切了解到——我们反对的是什么，则他们以为更符合台湾实际的政权架构却又会遭到来自北京莫名的反对。当然，"台独"分裂势力的"公投新宪"用心，是司马昭之心。从对台湾群众工作的角度出发，我们应该注意这个不同、区别。我们要剥离这两者的不同，不能"大而化之"，将台湾的各种矛盾不加区别地混合在一起——一药不能治百病。

5. 面对台湾人对"中华民国"这个牌子的复杂心态和理解，我们在对台宣传上固然要表明我们的严正立场，还要注意台湾群众细腻的心态，感情和疑问。事实上，我们可以向台湾人说明白我们不理会他们如何称呼自己，我们在乎、反对的是不论台湾的"宪法"如何改，有一点是不能动的，那就是台湾是中国的一部分，或说是一个中国的原则。如果台湾不去动这点，则它的"宪法"要如何改，我们是不在乎的。对于台湾社会目前对这个问题的争论，我们也要注意不要让台湾人以为我们是非要他们继续扛着固定不变的"中华民国宪法"架构不可。果如此，我们将陷入被动的境地。这个问题有着台湾社会复杂的现实和历史的背景。台湾社会的迷茫、偏失需要时间、我们耐心的工作，以及两岸经贸关系和各种领域更进一步的结合来逐步克服。

写于2003年10月31日

关于两岸关系的观察

台湾经过李登辉12年的统治，陈水扁4年的执政，从"两国论"到"一边一国"，"风动草偃""本土主流"意识大幅上升。未来四年，台湾当局是不可能退回十年前的"一中各表"的。这些年中，台湾当局已将两岸关系定位为两个国家，并将之塑造为岛内的主流意识。在此基础上，台湾当局采取攻势，要在"无条件前提"下和我们商谈，其企图很明显是要改变两岸关系的本质。它不再提一个中国的原则，而提"一个和平"的原则，就是企图在和平的环境下，搞"一边一国"，搞"台独"。美国也要两岸和平，说是不得以非和平方式片面改变台海现状。美国打的主意是退可"和平统一"（如果它挡不住），进可"和平台独"，它是两边取利。这些年中，我们对台湾当局的"两国论""一边一国"，只是停止了两会的接触、会谈。5月20日之后，陈水扁肯定要大造舆论，说要在"一个和平"的原则下，和大陆谈"三通"，谈两岸关系。于此，我们不必被动地采取不和它谈的守势。相反地，我们也可采取攻势，主动要和它谈两岸尚未结束内战，尚未解除敌对关系。我们对于台湾当局的"一边一国"，不能止于报刊上的批判，要采取实质上的针锋相对的斗争，这样才有可能影响到岛内正在上升的两岸是"两国"的思潮。

对于岛内的"本土主流"思潮，我们要高度重视，不可大意。这个思潮如果只是一个地域性的、乡土性的思潮，则无大碍。它目前是具有"反中""排中"的内涵，甚且它很容易就会被台湾当局用公投的方式，以为"台独"的机器。这种可能性，我们要高度警惕。苏联解体前波罗的海三小国的民众大游行，要求独立，脱离苏联。我们不要以为若干年后，在台湾发生这种情况是天方夜谭。如到那种情况，不得已而出兵，也是很下策了。

台湾当局的所作所为，很大程度上，得到美国的支持。美国的一个中国政策在它的"与台湾关系法"下，实则是维持两岸分裂下的政策。美国借维持两岸和平的名义，大肆出售武器给台湾，它还说忧虑台方买武器的经费在减少。一个事实是它长期违反"八一七"公报。未来数年，它肯定在军售、军事合作乃至将台湾纳入其战区防御范围内步步上升。对此，我们应采取攻势，采取有效的阻吓措施，即如宣布，如果台方买武器超过了限额（例如进攻性武器），则我们保留"先发制人"的权利。美国到处发动战争，我们要看到它的弱点，不要怕它敢在台湾海峡发动另一场战争。

对于台湾的本土意识，对于台湾同胞的工作，我们应在"江八点"的精神指引下，大力加强各种民间交流合作。这方面的潜力很大，诸如妈祖文化交流、闽南文化交流等等。现在的一个趋势是不仅台资继续涌入大陆，台湾也有不少人想来大陆就业、发展，包括在大陆就学的学生，毕业后打算在大陆继续发展。对此，我们要敞开大门。我们要大力吸引台资，更要大力地吸引台湾人才，为我所用。这方面的措施目前还很不到位，还有很多"左"的思潮在作怪。我们的政策要"早半拍"，具有前瞻性。对于到来的局势要能及时、早一步地出台相关政策与措施，这样才能做到主动、积极。

陈水扁当局是决意要走"一边一国"。中央台办"5·17"声明明确指出台湾只有两条路可以走。往"台独"道路走，即玩火自焚，秉持一个中国，即台湾与大陆同属一个中国，则万事可以商量，海阔天空。限于祖国大陆、美国，乃至世界上绝大多数国家的压力、意向，陈水扁或许不敢走到"台独"的地步，但就台方而言，台湾属于中国一部分的这一地位，确实岌岌可危。陈水扁的"宪改"或"制宪"究竟会走到哪步，尚有待观察。但确实，两岸关系处于高度不稳定、不确定的状态。这个问题不解决，未来两岸关系的改善，诚属不乐观。一个可能的变数是台湾岛内反制的力量大到足以改变目前的趋势。但鉴于目前国亲两党对于两岸关系的看法，以及它们自身的处境，此亦难以乐观。抑或四年以后，岛内朝野的力量对比，两岸力量的对比以及中美关系，力量的对比，能使得局势有所变化，"柳暗花明"，并能为两岸关系开启明朗的前景。这自然是人们主观、乐观的期待。一个核心的问题是台湾人民究竟在此十字路口如何推着当局的去向。这应是影响台湾问题解决的关键因素之一。抑或反之，台湾当局操控民意，名为民主，搞公投，走向民粹，则属台湾历史悲剧，亦是中国人民之不幸。一切爱国的同胞们，都应起而反之，制止这个局面的出现。

有鉴于此，在民进党已经取得台湾权力的今天，我们对台宣传工作可着重如下：

（1）讲清楚台湾问题的来龙去脉，突出台湾是中国一部分的事实。台湾的地位自1945年光复以来没有变。

（2）讲清楚我们不是反对台湾的民主化，反之我们尊重台湾人民的愿望。

（3）讲清楚我们反对将台湾的社会变革与两岸关系的发展，与中国的统一对立起来的观点。我们也反对将台湾的社会变革与台湾的地位相联系的观点。

（4）讲清楚中国的统一将带给台湾人民政治上的与经济上的大发展。反之，所谓"灭亡台湾"不是实在的情形，也与台湾人民的前途、幸福是风马牛不相及的。

（5）讲清楚台湾当局现今在世界上的实际处境。一个事实是只有极少数的一些小国承认它。世界上绝大多数的国家都不承认它是一个国家，只承认它是中国的一部分而已。

上述一些观点，今天对台湾群众或许是个困难，乃至无法接受的观点，然而却也是他们最终很难避免，必须面对的事实。1912年清帝退位时，民国临时政府与其达成的协议是，在紫禁城内，清帝尊号不废，溥仪继续称皇帝，行礼如仪。清室的财政开支也由民国政府支付。但是出了紫禁城，就没人承认溥仪是皇帝了。可谓"关起门来称皇帝"。证诸台湾今天的"总统"，也是出了台湾没人承认它是总统，与退位后的宣统皇帝情况何其相似。我们可以预料，若干年后，当世界上再没有一个国家承认台湾当局时，台湾当局不论自己如何选总统，称呼什么，出了台湾，实无何意义了。

既然台湾社会很难不选"总统"，很难不称"中华民国"，则在一个中国的原则下，我们可否考虑如下的统一方案？在台湾岛内，继续目前的称呼，也继续选"总统"，即现行政治体制照常，但在台湾范围之外则用"中国台湾"，或"台湾特别行政区"等名义？此一如民国成立之后，正史上宣统只有三年，但在紫禁城内宣统年号还有十数年，只是出了紫禁城没人承认了。台湾的"总统""中华民国"要到几年，由台湾自己决定。统一后，经过几代（？）人，这些虚幻的东西终究会有被抛弃的一天。

写于2004年8月

有关化解"台独"的思考

一、台湾民情和国民党的因素

国民党在台湾统治的近50年中，虽然导致台湾经济的现代化发展，但整个台湾社会亦充满了对国民党政权的深刻矛盾。早年的"二二八"事件与70年代以后台湾人民为争取不合理的政权架构所付出的血泪，历历在目。国民党在台湾的统治本质上是个"少数统治多数"的专权垄断统治，台湾人处于权力的外围。

70年代初期的"保钓"运动触发了台湾人在海外、岛内民主运动（如所谓的"党外运动"）的剧烈发展。运动的内容，固然有左、中、右，有"统一"亦有"分离"，但运动所引发的冲破蒋家统治神话的思想解放，对台湾社会的影响更为深远。思想的解放引导着台湾民主运动的发展，使台湾社会朝向多元化发展，国民党统治的思想禁锢终于破产。

此一思想解放过程与其伴随之民主运动固然均来源于美国西方之价值与标准，但大陆"文革"之失败，亦使大陆对台湾人民失去一个"接近"的机会。海外、岛内的统一运动最终没有形成主要潮流与此不无关系。

台湾社会目前所具有的"一体感"的意识值得仔细分析。首先它来自传统汉族社会的地方主义，同时也和台湾长期和大陆分离有关。蒋家的压迫统治更激励了这种意识的成长。最近30年来的经济快速成长也促使台湾社会萌发一种自信感，这也促发着此"一体感"的形成。蒋家法西斯统治的最终瓦解又使相当一部分台湾人深深感到自己"当家做主"的美景不再是梦想，而是完全可能的。所有这些因素的汇总，凝聚成今天台湾社会相当凸显的"台湾主体性"。此一特殊性深值我们注意。因为，它不仅影响着台湾政局的发展，而且也关系着两岸关系的发展。

　　台湾民众普遍安于现状，因此乐于偏安。这就给台湾统治阶层巩固其对台湾的统治提供了合适的"民意"基础。台湾的"民意"已为其掌握驱使、运用。这是我们必须面对的现实。

　　蒋家四十年反共统治的恶果。使很多台湾人对"中国"绝望，搞乱了"当家做主"和"台独"的区别，同时，因蒋家统治以"爱国""统一"和"一个中国""反台独"的名目压制人们合理的政治改革要求，也因此搞乱了人们对"民族""爱国""统一的一个中国"等本来充满正义的内涵的理解。甚且，对一些人而言，还几乎是"不正义"的同义词。我们挖"台独"的根，不从蒋家统治的恶果去寻探，就无法批到点子上。

　　蒋家留给台湾人民一个更大的扭曲是将台湾引为西方，主要是美国围堵祖国大陆、自己同胞的前哨基地。这个极端错误的做法、概念今日在台湾不仅没有随着蒋家的倒台而受到质疑、抛弃，甚且有得到当权者强化的趋势。此种逆历史潮流的做法，今日在台湾尚且为美丽的说辞所合理化。与此相关的是此种心态的极度膨胀必然导致"美国是最可依赖的"这样一种极端的、一厢情愿的依附心理。

　　1971年以联合国的"驱逐蒋政权，恢复中华人民共和国合法权利"决议为标志，台湾在国际政治空间的合法性迅速萎缩。台湾目前只与不到30个国家维持着政治关系。今天的台湾当局对此则有不同看法，它以为凭借台湾今日的实力（主要是经济上的）不应落得这样的"待遇"。台湾社会方面对此亦有期待。此可能源于两个因素：一是台湾社会近20年来财富增加了，财富的增加诱导了人们对国际政治现实的迷惘。二是台湾社会主要经由人民的力量改变了过去二蒋时期的所谓"威权统治"。这诱导了人们误以为对国际政治现实亦如岛内的斗争那样，靠着自己的"打拼"可以改变过来。

　　台湾统治集团不比过去的蒋家，较现实地看待它自己的存在局限性，因此它放弃了对大陆的"法统"，在国际上，承认中国是由北京方面代表的现实，面对大陆方面强大的压力，台湾方面为了维系其偏安的局面，一方面要求大陆方面承认其统治台湾的合法性，另一方面亦要求国际社会承认其统治台湾的现实。在蒋家时代，"一个中国"的政策对台湾尚有一定的国际空间。如今，随着大陆方面国际地位的提高以及影响力的上升，模糊的"一个中国"的政策对台湾而言，已无任何国际市场可言。为了生存，台湾当局已不能顾及名分，而急迫地寻求国际间对其承认的任何空隙。

台湾统治集团对内"民意"的导向，就是按着上述的现实来设计的。因此，它强调两岸间"分裂""分治"的现实，强调大陆与台湾间的不同性，强调台湾的命运共同性，强调台湾小局面存在的现实。应当说，这些提法很容易为台湾的人所接受，也确有其现实的一方面。关键的要害是在它们可能混淆了台湾问题的来龙去脉，及其本质。说到底，这是台湾统治阶层为巩固其偏安的局面而做的努力。以美国为代表的西方势力从来不乐于见到中国的统一与强大，对于台湾的这种努力，自然乐观其成。

总之，台湾50年来，在政治上、经济上、社会意识上自成一个小局面。现在对台湾分据的局面是压不扁、打不了。这是难点。

二、有关做好台湾人民工作，化解"台独"的思考

中国政府反对"台湾独立"之严正立场众所周知。大量民间的工作重心应是向他们解说两岸共济，共创美好的未来，而不只是反对"台独"或批判"台独"而已，这才是根本之由。

所谓"人民的工作"当是指台湾社会各阶层群众的工作。除了促使两岸经济利益尽快挂钩的、最现实、直接的经济工作外，"民心"的工作应该是核心所在。这方面可以有几个层面：首先是做好"公关"的工作，让台湾人更多地对大陆有好的印象；其次是争取更多的台湾人"同情"大陆在半个多世纪以来在中国共产党的领导下，如何外抗强权，让人敬佩地在建设自己的家园；最后是让台湾人对大陆有参与感，不论在经济建设方面，社会文化方面，乃至政治层面。唯有让台湾人有了"国民"意识，"台湾独立"的思潮才能得到遏制。把"一国两制"说成是让台湾人只管自己，不要来管大陆的事是很不合适的。统一的前景，对台湾人而言，应是美好的前景，而不是更多地为了历史的意识，或民族的感情、大义。

现在的重点应是大力向台湾的人宣传好台湾问题的所在。台湾当局，某些国际势力以及岛内的一些人是有企图改变台湾问题的性质，但是绝大多数的台湾群众可能是随大流的，甚或不清楚台湾问题的来龙去脉。他们没有一个固

定，已经很明确的"统独"结论。

台湾的学术界在台湾有相当大的舆论导向作用。理工科学界对大陆的看法比较单纯，希望和大陆加强来往的意愿也比较强烈，这和他们的专业有关。这方面工作显然不足，可以大力加强，有组织地进行。文法商学界的思潮比较复杂，多交往，求同存异，积极加强两岸学界的合作具有长远的战略意义。台湾年青一代学生，特别是大学生的工作也至关重要。虽然台湾当局对大学生来大陆仍有种种限制，但突破口也不少。对于台湾学生来大陆学习要极力提倡，努力创造好条件。台湾问题的解决可能还需较长远的过程，年青一代的倾向将具有关键性的作用。同理，年轻教师（包括大中小学）的工作也应积极地做起来。我们对台湾学界工作的方针应当是敞开大门，热烈欢迎，不要顾虑太多，更不要有"左"的偏见。

现在对台工作的核心是如何让更多的台湾人看到台湾走偏安之路是行不通的，"偏安"不安；台湾单方面要改变台湾问题的本质是行不通的；台湾不愿和大陆和解，解除敌对关系是行不通的；台湾继续过去蒋家时代奉行的充当西方遏制、对抗大陆马前卒的角色更是行不通的。对台湾民意的影响，主导应该是在这些课题上，而不在辩解蒋家国民党、李登辉国民党；国民党、民进党，如何如何的问题。反制台湾强化其偏安格局的总策略的重点也应在解决上述这些课题。我们应该认识到如果没有大陆的强大压力，不论是谁，也不论是哪个党，总是不会主动寻求和谈，寻求统一的。过度地将其归咎于某政党，不是事情的本质面貌。

政治斗争本来就是虚实相掩，文武相映，寻求对立利益的妥协与平衡。和台湾方面偏安企图的斗争，牵涉到台湾方面局部的利益、西方的利益和中华民族长远发展利益的斗争。对台湾人民的工作，牵涉到让他们认识到不仅其本身的利益重要，更重要的还在中华民族整体的、长远的利益，只有这个整体的利益才是台湾永保其利的根本与基础。只有将这工作做好了，使得更多的台湾人认识到其所处的小局与中华民族整体的大局的相辅相成，认识到与大陆和解的必然历史趋势，认识到不应该继续充当西方反对大陆的马前卒而应回到中华民族大家庭来的时候，台湾问题的解决就会好办些。就此而言，我们对台湾人民的工作可谓任重道远，而和某些势力有意扭曲、驱使"民意"的斗争更会是水火不容。然而这个斗争无法避免，如果我们对此视而不见，拱手让出战场，将台湾人民及其"民意"这个地盘任它们运用，那我们就将背负历史性错误的苦果与后患！

最大的困难是如何处理好台湾人政治层面的认同的问题，这也牵涉到如何处理"中华民国"这块招牌。虽然台湾当局对外已宣布不在乎名分，然而欲拆这块招牌，台湾可能还会有很多人掉眼泪。这是个棘手的问题——不拆这个牌子，国际上没有人会说它是中国，拆了这块招牌，换成台湾不行，而换成中国一部分的牌子，这对目前的台湾小朝廷也不可能。

历史地看待台湾人100年来的不幸遭遇，我们应理解他们有的可能对"认同"的厌恶感、彷徨感。台湾人难免想"自己来搞，才是可靠的"。"一国两制"的蓝图应能使台湾人不仅能当家做台湾的主人，也能和大陆人平等地做中国的主人。不解决台湾人的"国民意识"问题，分离的意识、运动难以化解和遏制。原因很简单，"到大陆搞不成，自己一个小天地好好搞"的想法正是分离意识的原发点。这是一个关键点。靠武力压"台独"，只是问题的一面，而不应是全部，我们应有信心、气度、办法理解好、解决好这个问题。

台湾局势的演化，如果反制分据的因素不足（包括国际条件、大陆因素、两岸关系等），不论国民党，还是民进党最终会走向割据一方的道路，我们对它们间的区别点不应看得太重。所谓存在决定意识，认为哪个人、党派是统、是独的分类法不免攻（取）其一点不及其余，事物的演化规律不是如此的，核心的关键是"一国两制"的前景能否说服台湾人放弃"偏安"的心态，积极地认识到统一潮流与展望。

就目前乃至未来一段时期的情况言，"一国两制"的架构应有可能也必须能让台湾人体验更高的"国际地位"感。中央明确表示在一个中国的前提下可以讨论台方所关心的各种问题。自然，这个问题也是可以谈的。但似乎在台湾各界间甚少有"与大陆谈此事"的气氛。反之，更多的是反其道而行。如何造成台湾人普遍感到可以、必须和大陆谈这样一种气氛是应该好好研究的。

和台湾各界建立沟通渠道，探讨、了解他们对各种问题，特别是政治层面解决问题的想法是极其必要的。"一国两制"的架构如何具体化、细化，台湾的人亦应有一席之权，此或可说是政治协商的前奏吧！鉴于历史和现实的原因，台湾各界不是铁板一块，各有其利益，各有其打算。最大限度地团结绝大多数的原则不可须臾忘怀。台湾的各种党派、人物的立场也不会是一成不变的。

统一的前景对大陆人而言，更多的可能是民族的感情、历史的重责。然而，对台湾人而言，他们的民族感情已受过日本、蒋家太多的伤害，"往事不堪回首"，他们能赞同统一，赞成"一国两制"，端视这些能为他们带来什么样的美好未来。我们能打动、说服他们的也只能靠这点。

虽然说，只要中国人民不放弃统一祖国的决心，不放弃完成近百年来外抗强权，争取国家独立和统一的愿望，台湾的回归终究是有朝一日的。然而，不可否认，台湾民心的向背会是影响这个进程的关键因素。中国历代的统一都是最终依靠民心和武力完成的。50年前的解放战争正是如此。国家乃是意志、实力（包括政治和经济）和武力三者的结合和表现。西方势力总是会阻挠中国的统一。因而，对台湾的民心的争取就变得很关键了。历史经验值得注重：隋文帝最终统一分裂达300多年的南北朝局面，依靠的不仅是经济和政治的实力，还依靠一个廉洁而有效率的政权机器。腐败之风，如若不能得到约束和治理，不仅不利于大陆的现代化建设事业，而且会腐蚀两岸关系，断送台湾民心，甚至断送统一。我们对此必须有清醒的认识，并采取确实有效的措施，始终保持对台工作队伍的廉洁、自律和高素质、高效率。

"一国两制"的宣传，架构的勾画靠大家开动脑筋，努力去完成。为了中华民族的腾飞，我们需要圆满解决台湾问题。愿有历史感的人们，共同努力，早日促其实现。

写于2004年10月

有关两岸学界教育界交流的思考

自80年代两岸开始人员往来，经贸交流以来，至今已形成相当的规模。随着祖国大陆经济的发展，两岸的加入世贸组织，两岸间的经贸交流的趋势必会更进一步地增强。展望21世纪，为了中华民族的腾飞，为了两岸经济更进一步地发展，目前两岸间不正常的往来关系势必改变。首先，持续了50年至今的敌对关系应该结束，在此基础上，两岸即可全面规划共同促进、共同发展的互利双赢的关系。这应该是两岸迈入21世纪的必由之路。

经贸交流、人员往来也必然反映到两岸学界教育界的交流，目前这一领域的交流还很不足，可以发展的空间还很大。这可包括：（1）学校、科研单位的相互支持交流，各自取对方之长以补己方之不足。（2）学术资讯的共享，避免不必要的重复性建设。两岸学界教育界的交流促进，必定会丰富两岸社会的文明进步，此一作用的长远影响实不可低估。

本文试图对两岸学界目前的情况做一粗浅的对比，指出两岸各自的不足与优势，从而分析两岸互补的可能空间以及展望。

一、当前两岸学界概貌

大陆方面：大陆幅员广阔，很难有一个总体的评价，很难一概而论。

（1）大学：各地大学的层次不一，就在一个学校里，各系的水平也不一。当然也有较有素质的、历史较久的大学如北京大学、清华大学、南开大学、复旦大学等等。由于50年代文理与工程的分家，目前大学的综合性不足，此情况正在变化中。也由于历史的原因，大学的行政效率差，且不科学完善，这是一个痼疾。

（2）学生：由于大陆人口多，大学总体数目少，故能上大学者，总是较优秀的，尤其是来自农村的。一些名校的部分学生有留学海外，学习西方科技，文明之长，"走天下"的雄心壮志与幻想。

（3）教授：层次不一，过去老化现象，现有所缓解。近年，年轻教师、教授的水平大幅上升（均要求一定的学历、学位）。出国留学后，返回任教，从事科研者日增。各校之间的竞争激烈，带动整个学界、教育界的大幅进步。有些教授有创新性，"框框少"。优点是能开创新领域，缺点是往往徒劳无功。此外一些文科领域中，不乏有"闭门苦修学问"的教师、学者。这是很难能可贵的。

（4）教材：中文教材较多，也不乏冷门、优秀者。有些学校，教师较热衷写教材，但一般出书难。缺点是外文教材，书少，但也有一些翻译的书。图书馆的外文藏书普遍不足，差距很大。

（5）经费：总的说，近年国家投入增加很多，但仍有差距。不少学校经费仍很少，不足。

总的说，将大陆上优秀的大学、教授集中地看，仍然可观，有一定的实力。

台湾方面：幅员较小，教育发达，从学校、教授言，层次普遍较齐。

（1）大学：均有一定的层次，特别是行政效率高。近年从大专升格为大学者众多，难免层次不齐。但一些名校的素质还是很突出的。

（2）学生：普遍较"嫩"。毕业后，多数想的是找个好工作，不像大陆学生有留学海外，"走天下"的雄心壮志与幻想。

（3）教授：层次也不一，但较齐。多数获有博士学位，且不少是留学海外。但这些背景往往形成一个无形的思维"框框"，限制创新意识。

（4）教材：种类偏少，单一，门类不多，缺口也多。写书的教师人少。但出书容易。外文图书较多。

（5）经费：经济的发展，带动教育的高投入，经费显得充裕。经过几年的膨胀后，近年有所压缩。但仍较充裕。

总的说，台湾教育学术内涵较单薄，但理工门类与产业结合多。平均均具一定学术水平。商业的发达，反导致苦修做学问者较少。

随着大陆经济的发展，两岸在学界、教育界的财力投入差距正在缩小中。例如，从教授的收入比看，10年前约为10比1，现在则接近4比1。

二、现阶段两岸学术交流的情况与需求

（1）客观上言，对大陆来说不是急需。大陆可以从欧美等发达地区取得学术、教育、科技资源。与台湾的交流是互利、互助的。

（2）台湾不承认大陆学历，阻碍台湾学生来大陆就学。在台湾就学渠道不少，赴海外就学机会也多。但社会上仍有一定数量的学生可来大陆就学，特别是文史哲、中医之类。这些学生在大陆所获学位，可得欧美地区大学之承认，故实质上，他们可再往海外大学继续深造。

现阶段有些在大陆就学的台湾学生，包括大学、研究所。其中，不少是研习两岸法律。他们看到两岸经济的共同发展势不可当，因此，有志于为将来两岸产业结合的需要服务。此外，也开始有台湾的学生毕业后，打算留在大陆的学界、教育界任职。此牵涉到大陆对其政策开放的问题。同时，现在也开始有台湾在海外留学后，甚或直接从岛内来大陆就业者，这也牵涉到一些政策的落实问题。总之，两岸人员往来，是大势所趋，不止于经贸界学界，教育界亦然。

（3）台湾的大学目前缺少水平较好之研究生和博士后以助其科研项目之开展。大陆似有可能提供这一需求。

（4）由于行政效率高，台湾大学教师的数目有限，此影响到学生所能学习到的学科种类受到局限。若能使大陆教授赴台讲授台方所缺之课程，则相当程度可丰富台湾大学之教学内涵。台湾教授赴大陆访问、教学科研也有助大陆师生了解台湾的实际，在专业领域相互促进。

三、当前两岸学界教育界交流之原则和方向

（1）提倡公开化、双向、互利、互补，非政治化。倡导保护学术自由，不因政治差别干扰两岸学术交流。

（2）从互相交换教师，教授，主讲课程，治学心得做起。此项工作，容易推行起来，且效果好。

（3）逐步开拓共同研究领域和课题。互相协助，包括教师教授互访，博士后相互支持。此项工作潜力大。

（4）开放台湾学生来大陆就学，并承认其大陆学历。于此，应抱"学术归学术"的态度，不因政治差别干扰学术活动。有谓此将冲击到台湾岛内的学校。似不应如此理解。一则，很多人还是会留在岛内学习，因为台湾的大学不少还是很优秀的，会到大陆来念书的毕竟是少数（还有家庭因素，父母舍不得小孩离家）。即便有影响到岛内的一些学校，也正好可以促进这些学校的进步。

（5）有计划地大力开展两岸中小学校际交流、观摩的活动等。

（6）两岸有计划地互相交换、培养学生（数目不会很多）。

两岸关系之特点，在未来相当长一段时间将存在，故需在两岸间培养"台湾通"和"大陆通"。大陆学生赴台学习的人不会很多，有经济上的因素。此外，其优先选择为赴欧美地区。故只会是有限度地开放赴台就学。

两岸的未来必然属于年青的一代。因此，两岸学界教育界的交流也应该为两岸的年青一代创造宽松的环境。首先，台湾的学生应该可以到祖国大陆上学，他们在大陆的学历应该为台湾当局所承认。两岸关系的特殊性在21世纪仍将长期存在，台湾的学生来大陆学习可以增进隔阂多年的相互了解。台湾应认识到它需要培养"大陆通"，愈多愈好，这对台湾是非常必需的。而"大陆通"的培养最有效、直接的就是让台湾的年轻人到大陆来就学。自然，也应该有大陆的年轻人到台湾去上学，以促进大陆对台湾的了解。大陆也需要"台湾通"。两岸年青一代的相互往来相处是非常重要的，只有这样，才能促进两岸的相互了解、互信，为两岸的共同发展铺起坚实的基础。自然，由于历史和地域幅员的限制，大陆赴台学习的学生应该会是有限的，而且可以采取较严格的控制把关。

四、解决好当前两岸学术交流中的"政治因素"

（1）成立两岸学术交流协调单位，协调两岸交流，避免不必要的误解、猜忌。

（2）两岸学界相互称呼，学术合作论文署名，只提校名、地名。在国际上的学术会议，学术期刊的署名，大部分都与官方代表挂不上钩，也均按此施行。

五、展望

两岸关系50年来风风雨雨。我们应该让不幸、不愉快成为过去。我们也应该有信心，经过两岸大家的共同努力，两岸应该会有一个美好的明天，美好的21世纪。我们应该为我们年青的一代创造一个无拘无束、可以相互学习的环境，让他们共同地发展。如果我们继续剥夺他们的这一权利，那实在是我们民族的不幸，也是不能为历史所原谅的。

海峡两岸之学术与欧美地区有着很大的差距。（台湾即便再发展，生活水平再提高，但其学术水平仍与欧美发达地区有着相当的差距。）两岸学界教育界人士应有远大的目光与博大的胸襟来看待两岸共同发展的前景，共同提高两岸的学术、教育水平。

最后一点：台湾连、宋两位访问大陆后，拟议成立两岸各界人士有关两岸交流的论坛和平台，此构思很好。唯两岸交流论坛的平台，不只包括产经界、政界，也应包括两岸的学界和教育界。

写于2005年6月13日

关于台湾局势与两岸关系的评估

一、关于此次选举

此次台湾选举，国民党取得优势，民进党受挫，其他党派接近"泡沫化"。台湾两党轮替的态势露出端倪。这也是台湾一般民众对于台湾政局的期待，所谓"好坏轮着做"。

然而，我们似不宜把此次的选举结果等同于国、民两党的兴衰。已有论者谓，两党的"基本盘"未有大的变化（可能国民党略大，包括略有往岛内南部发展的趋势），突出的是民进党仍然能具有过40%的得票率。

二、关于国、民两党

从目前国、民两党来看，应是"各有难念的经"。目前，民进党陷入困境，陈水扁难辞其咎。但似也不能把陈水扁的问题危机扩大，等同于民进党的问题。不好将民进党一次看扁了。我们看台湾的报章挖弊案往往会给人这样的印象。要估计到这和社会的实际情况或有差别。国民党固然赢得选举，马英九稳住局面，但党内固有的矛盾，以及和亲民党、宋楚瑜的关系和矛盾并未有变化。应该说国、民两党还在蜕变中。

从台湾民意的"政党轮替"来说，显然，未来一段时期，国民党具有优势和机遇。总的局面固然如此，但在一两年间，也不排除戏剧性的变化。国、民两党的或浮或沉，还得看它们各自的做法和努力。我们宜保持平常心。国、民两党以及蓝、绿势力的起伏不由我们说的算。它们的命运最终还是掌握在它们自己和台湾民意的手中。

三、关于台湾的民意

我们也不宜将选举的结果与台湾社会对两岸关系出现的交流新局面，包括对连、宋访问大陆的立场的同意与否，这样的高度来看待。另外也不好将此次选举的输赢和两岸关系的发展改善，绝对等同起来。

有谓"岛内同情'台独'认同民进党的民意在转变，期望两岸密切交流合作、以对话取代对抗，期待两岸关系朝着纵深层次发展的民心在凝聚。"这个趋势当然是我们的期待。但是否已到这样的地步，我以为还得再看看，不宜遽下结论。

当然，一年来，从"反分裂法"的制定，连、宋的来访，以及对台若干政策的推行，岛内的民意应该会逐步起变化的，但不会是"立竿见影"的，是需要时间的。对此，我们应有信心和耐心。一个看法是这方面的工作还有很大的空间，需要我们的点子和落实的积极性。

四、关于对台方针

我们就按既定的对台方针办。要说策略就是：大的战略上挤压台湾。小的局面方面扩大往来，交流合作，不争小利、小赢、小计较。一切工作以台湾人民为主体、为对象。充分运用国共交流的平台，进而扩充至台湾社会，民间各界，逐步增进对台湾社会的影响力。

我们或可有一个期待，就是2008年，马英九能上台主政。这样，两岸直航的可能性是很大的。固然，我们也不期望马能在两岸关系上大幅前进（包括他对一个中国的原则的理解），以及他是否能坚持民族根本利益的所在——统一。但至少有"连宋郁"来访后与我们达成的共识，局面应不至于失控。只要能打破"直航"这个突破口，对台局面便会起质的变化。当然2012—2016年以后民进党也可能会重新上台，届时，一个可能是民进党起变化，二者民进党对两岸交流的势头，逆天乏术，三者两岸关系出现反复。但只要两岸互通有无，大陆迅速崛起的形势下，很多今日看来是难点的问题应多会逐步起变化，从而得到化解和解决。

总之，"和平统一"就是需要我们的智慧和时间。

写于2005年12月10日

两岸共寻历史记忆，以破解政治对立并凝聚对未来共同历史发展的期待

两岸签署ECFA后，两岸经济领域的大格局可谓大抵确定，并且将逐步发展成熟。接下来的课题，就是两岸文化、教育的交流，乃至化解两岸因历史原因所造成的政治对立。

两岸的政治对立长达60年，说要一时破解，谈何容易。今日两岸政治的对立，除了牵涉到目前两岸的政治格局外，还和两岸人们对近代历史的不同认知，或说是历史观的不同有关，这是个深层次的课题。两岸的文化、教育交流除了促进共同的发展，共同弘扬中华文化外，其核心实质，乃在恢复共同的历史记忆。之所以有这个问题，除了两岸长期的隔绝、国共的斗争有关外，还和前段时期一些政客的操弄有关。台湾前段时期的"去中国化"，不是在去中国文化，而是在去"历史的记忆"。台湾社会的文化本质是中国的文化，这是不以人们主观的意志为转移的。台湾一些势力所要去除的是历史的记忆，从而企图改变台湾问题之来历以及两岸关系之性质。我们应该看到，两岸的人们具有越多的共同的历史记忆，则对目前的政治对立实有化解之效。易言之，在一时解决不了目前的政治对立问题，作为化解、铺垫的工作，如何恢复共同的历史记忆，实为目前相当紧迫，而且是可以做到的事情。

两岸对中国近代历史的解读有所差异，这些差异往往还相当不同。这些不同的历史观，影响到台湾人们对自身的历史定位，以及如何看待在目前两岸关系中的自我定位。

中国的近代史，承担着中华五千年未有之变局。这个历史过程的烙印至今仍深藏于两岸同胞的心灵之中，并且还在影响着今天的两岸关系。中国血泪斑斑的近代史是两岸人民共同的历史记忆。然而，我们也必须看到两岸的中国近、现代历史观是有所不同的，包括太平天国、义和团运动，乃至辛亥革命，

民国的历史，以及1949年后的两岸关系，和大陆1949年后的历史。台湾的人们对这些历史的认识，我们不好说都是不对的，但是至少是不全的。当然，大陆这边的人们也会有类似的问题。我们可以了解到，如果能够通过一些交流，使得两岸人们之间能够心平气和地共同探讨近代历史的问题，相互补充，无疑是很有帮助的。历史是复杂的、以史为鉴，坦诚面对历史，是我们必须具有的素质和品位。两岸从而拥有共同的历史记忆、共同的历史观，这对于化解双方的政治歧见、乃至对立，从而凝聚政治共识，无疑是大有帮助的。怎样的交流形式，有心的人们可以共同商议拟定，而参加的人们则不仅限于专业的人员，可以是广大的社会有心人士，自然学校的老师、学生更是这种交流的主体。

两岸具有越多的共同历史记忆，具有越多的共同的历史观，就越能降低和化解两岸的政治对立，就越能凝聚对未来共同历史发展的期待。

写于2010年8月

大力夯实两岸政治对话的社会基础：
"一中框架"具体内涵的共议

自2008年以来，两岸关系发生了历史性的变化，主要的变化在于两岸经济的联系以及人员的往来已接近常态化（按目前的两岸现况言），然而，两岸关系未来的走向，还未完全明朗。这主要的因素在于台湾方面，究竟如何确定其未来的走向仍不明朗。从台湾执政的当局言，它究竟如何操作台湾未来和大陆的关系，谅也心中无数或举棋不定；而就民间言，目前也看不出有一个比较集中的意见，遑论最大的反对党——民进党仍然为"台独教义派"所掣肘。且台湾的社会思潮目前仍处在美日的大力影响下，从目前两岸的经济、人员往来的程度言，也可看出总的形势还不到翻转台湾自1949年以来对大陆一贯的"戒心和反制"的格局和心态。了解了这个大的局势，我们当可对于千呼万唤的两岸政治谈判、建立两岸军事互信、解除两岸敌对关系的和平愿景，迟迟未能上路，了然于胸了。

虽然如此，但两岸关系的发展自然不能就此止步。期待两岸当局的政治谈判固然目前还不现实，但是，退而求其次，两岸社会（民间）的政治对话仍然还是有足够的空间。所谓"真理越辩越明"，通过两岸社会层面的政治对话总能让台湾社会更多的人认清两岸关系的必然走向，包括台湾自身所处的实际情况。

因此，目前的两岸关系的着力点，除了大力发展两岸经贸和人员往来外，还需在如何构建、深化和巩固两岸社会（民间）的政治对话上，进行思考。

可喜的是，今年以来，两岸关系的发展还是有了新的动力，其一为国民党已然同意两岸关系定位在"一中架构"；其二为马英九已同意（不反对）两岸民间可以就两岸的政治议题进行对话；其三为民进党内的部分人士（势力）已认识到和大陆交往的必须，并已走出和大陆交流的第一步。这样，在未来几年内，我们应可期待两岸民间在有关两岸政治对话的层面上有所启动和展现。而对话的核心内容当为：两岸共议"一中框架（一中架构）"的具体内涵。

就此，两岸有识之士当用心之，并期待之！

写于2013年7月

扩大两岸民间交流，打造"两岸一家亲"

经过七年多的和平发展局面，随着台湾2016年大选的来临，两岸关系再度面临着严峻的考验。截至目前，台湾国、民两党的候选者，已经底定。表面上是两党或说是洪秀柱、蔡英文二人之争，而本质上，乃是两条道路之争，一条是维持两岸和平发展的局面（乃至有所前进），另一条则是充满了变数、不确定，乃至危险的"台独"之路。

我们姑且假设，洪秀柱能力挽狂澜取得胜选，则她所抛出的"两岸和平协定"则很有可能就摆在两岸人民和当局者的面前（随着选情的变化，乃至胜选后，此说也可能有变化。但此说，她既已出口，就很难压住人们的口实了）。过去的几年中，这个议题是被人们所提议过，但限于岛内形势，并未能在两岸之中，正经地、深入地进行过交流。事谋而后能定。且不论两岸的当局者会如何呼应这个议题，我们则当明确地呼吁两岸民间的有识之士，能就此议题早日做好、做出更加深入探讨的准备工作（不一定公开地就此大张声势）。这个议题的深入推进，必会牵涉到两岸深层次的发展课题，影响深远，不可不认真对待。

我们再且假设，蔡英文取得胜选，则可料两岸关系必然蒙上阴影。对于一个不承认"九二共识"的台湾当局，两岸关系诸多方面的停滞，料不出人意外。两岸和平发展局面会受到何种程度的影响和伤害，令人忧心。面对如此局面，我们料到：台湾的民间肯定会有反制声音和反制力量的出现。大陆的官方和民间对此当然不会无动于衷。在此极端困难的两岸关系下，如何能保护好，保持好两岸民间多年来的交流局面诚属一大课题和难题。这需要两岸民间有识之士的共同探讨和努力。

总之，两岸关系有起有伏，变数也多，有其规律性、有其必然性，也有其短期内的偶然性。不论如何，永恒的不变是人民的力量，两岸民间交流的历史驱动力，这也是我们永远要依仗的所在。我们的主轴是，扩大两岸民间交流，打造的是"两岸一家亲"。

写于2015年6月

关于当前的两岸关系

两岸关系发展的决定因素在于大陆的发展。现在，据报道，大陆的国内生产总值（GDP）俨然成为仅次于美国的第二大经济体。普遍的看法是，大陆发展的势头还是迅猛的，固然，问题也很多，需要逐步克服。

1976年后，大陆进入"改革开放"时期，全面调整对内对外政策以及和台湾的关系。从1976年至1990年有发展，但也不是很稳当，GDP可以从几个百分点到来年的百分之十多。这期间，台湾经济高速发展至1994年（大约）。也因此，两岸GDP的对比就从1978年的5.5降至1993年的2。1990年至今，大陆的经济情况有进步，趋势相当平稳，不若之前的大起大落，特别是近20年。这反映着经济社会的发展较过往的成熟不少。最近几年，世界性的金融危机固然对大陆的发展有影响，同时内部的问题也不少，但基本情况未有大变化，应还算平稳迅速地发展着。目前，据了解，台湾的GDP大约是大陆的1/20（香港则约为大陆的1/30）。如果未来大陆再顺利地发展下去，这个数值还会再变小，这是自然的。到目前，大陆的发展主要还在城市的方面，广大的农村还有很大的发展空间，因此潜力巨大。大陆的发展目前影响着全世界，它的动静都引观瞻，是不争的事实。我们也相信，大陆的发展，两岸关系的推进，也定能造福于台湾的。自然，GDP的数据不足以全面显示一个社会发展的素质和水准。大陆目前面临的问题，诸如环境的问题、腐败的问题、社会公德的问题，还都有待执政当局拿出魄力，逐步加以解决。总之，重要的是，大陆的执政者要能坚持百年来，中国大地几代仁人志士所坚持的革命的目的在于为了绝大多数中国人过上幸福的生活，这一最根本的目标，则中华民族的复兴就是可以期盼的。

现在，随着两岸经济往来的密切，大陆已经是台湾的主要出口地。台湾因为地方小，发展空间有限，加上世界外部的条件不若过去的年代，总的趋势是它的经济会进一步和大陆融合，这不是哪个人、团体或政党所能阻挡的。在这样的大背景下，我们看到，越来越多的台湾年轻人来大陆念书、就业。只是由于台湾方面的限制，目前大陆到台湾的投资，以及相伴的大陆人到台湾从事商贸等活动，还受到相当大的限制，但这些有悖经济活动的限制，未来肯定会逐步被取消的。

纵观1949年以来，台湾不论谁当政，都得面对"何去何从"的问题。现在的情况是，国民党已经认识到两岸关系的本质是台湾和大陆同属一个中国，也赞成两岸的和平与发展，固然对于两岸的解除敌对关系乃至"统一"，抱着"没有时间表的态度"，也就是"拖"的一字诀。而民进党方面，以蔡英文为首的当局，则是对大陆所坚持两岸和平发展的基础——"两岸同属一中"的基本原则，采取模糊、闪躲的态度，而其本质则是对于"台独"可能性，还抱有期待。易言之，他们以为台湾的未来可以有"台独"的另一个选项。未来一段时间，台湾的执政者一方面当会极力避免因与大陆的这个不同，而引发大陆"非和平"乃至强力的反击——这就是他们所言的"维持现状"；另一方面，则会强化台湾岛内的所谓"台独民意"的基础以及在经济、政治方面"向国际出击"的动作等，这些都会是意料之中的所为。总之，他们企望在和平的条件下，争取"台独"的"空间"。

这个"逆势"操作的能量固然很难改变两岸关系发展的潮流，但是它的动量也不能被低估，这样的操作只会乱（害）了台湾，是不可能持久的，也自然不会得到人们普遍的支持，即便在国际间，也难以得到附和的。对于绝大多数的台湾一般百姓言，我们相信会有越多的人，看到两岸的和平与发展是一条台湾的必由之路。只要台湾多数人都希望两岸关系要发展，要和平，则任何的台湾当局，即便是一些政客，就很难逆潮流或有恃无恐地肆意妄为的。

写于2016年7月

关于看待历史过往的思考一二

中华大地封建王朝时百姓多只顾自己家族的生存，兴旺发达与否。虽然向朝廷皇上纳粮、纳税，但改朝换代，那是皇家姓氏的改变，与我无关，只要能生存过日子，谁当皇帝都一样。所以，我们看八国联军入侵时，多少老百姓给联军运粮的。八国联军攻到了北京城，由于城墙雄厚，苦于找不到攻入城墙之处，还是老百姓给指了地道，方得攻入紫禁城。类似的现象在甲午战争时，也累累出现。侵华日军所雇的后勤、民夫也都是中国的普通老百姓。这些生活在底层的普通老百姓，就是为着生存，而这样活着。到了抗战时期，伪军人数说是比正规军还多，而伪军也就是普通的劳苦大众，多为生计而已。所以，孙中山说，中国是一盘散沙。确实如此。

然而五四以后，中国社会剧烈变化，特别是对日抗战对中国社会起了重大的影响。这段时期也就是现代中国的国家概念的形成和凝聚的时期。我们比较抗战时期，共产党的方面不能说没有投靠日本人，做汉奸的，但比起国民党这边，那是少的多得多。原因是共产党重视教育，教育普通老百姓懂得参军打日本人，不是只为着不当乞丐，找口饭吃，而是有着更高的目的和追求。这样，就唤起了亿万劳苦百姓的阶级和民族的觉悟，使他们认识到只有跟着共产党，才有摆脱世代悲惨命运，出头天的可能。如此亿万群众觉醒的力量是不可估量的。国民党方面对中国社会的这个进程也有贡献，只是国民党没有在农村大地扎下根，其影响的范围和深度就比不上共产党了。抗战胜利以后，共产党最终能打败国民党，这是一个很大的原因。我们都听过很多国民党部队抓军夫以补充兵员的故事，但就没听过共产党有抓军夫的。以后，在朝鲜战场，也是凭着这个力量，在武器方面虽然落后于美军，但仍然打成平手。中国现代的国家民族概念至此终于形成，彻底改变了孙中山所说的一盘散沙的局面。

五四以后到抗战时期，既然是中国现代国家概念的形成和凝聚期，而在同时，台湾却是被日本所占据，因此，就无法和大陆一样地同步前进在这个历史的进程中（固然，那个时代也确有先知先觉的台湾知识分子参加孙中山的革命，参加国民党（重庆）、共产党的队伍，但毕竟是少数，不是台湾社会的整体现象）。这样，我们就应可以理解一般的普通台湾老百姓对于日本的认识，对于"中国"这个现代意义上的祖国，和大陆各省的会有所不同。台湾光复时，台湾老百姓口中的"祖国"可能在不少人脑中，还是清朝的那个"祖国"呢！这是可以理解的。我就亲耳听过我外祖母（她是清朝时代出生的）说，台湾光复时，大家都很高兴，以为糖可以回到清朝那个时候那样的便宜。这不是笑话，是普通台湾老百姓的思想状态。此其一。其二是我们对于那个年代受日本教育过来的台湾普通老百姓即便会有一些所谓的"日本感情"（应该是我们现在后人的看待用词），对待一些事情，包括对待国家的概念态度和大陆的人有所不同，也不能用今天的眼光来苛责，夸大为"受皇民化教育"的结果。就如我们今天也不会去把引八国联军的清朝老百姓，甲午战争时为日军当民夫的普通老百姓、抗战时期的伪军士兵当作十恶不赦的汉奸那样来看待。所以，我们不宜把日据时代的日本皇民化教育的效果，随意主观地推论为那个时代过来的台湾人，骨子里都有着效忠日本的皇民基因影子，成了日本皇民化的产物。这样的思维，不仅是形而上学，甚且是杯弓蛇影了。就是在日本统治台湾的年代，普通老百姓也得过活，也很难不替日本的工厂、部队干活的，乃至到"伪满"工作的。对于这些历史现象，今天的我们也应多采取宽容、实事求是的角度来看待，不宜苛责的。我们应理解动乱时代，当亡国奴的老百姓犹如草芥一般的。现在有言，日本殖民统治，"皇民化"了台湾百姓，而"二二八"事件是台湾"皇民"对祖国认同疏离对立所造成的。依此逻辑，则50年代以来，受崇拜一切以美国为首的教育，就不知造成今日多少的"美国皇民"，这些"美国皇民"至今还在抗拒自己的大陆祖国呢？二者之程度差别，恐怕"日本皇民"是小巫，而"美国皇民"才是大巫了。

这样说，并不是让我们也去歌颂、原谅那些头面的汉奸，当日本伪政权的高官，干着欺压自己同胞，为人所不耻勾当的人。历史的是非，是必须明确的，不容糊涂。我们要宣传那些在民族最为黑暗时期的先知先觉者，那些勇于抗敌，抗日的英雄，这也是必然的。

全面客观理解一个社会在任何时期的各个层面，对于知识分子尤然，因为他们往往容易脱离社会的实际，用简单的、主观的错觉，来看待他们周边的世界和历史的事件。片面夸大日本"皇民"教育，以为台湾人被"皇民化"了，以至台湾光复了，还发生"皇民"暴力反抗（国民党的）祖国的"二二八"事件，就是对一个社会时代以及历史事件简单化、机械化、表象化看待的思维表现。

我们要尽可能全面理解社会和历史，洞悉其复杂的方面，包括社会百相（一个群众运动中，有真心于运动者，也有怀着其他目的，更有打砸抢的），人世百态（中共的创始人有13位，能走到最后的只有两位，毛泽东和董必武，其他的有牺牲的，有当汉奸叛徒的，等等），但不能仅止于此，不然就会迷失在历史的纷扰中，只见树木不见森林。"管中窥豹""瞎子摸象"，以局部的观察来替代对整体的认知，就荒谬了。我们还要善于总结出历史发展的主脉、主流。特别是，历史上的重大事件，即如"二二八"事件，必然有其深刻的内外原因及其时代的背景。

这就要求我们有着明确的历史观，提倡什么，反对什么，知往鉴今，以昭示未来。前几年，台湾"中研院"举办关于甲午战争的展览，挂出照片说是当时既有抗日者，也有迎接日军的。主办者说是为着客观反映史实。这确实是史实。凡事不会铁板一块。问题是，今天我们要提倡抗日者的精神，还是赞美迎接日军者的行为呢？还是两者都值得赞扬？只看到八田与一建造了水库，增产了台湾的稻米这个物质的现象，就予建碑、赞扬、纪念和感恩，而无视于其历史时代的背景——日本殖民统治者对于台湾的掠夺。这些历史的是非道德，目前在台湾，在"尊重多元历史观"的"美名"下，消失了。如此，台湾社会也就必然走向历史的虚无主义。凡事虚无，没有是非，也就是社会酝酿大变动的前兆。

写于2017年2月14日

辑五
_____
怀念故友

怀念苏新先生

苏新先生和我们永别了。我想凡是认识苏老，和他有过交往的，对于他的去世，莫不感到万分的遗憾、惋惜和悲痛。遗憾、惋惜还有许多事情正等着他去做。他本人也正是这样想的，想着在他的晚年，时运能逐渐交会在一起，可以让他好好做一番事业。然而这一切现在只能是永远不可能实现的愿望而已。这又留给人们多么沉痛的悲怆呵！

我第一次知道苏老的名字是近十年前的事了。那时我还在美国，记得在一本叫"台湾二月革命"的书上，苏新两个字第一次映在我的脑海中，以后，又在许多有关台湾早期左派运动的书中看到过关于苏老当年活动的记载。

我第一次见到苏老则是四年前的事了。那时我刚到北京，由于工作还没有安排，便趁着闲暇，怀着倾慕的心情，经常去苏老家。苏老当时已满70岁，身体很是瘦弱，并患有肺气肿，气候转换时，很容易气喘。但他目光炯然，头脑清醒，谈笑风生，对事情敢于并善于做深入的分析，给我留下了深刻的印象。我当时感到苏老不是一般的人，他具有不平常的涵养和风度，是个有学问、有气派的人。

1977年秋冬时节，差不多每隔两三天我就去苏老家一次。当他的夫人为我针灸时，苏老便和我畅谈，天南地北，无所不至。苏老经常以反省和回忆的态度谈论他年轻时在日本和台湾反对日本帝国主义和国民党的斗争往事。他总以大局为重，绝少论及私人恩怨。另外，他也喜欢从探索的角度，谈论中国的革命问题。苏老以极大的热情对待我这来自家乡的游子。那年，北国严寒的冬天似乎不曾留给我什么特别冷的印象。当时我在北京无亲无故，苏老一家却待我如至亲一般。每当我手抚一杯热茶，倾听苏老侃侃而谈时，我便感到了温暖和享受。是的，听苏老讲历史，谈天下事，确是一种难得的享受。苏老讲历史，不仅谈台湾，也谈日本和大陆。此外，他还经常着重和我谈怎样对待环境和个人的关系。苏老"不以物喜，不以己悲"的唯物客观态度至今还深深地留在我的脑海中。对这种事情，苏老不仅能说，还能亲自做到。长期的颠沛生涯给他带来了许多痛苦和折磨，使他妻离子散，但他从未对我说过一句抱怨的话。他对周遭是无所求和无所责怪的，这益加显得他的豁达。像苏老这样只管事业，只顾工作，不计较个人的利害得失（诸如地位、待遇、住房等），是多么难能可贵呵！苏老为人刚正不阿，作为一个共产党人，他是当之无愧的。应当这样说，在那几年里，我从苏老那里学到的东西，许多是过去从来不曾接触过的，富有启发性的道理。那时我只身在北京，年轻人的思想又容易波动，而我以后能在北京顺利地住下来，这其中，苏老给我的影响和帮助太大了！我又如何去感激他呢？我想他是不会要我感激他的，因为他完全是出自内心无私地像爱护自己的儿女一样，满腔热情地帮助了我这来自家乡的年轻人。而我只不过是个幸运儿，由于历史的机缘，能在北京和他相遇罢了。

从苏老的谈话中，我了解到他是台湾共产党的创始人之一，曾被日本人关押过十多年之久。台湾光复后不久，又受到国民党的追缉，后终于辗转来到了祖国大陆。记得他对我说过，在日本监狱中，为了不使自己中断文化学习，他曾佯装是基督徒，狱卒便给了他一本英文版圣经。于是，苏老靠着一股常人难有的毅力，把英语的学习坚持了下来。十多年的监狱生活把苏老的胃搞坏了，以后在60年代初期，他便动了手术，将胃切除了一大部分。

那时，苏老正抓紧时间，将过去历史中的一些误传，就他所知的实情写成短文，准备留给后人当作参考。每次我去时，他总是高兴地把他近日写的材料拿给我看，有时还让我将材料带回去好好研究。

1978年7月，苏老在十年浩劫中的冤案得到了彻底解决。记得有一个晚上，清风徐来，苏老神采奕奕，谈笑风生。同时，他对十年浩劫中损失的宝贵光阴感到非常可惜，并以带讽刺性的口吻对这场动乱做了批评。当时，他对"文革"的看法是超越一般人的，他直截了当地认为那根本不是什么社会主义。日本人迫害了他十多年，"文革"又耽误了他十年，人生近三分之一的时间被浪费了，像苏老这样有事业心的人岂能不耿耿于怀？他并非怨天尤人，而是深感自己年事已高，逐渐感到时不我待，要做的事、应该做的事情实在太多！谈话间，苏老显得异常激动，又很焦急，他想让自己平反的消息尽快为海外朋友们知道。

1979年，北京的春天似乎来得格外早，早春的北京城充满着欢乐。十一届三中全会召开后，中美两国出人意料地顺利建交了，争取台湾和平回归祖国的大政方针发表了。对此，在北京的台湾人倍加喜悦。祖国大地正在经历着历史性的大变化，台湾问题的解决似乎在人们心中逐渐明朗起来。乐观的人扳扳指头，似乎感到回归故乡的日子屈指可数了。大年初三，不顾北京城的风沙，苏老兴致勃勃地参加了北京台胞的聚会，观看了电影。会后，他一定要我和小黄一道去他家吃饭，并一同观看当晚电视台播放的台湾风光节目。我们拗不过他老人家的盛情，我们更了解，苏老的心意又何止是约我们吃顿饭，话话家常呢！

以后，苏老的工作逐渐忙碌起来。他负责台湾民主自治同盟总部研究室的工作。他以极大的热情、责任和精力投入工作。记得他曾提出准备就一些有关台湾的课题，如乡土文学等做专题报告。后来，因为他的身体不好，有些报告未能公之于世，这是非常可惜的。

苏老很关心海外的年轻朋友，从海外回来者，苏老更是高兴和他们见面，讨论各种大家所关心的问题。许多人虽是初次和苏老见面，也很快就感到苏老不是陌生人，倒像是相识多年的长辈。苏老年纪虽然大了，身体也不很好，但他头脑清楚，思想解放，没有条条框框，敢于接受新事物，善于探索新问题。同时，他对年轻人总是语重心长，满腔热情，因此，凡从海外归来，并与苏老相识的朋友们，莫不对他留下深刻的印象。

1980年夏天，苏老率团去日本访问，接触到许多台湾同胞，做了大量工作。回国不久，他被选为五届全国政协委员。开会前一天，我去他家，见苏老穿一身笔挺的中山装，显得格外精神。我同他开玩笑说："早该是这样子了！"苏老会心地大笑起来！后来，我们还在他家院里照了相，谁能料到，那竟是我们最后的合影！

以后的一年，我出国了。尽管苏老工作很忙，后来又患了眼疾，还是不断地给我写信，然后自己再签上名字。他的每封信总是热情洋溢，流露出长辈对晚辈无微不至的关怀，有些事情他怕我忘了，还特意加以叮咛。当时，他身体虽不很好，但仍怀雄心壮志，还准备去一次美国，与对台湾前途有不同主张的台湾同乡好好谈谈。他在信中说，他很乐意和任何持不同看法的同乡做朋友，倾听他们的意见，同时，也将毫无保留地把他自己的看法告诉同乡们。

1981年10月中，苏老来信说，希望上帝再给他两三年时间，好让他完成他的历史使命，并问我近日是否能回来。谁能料到，我还没有回到北京，竟听到苏老去世的噩耗。那天在他灵前，我不禁跪了下去，失声痛哭，流淌出我20年没有流过的泪水。

苏老家人给我看了苏老生前的照片和遗物。据他家人讲，苏老早期的许多照片都在台湾散失了。这里保存的仅是一小部分。遗物中还有他当年从台湾带来的剃刀、梳子等。这些东西伴随着他，经历了多少战斗的岁月啊！感谢苏老家人的割爱相赠，我得到两张苏老50年代和60年代的照片和一个苏老长年看书用的放大镜，留作对苏老永恒的纪念。其中，50年代那张照片是他回到祖国大陆，参加工作后照的。当时，苏老身着西装，英俊潇洒，所以苏老的工作证都是用的这张照片。60年代的那张是他胃部动手术后照的，面容虽然显得清瘦，但却洋溢着爽朗乐观的神情。照片中的墙壁上还挂着一张放大的小孩照片，那就是他已经分别多年尚留在台湾的女儿。

苏老是11月13日晨起后，在床上小憩时安静地去世的。由于事出意外，他的一些遗物只得由他在北京的两个孩子逐步整理出来。苏老去世前一星期，已经开始撰写台湾共产党史，并已经写出前言和第一章的第一部分。如果人死而有灵，苏老该会对这些未竟之业感到无限遗憾吧！

苏老一生为台湾人民从日本人铁蹄统治下解放出来和台湾与大陆的统一事业献出了自己的一切。他的曲折崎岖的人生道路，将来自会有人认真探索、研究，做出令人信服的公正评价。作为一个普通的台湾人，我有幸在北京和苏老相识并相处了四年之久，这对我来说是极珍贵与不平凡的。我之所以将这段经历写出来，不仅仅是为了悼念苏老，更重要的是，要让人们更加了解他，认识他。苏老是属于台湾人民的，他是台湾人民可敬爱的一位历史性人物。

苏老，您安息吧！

写于1981年12月

我的姨婆

　　当我尚是孩提时候，我便有印象曾经听得上一代人谈及有一个姨婆（外祖母之妹）在大陆上的南京。这位姨婆我从未见过，也就毫无印象可言，我只知道她早在40年代以前就去了大陆上的。

　　1975年我第一次去了大陆，并且也到了南京。因为脑中有姨婆在南京这么个印象，便请接待的中国旅行社的朋友帮忙打听。但当时我只知道姨婆姓李，在南京外，别的资讯都全然不知。因此，打听的结果杳然。读者会问，为什么不向家里人问清名字，这不就好打听吗？可惜，当时的情况可不像今天这样开放。在台湾的亲友别说不敢多提姨婆的事，就是那年我从美国去大陆，也得偷偷地去，不敢多声张，就甭提向台湾亲友打听姨婆的姓名了。

　　直到1981年，我才打听到姨婆的名字叫李秀德，并且在很偶然的机会，从一位老台胞（按：老台胞指1949年以前来到大陆的台湾人）处得知我姨婆的下落。这位老台胞早年曾在南京和姨婆相认。据他讲姨婆早在50年代就定居洛阳了。这样，我和姨婆便联系上了，并且通了信。当时姨婆已过70岁，不少信都是她的儿子王任之（我应称之为舅舅）写的。我们虽然未曾谋面，但无形的感情桥梁却已架了起来。但当时我正巧在美国做短期科研工作，所以去洛阳看望他们的事便一直拖了下来。

　　1983年我从美国回到北京，并很快准备好夏天放假时就去洛阳。然而，天下事不尽如人意者十常八九。就在我临行前一个月，有天突然接到一份电报，云：任之昨天因心脏病突发病故。我不禁愕然，茫然。

　　当年夏天，姨婆由其孙子陪伴来到北京。我们始得见面，并且详谈了她的往事。

　　姨婆和其先生邱朴（我应称其为姨公）是1930年从台湾去日本念书的。

当时，如我姨婆以一介女流也出洋留学可谓少之又少，此也可见她先生的开明思想。1932年，他们因不愿返回台湾受日人统治，便到南京来工作。当时邱朴和一些左翼人士有过往来。不幸，1937年的一天，突然家里来了一些人，说是邱朴的朋友某某有急事找他去，但邱朴从此不归。姨婆到处找亦没个结果。几天以后，报载雨花台昨日枪毙了几名共党分子，其中赫然有邱朴。姨婆当时冒着生命危险去雨花台收尸，当时天色已晚，在场遗体不少，血肉亦不清楚，姨婆便找坟场的人帮忙，匆匆将识别的遗体给掩埋了。以后，为着安全的原因，姨婆和任之母子两人便孤苦伶仃在动乱的时代来到武汉谋生。姨婆因有文化，而且是个妇产科大夫，她便以此为生。在抗战时期，他们还西迁至贵阳，并在那里住了好几年。由于工作的性质关系，姨婆的社交面颇广，在台湾人圈子中小有名气。人们在战乱、苦难的时代总有患难之交。姨婆在南京、武汉或贵阳都有结拜姊妹。其中有二位现尚在北京。一位是老台胞姓林。一位姓杨是南京人，现在在北京第一外国语学院当英语老师。她是抗战期间在贵阳时随其父母和姨婆一起的。当时，她尚不满十岁，姨婆因没女儿便认其为干女儿。

抗战胜利后，姨婆回到南京，并曾一度回到台湾。在南京也曾和一些朋友办起了街道式的小制衣企业。1949年以后，此企业被公私合营了。以后，因任之从浙江大学毕业，工作分配至洛阳，姨婆便在50年代末定居洛阳。

1949年以后，姨婆从来不是国家职工，换言之，她不曾领过国家工资，年纪大了也无所谓的退休金。但姨婆热心公益事业。她长期开班讲授日语，凡愿向她学习日语的，她均热心教导。也因此，"文革"时，街道委员会只让她扫大街去，未曾有人批斗过她。姨婆长期教授日语，直到70年代末期，她已年过古稀了，还在任之的工厂里开班讲课。姨婆因热心公共事业，曾获得劳动模范的称号，并做过妇女委员会的工作，且曾当选为河南省的人大代表。1985年姨婆80岁生日时，洛阳市政府还特意为其祝寿，表扬她长期为社会做贡献的精神。自然，也体现着对来自台湾，大半辈子在大陆生活的老台胞的一份敬意。

姨婆最关心的事情是想弄清她的先生是怎么死的。虽然事隔半个世纪，她却未尝忘却这段事情，并且随着迟暮之年的到来，更加忆往起来。她通过不少热心的台胞的帮忙，查阅了当年南京的报道，看看有无更多的对她来说是凤毛麟角而弥足珍贵的消息。然而，历史似乎湮没的多了，见诸文字的少之又少，而在大动乱时代中的见证者至今又上哪儿去寻觅呢？姨婆对我说，洛阳有个记者打算写她的传记。但她认为意思不大。姨婆说：当年那些枉死者才值得写。他们不应被荒草湮没。后代的人不要忘却他们啊！

1987年日本有位老台胞吴老先生得知他小学时的同学邱朴的夫人尚在洛阳，便不顾80多岁的孱弱身躯去洛阳看望姨婆。那年秋天，正是邱朴先生牺牲50年，姨婆和这位台胞华侨还特意去了南京雨花台。当年到处孤坟野鬼的雨花台，如今苍松翠柏，宁静肃穆。姨婆一定是怀着无限的哀思向她所敬爱的先生献上花圈的。

当他们回到北京时，我们见了面。吴老先生给我看了他60多年前珍藏至今的照片。其中有邱朴、姨婆和吴老先生自己。半个多世纪了，伊人已去，在世者尚存几许？我不禁有着历史的怅然感。

1986年冬，美国有朋友陪伴其在台之母来大陆探亲访友，临离中国前两天，我们见了面，相谈甚欢。谈话间，朋友之母言及抗战前，她曾在南京住过。我便随口问她知道李秀德否？她意外极了，也高兴极了，说："我此趟来大陆，为了找她，到处打听均无下落，眼看后天就得回去了，你认得她？她现在哪儿？我们50年前是结拜姊妹啊！"我便把姨婆的事同她讲了。她遂把回程往后拖延，专程去洛阳看望姨婆。

1988年夏天，家父从台湾来北京。其间，我也陪他到洛阳看望姨婆。我们到洛阳，住下旅馆时，天都黑了。姨婆那晚执意要赶到旅馆来见家父。同时还带来熬了一天的当地名产红米粥，说是怕我们天晚了，肚子饿了。眼前的姨婆又比往年显得苍老，更虚弱了。她似乎也更像我脑海中的外祖母。姨婆近来双腿发软，没有力气，走起路来需人牵扶。旅馆中一段十来米长的走道，她足足走了有十分钟光景。

姨婆晚年最大的心愿是盼有天能回去台湾看看。我祈祷苍天降福给她。她的坎坷人生路途，如其且慢且艰难的步履已逐渐走向尾声。有生者，还要和她争执什么？还要向她限制、剥夺什么呢？

是啊！不仅如她所说像邱朴这样的人，后生的台湾人不应忘掉他们。如姨婆这样，早期来大陆的台湾人，后生的台湾人也不应忘掉他们。他们的一生，不仅是他们各人的一生，而且是台湾和大陆历史关系中的一页啊！我呼吁台湾人，特别是年轻的有心人，能把他们的一生写入台湾的历史中，不能让他们被历史的荒草湮没。这样，台湾的历史才会完整，才不会脱页。

［注］姨婆于1993年去世。她最终没能回台湾故乡。

写于1991年8月

怀念陈逸松先生

陈逸松先生于2000年7月5日在美国休斯敦去世。恶耗传来，令人无限惊讶与感慨。

陈老是我们台湾知名人士，一生以律师为业。早在30年代，台湾共产党遭受日本军政府迫害时，陈老便曾挺身为之辩护。因之陈老与苏新、苏子蘅等人士有过生死之交，他们都是台湾早年在日本统治下为谋求台湾解放，具有现代科学社会主义认识的先知先行者。台湾光复后不久，旋即发生"二二八"事件，陈老是处理委员会成员，用法律为武器，和国民党进行了斗争。国民党统治的本质注定了事件悲剧性的结果。五六十年代，陈老在台湾执业，广结善缘，是著名的律师，影响力很大，因此也成了国民党的眼中钉。陈老曾竞选台北市长败给国民党推出的人士。在那个时代，这也是自然的结果。不论是在日本统治时期，还是光复后国民党统治时期，陈老在反抗阵营里是个要角，向不正义的统治者进行了长期不屈不挠的斗争。这是历史的公论。近年台湾一些有心人逐渐将这些历史详述传世，以求史貌的恢复，证诸台湾今日时风，用心可谓良苦，令人感佩。

我见到陈老和其夫人林女士却是在1975年3月的北京。之前约两年，陈老被迫离开苦涩的家乡，辗转来到北京。当时两岸阻绝，陈老的义举，受到祖国大陆的热烈欢迎，周总理的高度重视。也就在那时，海外的台湾留学生掀起了保卫钓鱼岛运动，大家纷陈蒋家邪恶的统治，也逐步认识到台湾问题的来龙去脉，大家在思考，在寻找台湾的出路。我和一些朋友当时就是抱着这样追求真理的心情，来到祖国大陆，亲眼看看，认识这片既陌生而又似曾相识熟悉的土地与人们。3月的北京，天气还寒，记得和陈老夫妇的首次见面是在华侨大厦。当时陈老已近70，我们30不到，是两代人。然而，大家在异地相见却有着共同的心心相通和一种安全感——想到若在台湾，肯定是死罪，想到在美国又是国民党的黑名单，美国FBI、CIA的盘诘——像似回到了家一样。当时陈老向我们讲述了不少日据时代反抗日本统治的事情，也讲到了"二二八"起义，五六十年代在台湾国民党的白色恐怖等等。陈老还着重谈到他几次见到周总理，向他详述台湾人民的处境、心结。当时周总理虽然日理万机，又患病在身，但他对来自台湾的人们包括留学生，总是热情洋溢，有时通宵彻夜谈话，长达八小时。在北京期间，我们曾多次到陈老居住的王府井金鱼胡同宅处，和陈老长谈。这些虽已是25年前的往事，但至今仍历历在目。

陈老当年是台湾政界著名人士，能冲破阻禁来到北京，见到周总理，详细谈论台湾问题的解决，应是两岸关系史上重要的一页。陈老是先行者，他看到了台湾的出路在于统一。25年后，一方面是每年有上百万人次的台湾游客踏上大陆，却又有多少政界人士在台湾讳于说自己是中国人，然后又奢谈诚意于改进两岸关系。历史是一面忠实的镜子，真伪无所遁形。

我于1977年来到北京谋职工作。和陈老夫妇的往来就更多了。当时北京生活不比现在，尤其是冬天，只有大白菜。陈老当时住在北京饭店，条件自然好。也因此，我们一些在京的"后来者"经常借机拜访陈老，打打牙祭。陈老善于高谈阔论，这和他是律师出身有关。和陈老谈话令我们对台湾的过去了解得更多了，这些是弥足珍贵的。陈老谈话幽默，陈夫人（我们一向称她林伯母，这样对她较"平等"）的茶香，这些都是我此生难忘的美好回忆。

1978—1983年我和陈老同在全国人大台湾团（陈老是全国人大四、五届常委），每次开会，就更有机会聆听陈老的灼见。记得陈老早在1977年初就提过台湾问题应当和平解决，当时中央对台政策是解放台湾。武力可以，但应是先给台湾当局设个谈判的时间表，届时还拖不谈，再谈打的问题。陈老这个观点曾刊载在纽约出版的《美洲华侨日报》上。这就是目前人们谈论关注的解决台湾问题时间表一事。

1983年后，陈老年事渐高，转任全国政协常委，以后又出国。80年代中期陈老夫妇曾回北京。我们还曾一同游玩了大观园景区。当时陈老已年近80，但谈吐利畅，步伐稳健。1997年7月我曾到休斯敦见了陈老夫妇。当时陈老已有90高寿。陈老和我谈起往事，谈起他之前返乡所见一些令人忧心的事情，主要指台湾一些人在篡改台湾历史。他同时也给我一本他回忆录的上集。至于下集，陈老说他向来主张台湾出路在于统一，这是他人生经历的总结，此点必须反映在他的回忆录下集中。下集的材料收集包括录音，当时早已完成。希望此集能早日出版，给陈老的一生画上完整、清晰、明白的句号。

陈老一生阅历丰富，经过整个20世纪，是台湾现代史的见证者。这些是台湾人宝贵的财富。台湾的今天是从昨天过来的，不可能丢弃昨天，塑造今天。更不可能改造昨天以为今天之私用。台湾的后生者，应该多了解陈老以及先辈们的奋斗事迹，这样才能走上历史必由之路。

陈老，您安息吧！

写于2000年7月

怀念黄顺兴先生

黄顺兴先生3月5日因心脏病突发在北京去世。噩耗传来，令人惊愕。就在几日前，在京参加九届五次会议的全国人大，政协的同乡还正在商议如何给黄老过80大寿。没料仅隔数日，竟遭此变，令人唏嘘！真叹世事之不可逆料。

黄老是台湾知名人士，曾任台东县长与台湾之"立委"。七八十年代台湾的"党外运动"中，黄老是要角。当时，我们70年代台湾留美学生参加"保钓""统运"的一群，在地理上和黄老所在的家乡远隔太平洋，而在年龄上也是相距一代人。但是大家和黄老却是"故旧相知"，因为大家都具有科学社会主义的情怀，都厌恶家乡独裁的统治，并身体力行，做出努力。所以当大家先后不期然于1985年末在北京相聚时，甚有"一见如故"之感叹！

80年代中后期的两岸关系还是咫尺天涯，黄老当时来京是冒着风险的。他来北京，受到高层的重视，曾多次见到包括当时任中共中央总书记的胡耀邦等上层领导，并任全国人大常委要职。就此，与其说黄老做大官，还不如说黄老做的是大事。黄老在京这些年，不论是身任人大常委，还是1992年后一介平民身份，他都一如既往，非常关注两岸的关系，岛内的局势变化，以及大陆改革开放的进程种种。

80年代末期，黄老在京曾发表声明要求台湾当局取消长达38年的军事戒严法，取消对台湾党外人士的拘捕压迫。就当时急剧变化中的台湾局势，他曾努力向在京的对台有关部门人士介绍台湾的反抗运动的过程和本质。他指出台湾同胞，要求民主、要求当家作主乃是历史之必然，与"台独"是两回事。黄老支持祖国的统一，他说自己是天生的统一派。因此，在京举办的有关两岸交流的活动，比如台湾同学会的两岸学术交流讨论会，黄老都曾热忱参加过多届。记得在1987年台湾同学会的讨论会上，黄老提议国务院下应设对台专责部门以处理日益发展的两岸交流事务。黄老的倡议得到与会者的共鸣，纷纷署名提案。日后果然有了国台办这一机构。

黄老在京这些年曾不辞辛苦走遍祖国大江南北，深入山区、边陲、穷困地区。我的印象是黄老对名胜古迹不是很感兴趣，他倒是对农民的生活，特别是穷困农民非常关注、同情。黄老在台湾就关心环保生态。他也因此非常担心大陆的发展不要步台湾的后尘，经济虽然发展上去了，但环境也完了。黄老当时曾努力推动民间环保组织，可惜由于多种因素此一利民利国之事没有做成。对此黄老不无遗憾，今日环保已获全国上下共同关注，不论官方与民间均有多个组织在推动环保事业。黄老实是此一事业之先行者！

我有幸和黄老在全国人大台湾团共事多年。黄老生性耿直，是非分明，他说自己是"口无遮拦"，完全一个典型台湾人的秉性。黄老做事、议事认真，往往为了一个案子，巨细无遗地寻找资料，为的是"有根有据"。他在人大会上的发言都是有备而来，也往往因而让一些习惯于按文件办事的官员，穷于应付，甚而下不了台。

黄老在京多年，每有节日，大家经常见面，我们可受黄老的招待多多。黄老最喜日菜生鱼片。1994年我在离开台湾家乡22年后头次返台探亲时，在台北见到了黄老。黄老还特别请我吃一顿日式生鱼片。大家畅谈天下大事，彼时彼景，至今，历历在目。当时，台湾有人提及黄老"背叛"台湾人民，"投共"来大陆，做的大官，享受荣华。对此，我们都觉得"悲哀"。悲哀的是台湾有人的思维已经如此地异化与扭曲，他们的心胸竟然如此堕落。他们看不到黄老在京多方呼吁台湾社会的民主、人权。他们看不到黄老多方推动两岸人员的往来，他们看不到黄老在京苦口婆心为台湾人民讲话。他们看不到黄老赤诚热爱祖国的大地与人民。他们看不到黄老是台湾人民之子，祖国的儿子。

黄老曾送我一本他写的书——《永不退却》。如今黄老安息了，但他确实做到了生命不息战斗不止的人生格言。我们后生者应该效法黄老的"永不退却"的精神为两岸关系的发展，祖国的富强，为中国的统一而努力奋斗。

写于2002年3月

怀念永远的"保钓、统运"老友——关文亮先生

人的一生会有许多朋友。有的朋友认识了大半辈子，但也就是一般，甚或是"酒肉朋友"。有的朋友接触的时间不长，但虽隔千万里，在很长的岁月里，总是让你难以忘怀、释怀。关文亮先生，就是这样的朋友。

20世纪70年代，在美国、欧洲发起的"保钓""统运"，参加的朋友以来自台湾的留学生为主，香港的同学就很少了。个中的原因，不是几句话就能说清楚的。然而香港的同学，一旦有了认识，觉悟到"殖民地意识"的思想禁锢，往往就能比台湾的学生有更彻底的转变，其中的原因，一是他们能认识到"买办"体制的本质，二是他们比起台湾的学生言，比较没有白色恐怖的心理障碍。老关就是这类香港同学的典范。那个时代的香港同学一般国语说得不好，乃至不能说的。这些参与"保钓""统运"的香港同学的一个特点，就是他们总勤快学习"国语"。那时，我在美国中部，和远在东部的老关，自是很难有往来的，但就对他有所耳闻。1972年的冬天，我们中西部的同学"大串联"，长途开车到美国的东海岸，一路结交、拜访各地的"保钓""统运"朋友。这事足足已经远离35年了，很多事情业已很难有明确的印象。我相信，在那一路，我应是会有机会见到老关的。但是，这个事情或也不是那么重要。我们当时一路上见到，居然有那么多的朋友，和自己的思想一致，深深感到"四海之内皆有兄弟"，真是"海内存知己"啊！大家都是心心相印的"同志"啊！

和老关具体相处的时间，是在1977年的上半年。那时，我和周本初兄都在《美洲华侨日报》干活。老关那时也在那里工作。在这半年的时间里，大家总是夜里晚到、晚回，各忙各的，因为出报有时间性，大家都在抢时间。事实上，大家也没多少时间聊大天的。我印象比较深的是他的话语不多，但是，他老广的腔调和嗓门就很大，感到老关比较爽直，有话直说，典型的老广性格。

1977年的开春时节，我就离开了纽约、美国，来到祖国的北京，和老关也就天各一方了。但是，我还是有很深的印象是我们在70年代末，80年代还在北京见过几次面。以后，见面，接触的机会就很少了。

到了2000年以后，因为编撰"保钓""统运"的文集——《春雷之后》，我们就又有机会在"文字"上往来。当然，其间，我也去过纽约几次，在侨报，大家也几次见面匆匆。

但是，最没料到的事情却在2007年的初夏从纽约传来，老关出了问题，得了中风。令人无法相信的事情最终也到来，老关就这么不敌死神，永远离开了他家人，老保钓、老统运的朋友，永远离开了他在北美洲近40年的笔耕天地。他是永远离开了大家了。这是令人无奈的哀痛。

虽说，人生终难免一死。这些年来，一些长辈、朋友逐步故去的也不能说没有。然而，老关的故去，对于我们大家来说还是很突然、很不舍的。这是因为大家在人生的道路上有着很多令人珍惜的共同时刻和经历。再长的话语似乎也难以表达我们这一代人共通的心理境界，表达我们对于老关故去的不舍。纸短情长，我就写下这几句，表述我对老关的永久怀念：

春雷声声　忆往昔青春无悔　点燃保钓卫土火种
鞠躬尽瘁　四十载笔耕北美　播撒爱国正气之风

写于2007年10月

悼林国炯先生

林国炯先生不幸于2014年5月去世，他是我们"保钓"的老朋友，《海峡评论》的长期作者和读者，对于他的骤然离世，他的老朋友们无不惊愕与惋惜。

我和国炯认识于1971年秋，那时美、欧等地的台湾留学生的"保钓"高潮已过，随着中华人民共和国恢复联合国的席位，中美局势的缓和，关系的改善，在在为这些来自台湾的学子们提供了一个历史的契机：大家要打开视野重新认识国际局势，重新认识大家既熟悉而又陌生的大陆，更要重新审视台湾这个"反攻大陆的自由堡垒"的实际情况、本质以及它的何去何从。这些问题是那时台湾留学生们面临的疑惑，也是要解决和突破的瓶颈，更广而推之，也是他们面临的人生抉择。固然，受制于当时台湾当局的"白色恐怖"，大多数的台湾留学生们虽有心去探寻这些问题，但绝大多数只能私下议论，不敢张扬。但是，凡是历史的大转折时期，总需要"领头羊"，总会有人率先站出来，大声疾呼，未来在哪里？未来在哪里！国炯和一些今天所说的"老保钓"就是扮演了这样历史性的角色。

那时，我们在美国中西部的校园，有志一同的朋友们大家聚在一起，举办了读书会，出版了手抄本的刊物，《星火》《新中国》等。那时，大家风华正茂，都是二三十岁的青年人，可谓是同学少年，书生意气，指点江山，激扬文字啊！这段时期，说长也不长，也就只三五年，但在我们的人生过程中，无疑是抹下了重彩，可贵的不仅是增长了过去从未曾有过机会接触到的知识，开启了视野，更结下了"患难之交"的友情。现在台湾的人们很难想象，当时，台湾方面的"白色恐怖"居然也能在美国的校园里肆无忌惮地吓阻台湾的留学生接触了解大陆的渠道。经过那个时期的"老保钓"朋友大多有过那种勇于和"不正义的压迫"抗争的经历。大家结下的，说是"患难之交"，并不为过。

这段可歌、可颂的70年代台湾留学生史诗般的一页，以后在台湾岛内朋友陈映真、王晓波的协助下，均收录入了《春雷声声》《春雷之后》以及《峥嵘岁月》《壮志未酬》文献集中。国炯也是出版《春雷声声》的参与者之一。

国炯一生喜为人师，他曾在美国多处校园任教，70年代末还曾远赴非洲，任教于Nairobi。80年代以后，国炯发挥他的国际关系专业的特长在联合国裁军部门工作，长达20余年。这段时间，他经常回国，和国内的相关部门交流，讲述他在联合国工作的经验，以为大陆外交部门、学术机构人员的参考。90年代以后，直至从联合国退休后，国炯还在北京大学国际关系学院讲课，授业年轻的学子。这些年，国炯还出版了《联合国世纪风云论中国国家安全统一》（上下册，70多万字），以联合国政治为框架，纳入中国国家安全、外交、军事战略等层面的发展，还包括中美关系、裁军外交、东北亚和东南亚局势、海峡两岸关系、保钓运动、东海南海问题、中国统一和展望。直至去世前，国炯自己又订购一箱大约30套，准备送给中国各著名大学。

国炯一生经历过大陆时期的抗战，在台湾成长，以后到了美国，见证了自己的国家从被包围，直至闯出封锁，从而逐步引领世界的态势历程。国炯在联合国工作过，他的这些体验，必然比别人更为深刻。我想，世间有情者，对于近、现代中国人民从奋斗中逐步复兴的历程，必然有所兴发感动，从而有所祝福！

国炯喜好收藏图书、藏书丰富，保存有大量资料。举凡关于联合国裁军年鉴、军控、军备、国际安全、裁军外交、战略研究、生物武器公约、大会决议、裁军委员会各决议、联合国出版的裁军书籍以及有关联合国组织的书籍，多不胜数，确是不可多得的珍藏。我很高兴国炯的这些珍藏能为北京清华大学图书馆所看重，并经其未亡人陈芳渝女士的慨然应允，将全部永久保存在清华。后世的清华学子、老师也必然能继续感受到国炯，这位远在海外，而一生的心血都和祖国并流者的遗爱！人世间，乃至人世后，莫大之爱，莫过于如此耳！

写于2014年8月30日

辑六
————
怀古与纪行

敦煌月牙泉的劫难

去过大西北的人大约都会为其浩瀚的沙漠的壮观景色所慑服。1985年秋天，我得以有机会去北疆的乌鲁木齐、吐鲁番以及河西走廊等地。那次的旅行，给我留下了深刻的印象。大西北的广阔，无垠的山脉，宽广而似乎永无尽头的公路予人胸襟开阔。难怪有朋友说：台湾人有机会应去大西北走走，看看那儿多色彩的民族，广阔的天地，一定印象终生。关于大西北的游记，我将在另文介绍观感。此处则着重讲一讲我和月牙泉的一段有意义的经历。

敦煌以其莫高窟的壁画，驰名于世。敦煌其实尚有二处自然奇观较鲜为人知（主要的原因是宣传不够有力）。这就是鸣沙山和月牙泉。

敦煌是个沙漠中的小绿洲，它的四面八方被沙漠包围着。敦煌的郊外就是浩瀚的沙漠，其中有个沙山叫鸣沙山。何以如此称呼？因为人若在其上爬，因为脚踩的是流沙，小腿会没入沙中，如此费力地一走一爬，便发出沙沙的声响，如沙在鸣，故曰鸣沙山。说来也是自然的奇迹。鸣沙山既是流沙，沙漠里的风也是很强劲的，但此山自有史记载以来却是没听说过变了形，或移动位置的（即便有，也是很小范围，否则上千年来，早就变了样）。我所能设想的原因是自然的一种平衡，被吹走的流沙和吹来的流沙处于一种微妙的平衡所致。说来令人难以置信，就在这寸草不生的沙漠里，紧挨着鸣沙山脚，有一个长约上百米，宽约十来米半新月形的小湖，湖水也居然清澈异常。因其形状如月牙，故称月牙泉。据史记载，自西汉武帝以来，就有人在这里建寺。因其是自然奇观，故历代均颇有营建，香火不断，直到清末，民国年间和新中国成立后的"文革"前夕。

"文革"的疯狂破坏也吹到了敦煌，月牙泉也不能幸免。当时的一位军代表和一位乡长居然下令将月牙泉的古建筑拆了，木料拆回家打家具去。然后又将月牙泉的湖水抽走了去搞"农业学大寨"似的开荒种地。经过几番折腾，月牙泉的湖面逐渐缩小。因为泉水的眼给堵塞住了，月牙泉遂有逐渐干涸消失的危险。昔日繁华、香火鼎盛，千年的遗迹就如此毁于一旦矣！

我了解到这些情况，乃是在敦煌的一天，上街刻印章时和店主闲聊中才知道的。店主叫张济华，是个文化工作者。他是本地人，对于敦煌月牙泉的残败非常痛心，认为是败家子的所作所为，愧对列祖列宗。据他讲，日本人由于文化的渊源关系，到敦煌来旅游的人很多。不少日本人来看了都为之心痛，好好的地方却遭受令人难以理解的破坏。而那两个元凶呢？"文革"后，不仅平安无事，逃之天天，一位到别处升了官，另一位还在本地照样当官。我听他介绍这情况后也甚感气愤，并告诉他等我回北京后，一定努力看看有无可能帮他们一把之力的。中国的老百姓是异常善良耿直的，坏的都是一些当官的，历来如此。当张先生听我如此一讲便不收我的刻章费用。他说人间难得是知音，他们在小县城对此无可奈何。北京如能有人替他们呼吁那是喜出望外，向来不敢想的。

我回北京以后，也确实为月牙泉的事做了努力。那年秋冬，我有机会见到中央上层人士，我都向他们提及月牙泉的事。来年的某会上，我还请敦煌月牙泉修复办公室将有关月牙泉遭受破坏的材料以及修复计划寄来，为其呼了吁。敦煌月牙泉办公室的人员还写了热情的来信，信中说：哪天月牙泉修复了一定请我再去。

我的努力是否有效？天晓得，可能同时别的部门也有在为月牙泉的事在努力。举如1985年夏天，中央电视台就曾播出有关月牙泉噩运的报道。事隔三年后，我又有机会去敦煌，见了张济先生。他说，后来省里派人下来查了。这几年也拨了些款（虽然经费缺乏，也尽了努力）对月牙泉进行了抢救。现在泉眼已经打通了，并且从别处引来了渠水，月牙泉算是保住了，不会干涸，并且有可能逐步恢复原来的大小。至于那两个元凶呢？还是不了了之。我说：月牙泉能保住也就谢天谢地了，那两个人固然可恶，但就是把他们怎样了，在中国像这样的还多着呢！我知道这话没有道理，但就他们有限的人力财力言，不是投到保护月牙泉更保险吗？

那天，我又登上了月牙泉旁的鸣沙山顶。望着西落的太阳染红了山下的敦煌，染红了整个鸣沙山，整个一望无际的沙漠。在一片棕黄的世界中，唯有月牙泉渗透着可爱的深蓝色。不久，东方一轮明月冉冉升起。我不禁为壮丽的沙山所动情。我心中想的是：重整山河待后生，何日月牙泉的风貌才能恢复往昔的美景呢！

　　［注］2000年，我有机会再去敦煌。月牙泉旁的寺院已经复建了。为了保护沙山，当年我登爬的鸣沙山也不让游客肆意爬了。我也很高兴又见到了张济华先生，他已经退休。我们仍闲聊不住当年的一些趣事。

写于1990年春

圆明园

　　祖国大陆令人怀念的地方着实太多了。说是怀念，自是有感情的因素。当你每到一个地方，如果稍微注意一下该地的历史、过去，就往往会惊奇地发现，原来历史上赫赫有名的某某人物和其某某事件就是发生在这里。这时你会发觉，原来（或许是若干年前的学生时代）历史书上似曾有过的印象突然地具体化起来，活生生地。唉！历史不是无边迷蒙的过去，或是几许空泛的文字记载而已。这种对历史生动的感触是我在大陆这几年生活中很深刻的一种体验。当然，大陆上塞北江南各有其特色，你若能抛弃一些旅行途中不愉快、不方便的遭遇，你终究是会同意，甚至深入地理解到为什么自古以来就有"大好河山"这四个字。

　　可能是因为居住地的关系，我特别独爱北京。你看！北京城的琉璃瓦、大红墙、参天古柏，不是有它特有的庄严美吗？故宫、天坛，何其庄严，长城，何其雄伟，而颐和园、北海等皇家园林又何其秀美。北京的古迹令人流连忘返，旅客是终年不断的。好地方、好风光总是引人而来，然亦可惜，游人一多，却总破坏了原本应是宁谧、庄严的北京古迹。你想想，如似逛市场般地去挤长城、颐和园、故宫，套句北京人的口头禅：那是哪门的事儿。

　　然而北京西郊，地处北京大学以北，清华大学以西有个，曾在历史上有过威名，而今日鲜有人踏迹（相对地讲，外地游客绝少，主要是附近的八大学院的学生、科学院等当地居民）显得异常宁静的地方。这就是我独钟爱的圆明园了。

　　北京西山一带，历史上就是低洼的沼泽地带。因其近有水远有山，从元代开始，便有王公富贵人家在此建园。满清入关以后，觉得城内的紫禁城枯味索然，便开始在西山一带大兴土木。经过康熙、雍正、乾隆三朝的兴建，一座集古今中外园林艺术之大成的圆明园终于建成。当时的圆明园除了今日的遗址部分外，还包括今天的颐和园（当时称作清漪园）部分。圆明园规模宏大，号称有四十景、八十景的，皆是有仿效江南风光，有托意古诗，有宗教（佛、道等）韵味，以及西洋雕刻特色的园林建筑。清朝初年的几位皇帝遂以圆明园为生活中心。康熙、雍正等皇帝皆寿终于此。可见圆明园还是当时的政治中心。

可惜，这么一座集古今中外艺术大成的园林竟毁于1860年的第二次鸦片战争。以后，同光两朝虽有重建计划，但因清廷式微，又经过1900年的八国联军之役，圆明园遂残败下去，只余今日的颐和园部分。清末民初，其中的清华、蔚秀、畅春等园且成为新学之校址。圆明园的遗迹又经近半世纪的人为破坏：大批的遗物被盗走，被运走，挪为他用；园中的珍贵树木被砍伐了。园中的湖泊也干涸了；曾经盛极一时的圆明园就这样经过近90年的彻底破坏，已近荡然无存了。

当你到圆明园游览时，你会浮想联翩，它的命运正是中国近百余年来命运的缩影。圆明园就好比是古老文明中国的化身。它身上的耻辱，带给近代中国一代代人沉重的思考。也因此，游览圆明园的心灵感受和其他古迹不同。喜爱富丽堂皇古建筑的人，不会来此，没有历史感的人来此，会说有啥好看头的。然而恰恰相反，圆明园虽然失去了光辉的外貌，其英气却尚存不减。你看，附近几大院校的莘莘学子自民初以来至今80年代末，不论是民国年间还是新中国成立以后，就曾多次在此聚会，发起轰轰烈烈的爱国救国运动。圆明园不似北京的其他古迹，让人供养着，整修得整齐肃穆，为人们所观看。相反地，圆明园以其特有的风貌神韵气质给来访者以心灵境界的提升。我独钟爱圆明园，原因正在于此。

圆明园地表上的建筑物除了西北角落，俗称西洋楼部分，因属西洋建筑风格，尚存残石雕刻外，基本已荡然无存了。然而可贵的是地表的风貌却尚保存了下来。地表上中国江南园林特征的太湖石也在多处遗址历历可见。比如福海西北角落的西峰秀色的太湖石，垒垒堆存，即到今日，当日的秀丽庭园依然风韵犹存。再如当时圆明园的中心所在，九州清晏，今日依旧残存着大量的怪异石头。圆明园和其他的园林相比，有一处绝然不同的是它的湖面与地表的距离是非常的浅近。今日圆明园的湖水虽已多数干涸，但低洼之处，很是容易辨认出是昔日的湖泊和通渠。到圆明园游览，最有意思的莫过于买张地图，顺着今日的景观，从地表的风貌逐步辨认识别出昔日的胜景所在。记得那年我刻意寻找园内一处极有特点的建筑遗址万安方和，一座形如梵文万字的亭墅。经当地老农民的指点，我在杂草丛中，惊讶地发现它的一如梵文万字的墙基依旧清晰可辨。万安方和北倚小山丘，西南面向湖水的地表，今日仍然明确，只是湖面洼地今日已是农田了。辨认了万安方和的所在，以其为坐标的原点，我居然不费何工夫将园内的四十景一一认别了出来。我惊讶地发觉，圆明园虽已毁败，夷为废墟，但昔日四十景观，不少还是神采风韵犹存的。印象较为深刻的，有如，取意于流觞曲水的兰亭，模拟桃花源记中的武陵春色，浓缩西湖风光的三潭印月等等。特别值得一提的是，象征普天之下莫非神州的九州清晏的周遭湖泊流水居然分外明辨清晰。舍卫城则仿照印度的佛教小镇，可惜今日仅存半壁城墙了。当日盛大的皇家图书馆文源阁所在今日依稀可辨，可叹亦只遗宽广的荒野杂草了。圆明园的四十景，或八十景个个有其文雅、涵蕴的称号，你读读"别有洞天""接秀山房""高山水长""雷峰夕照"，还有什么"谐奇趣""黄花阵""大水法""远瀛观"等，莫非典雅万分。圆明园的景观浓缩着神州大陆的精华，散发着古典中国文化的光辉。今日残遗着的风貌，只要你细细品尝，只要你刻意冥想，只要你如痴地追寻，它依旧散发着迷人的香韵和动人的身姿。

十年前，我初到北京寻访圆明园时，才刚有圆明园遗址管理处的设立。这可是本世纪初，清朝末年最后废弃管理圆明园机构以来，近80年后，再度设立的官方机构。那几年，正在讨论圆明园的保存问题。几经周折，最后的方案是建立圆明园遗址公园。方案是对圆明园进行必要的清理和部分地表风貌的整修。圆明园的再现，固无其必要，但让其久经坎坷的经历再现于人民亦正符合其历史轨迹。自是以后，圆明园以福海的西线为界以东的地方有了相当规模的整理。十年以来，圆明园的东半部分有了显著的再现生机。过去荒芜的湮没的小道，湖泊又逐渐显露出来。1984年大规模的清整福海和绮春园的湖泊曾经动员了海淀区上十万人以上的义务劳动大军。经初步整理后的福海、绮春园，风光明媚。又遍植柳树、花木，一片迷人的田园风光。福海周围的堤岸已经重新清理出来，今日游人已可信步环湖而行，体验醉人的江南风光。福海西北方向的黄花阵——欧式迷宫亦已重建恢复。对比于福海的宽广，绮春园由三个水系组成的曲折水道，当你徜徉其中，荡舟其中，融入其中的山和水时，你会不禁叹道，啊！圆明园何其美也。绮春园的入口官门已经重建，节日的夜晚，灯火辉煌，红色的宫墙玉柱，华丽异常，让人有疑是当年圆明园的气氛。西洋楼以南的长春园的几个湖泊均尚未整理出来，哪日生机再现，必是风光夺人吧！

我在北京生活了十年。这十年中，我经常到圆明园寻访，似乎它已是我生活中不可或缺的一块园地了。

远离城市的喧闹，在圆明园宽广而到处是松、柏、柳、杨树的小道上信步其间，享受着田野风光，享受着宁静的一切是那样舒爽，仿佛荡涤着人们的心灵。圆明园占地极广。十年前尚未开始整葺时，少有游客，至多是附近北大、清华和体育学院的学生。即便今日游客多了，但仍显得地广而人稀。在北京，乃在全国，怕很难再找到如此近地利而又开阔的公园了。在圆明园里，不论早晚晨昏，还是春夏秋冬，你尽可以看到一群群朝气蓬勃而又富于朝气的青年学子，或是游耍，或是跑步，然而更多的是朗朗上口，认真读书呢。还有三三两两或成群结队正在会神地写生绘画。他们和来此的游客有着相同的心境，刻意捕捉着圆明园的静、美、意、趣。我想，在他们心中，圆明园有着可歌可泣的一切，它所失去的已经太多了。热爱它的人们怀着诚惶诚恐的心情，就像再度怕失去它似的，如饥地描绘着它的情影和如歌的情怀。

而我亦醉意于圆明园的静，它那富于诗意的静。圆明园的清晨，漫布着烟岚雾气，特别是夏天的早晨尤其如此。信步其间，还常伴着鸟啼蝉鸣悦耳之声，令你耳际不禁响起贝多芬田园交响曲的第二章。圆明园的中午时分，若在夏季，尤其令人陶醉。每当盛暑时节，我总爱徜徉其间的树荫，或是消暑，或是看书，或是放眼绿得发油的树林，清风徐来，沙沙作响的音符，足以发人的绮思了。北京的夏天常有骤雨。有一回，我正在圆明园里看书，没料到乌云突至，不到十分钟光景，便是倾盆大雨，想避而无处躲，索性来个雨中赏园。兀然瞪着狂风大作，暴雨如倾的圆明园，唉！别是一番滋味在心头，永生难忘。傍晚的圆明园亦富情趣。若是夏天，西山夕阳下落，经常映红了满天，似乎连圆明园的树林，湖水亦要血染似的。"夕阳西下西山红，疑是蛮兵烧圆明"。秋冬的傍晚，圆明园愈是显现出天高气爽的感觉。西下的红日宛如蛋黄，映红了湖面，美极了。有一回我家子怡却直觉地说：爸爸，应该说照得满天都是金。是呀，应该说是金碧辉煌。此刻几行人字形的野雁正向南飞，子怡脱口而出：再见，小雁子，你什么时候再回来呢？触景生情，我不禁落泪。啊！圆明园的悲怆……

春天的圆明园，绽放着万紫千红，一派生机盎然。对比之下，秋天的圆明园更富于色彩的变幻。赤橙黄绿青蓝紫互相映照着。此刻你如在绮春园的西边小路上沿着小道崎岖漫步，你定会惊讶于如梦般的色彩变化，恍如奇境，非笔墨所能形容。干枯的寒冬，除了松柏，万木只余枯槁的树干，萧瑟极了。然而，若巧在阴历十五，盈满的月亮升起于树梢之上，一幅极富冷意的画面也让人仰天叹息。此刻，你或许但愿时光停止下来，就让天地永远的是"月上柳梢头"。四季轮回，春夏秋冬的圆明园尽管年复一年，但永远令人有种"期待"的感觉。期待着它的明天，期待着它的未来，因为圆明园已经岁月如流有二百余年了，然而最难期待着的是雪景中的圆明园。面对着皑皑白雪的圆明园，我想的只是王维画的山村雪意图。此外，我不知还能述说什么了。

圆明园的一天，圆明园的一年，圆明园的早晚四季各有其千秋。而且圆明园里的各处，或是小丘、小岗上，抑或是湖边，树荫小道，溪旁蜿蜒的小径无不各有其特色，其中的蕴含，耐人寻味。旅居京华十年，我是和圆明园结下了不解之缘。我刻意地追寻它的外观、内涵、意境和灵性。每当我漫步圆明园，我便有所感而有所发。我更加钟爱圆明园了。十年中，我不知在国内留下多少难忘的足迹，有带着春寒的信步、踏着夏草的脚迹、踩着秋叶的步履和白雪皑皑上的脚印，而令人奇趣无穷的还有湖面冰层上的蹒跚步伐；有我独自的漫步，有我热恋时的痕迹，更有我和子怡在园内的溜达。或许是从小养成的习惯，子怡每隔一段时间，看我不带她去圆明园了，便嚷着要去，说是要去听那儿的鸟叫蝉鸣，说是想去那儿遛弯儿。自然她也想念园里烤的白薯、果汁等等。除了在园内漫步，我们还喜欢荡舟福海或穿梭于绮春园的小溪，令人感到无限的怡然，无限的自得。

中秋时节的圆明园显得分外热闹。往年，附近几大院校的学生都要在中秋之夜在园内聚会欢度。而我们也年年与会。可惜今年的中秋之夜却显得格外冷清，北大、清华的学生少了。经过痛怆，他们或许游兴大扫了？我和子怡就坐在福海南缘"别有洞天"处的古码头遗址处赏月，耳际不时传来"二泉印月"的曲调。月亮时不时从云中显露出来。子怡说：爸爸，云破了月亮才能出来。我惊讶于小孩纯真的美感"云破月来花弄影"正是斯时的会意写照。

我的圆明园叙述是再说也说不完的。就再说件值得纪念的事。1984年，整理福海时，我曾去那儿。当时湖底已深挖，但尚未放水，我信步其中，居然发现得几块云母和破碎的碗片。想这些东西必是当年兵荒马乱之中丢弃湖底的。过了几天，福海放了水，游人可以划船了。报上报道这是自1860年中秋之夜皇帝游湖之后，120多年间第一次有人在其中划船的。

　　近日离京南来。临行前，我特意去了圆明园。望着略有寒意，晚秋意浓的圆明园，心中无限依依。我情不自禁地说道：啊！圆明园，我会再来的。

写于1990年春

怀古遗迹

中国是个文明古国，历史悠久。在960万平方公里的土地上布满了历代列祖列宗遗留下来令人遐想、怀古的遗迹。到这些地方亲临其境地游览、探访能予人一种历史的真实感。这比之单纯读历史书的感受了解要深入细致得多，特别是对历代事件，人物的功过评析，感触更深，印象更深。

我在大陆的十多年时间里，一方面自己在业余之暇，对中国历史有兴趣；另一方面对到各名胜古迹寻访亦很有兴致。这两者的结合，使我对祖国大陆的风光名胜有着深刻的印象，同时因之对中国的历史，乃至中国的文化、社会、人民，自以为有着较深一层的了解。尽管这些，一时尚不能完全吸收，但随着岁月的流转，它不时地在我脑海中翻转，引导我更深入地思考着中国的种种过去以及种种现在，乃至未来。

十多年间，我天南地北走了不少地方，下面就将到一些地方的印象、感受和兴趣（特别是有关历史的）的素材记下，或为自己的回顾，或与人共享。尽管这些不一定深入、成熟。

杭州

杭州以西湖闻名。西子湖是浓妆淡抹总相宜——诗人苏东坡的绝妙比喻，千古传颂，留给人们富于诗意的遐想和梦幻般的绮思。对比于西湖的美，我以为西湖边上的岳王坟更值得人们去寻访。

杭州我去过两次，第一次是在1978年秋，第二次是在1983年秋。第一次去杭州时，正值岳王坟整葺，不得其门而入。第二次去时，遭受"文革"破坏的岳王坟已经整修完毕，供人们参观景仰，然而"文革"期间的破坏虽经修复仍是显而易见的。

来到岳王坟，首先入眼的是座大殿，殿前挂着硕大的横匾，匾上书有苍劲飞扬的四个大字"还我河山"。这四个字及其美妙的书法概括着岳飞一生的戎马生涯、渗透着岳飞终其一生的亘古长青的毅力和信念。此种"毅"和"念"伴随着岳飞的冤案，给人一种悲剧性的感受。感受虽具悲剧色彩，但却不是无望或无奈。历史毕竟有其真理性、公道性。所谓"公道自在人心"。历史的真理或公道自然不是由权或势来支持，它是由人民和时间来确认的。没有说违反民心的事可以是真理，也没有说谬误可以经得起时间的考验。这所谓的"历史性""人民性"古今中外莫不如此。我在殿前伫立良久，凝视着岳飞的"还我河山"四个大字，揣摩着他书写时的意气。千百年过去了，这四个字依旧散发着生命的力感。对比之下，整个大殿显得陈旧而平凡，了无生气。大殿是后代的帝王给封号加建的，这些东西再怎样地刻意修饰，毕竟是死气沉沉。对于殿内的历代统治者的褒扬岳飞之词，我尤其反感。这些统治者一面赞颂忠良，一面又何尝不是在陷害忠良。虚狡的统治面具正是如此。

岳王坟内目前所遗留下来的文物，大都是明代以后的，明代以前的东西似乎绝无仅有。可能是战乱？兵马的破坏？岳飞死后埋葬于此不久，他的冤案就算给平了反，但很可能在整个南宋时期，人们还是不敢明目地修建他的坟，大肆地膜拜他的冤魂，所以才至今没什么明代以前的遗物。若如此，原因亦不难理解，统治者毕竟是统治者。历代冤案平反又翻案，翻而又平者，太多了，还有是一面在平反过去的冤案，又一面在制造新的冤案。一个既得势力的王朝覆灭之前，人民大众怎敢相信帝王是真的平反还是一时权宜之计？

坟内倒是有不少历代文人所书的感叹诗词，这些诗词有些耐人寻味，有些是发千古之悲叹。读后令人叹息者不少。明代所书"精忠报国"四字，简明扼要，是比较出名的。坟内碑刻不少，但其书法韵味气势皆比不上岳飞手书的，刻在墓道两侧的前后出师表。岳飞写这前后出师表是当年他驻守河南军次的某夜晚，夜深不能寐，遂向所住庙内的和尚要了笔纸，一口气写至天明的。岳飞不仅是位武将，也是一位文人，可谓文武双才。他的书法飞扬苍劲，无拘无束，潇洒自放，令人神往。我在那儿买了一本影印本，至今珍藏着。闲暇时拿出细看品味，会意岳飞书写时的心理境界，往往感触良多，也是很好的书法读帖享受。书法和音乐一样，虽经千百年，当时的作者的感情、思想仍然跳跃纸上，足令后人的品赏。到各地旅游，我喜欢购买当地出版的当地历代人士的碑帖。这些碑帖往往在别处买不到。在正统的书法作品集里，一般也难得一见，但这些作品却往往是非常优秀的。透过这些作品，令人知道中国书法的广度。这广度绝不是几个魏碑唐帖所能涵盖的。我想，或许只有透过旅游各地，才能得此经验、知识与享受。其中岳飞手书的前后出师表是佼佼者，当有其书法地位。

既然提到杭州，我想还是免不了提一下游西湖的有趣事。1983年我去西湖时，顺手在湖边的书摊上买得本《西湖诗词欣赏》。该书的特点是汇集了唐宋咏西湖的诗词，还说明了是从何地点吟诵的。当日，我便费了半日时光，照着书上的说明地点，仔细依景读诗、读词。果然是意味、境界、感受大不相同。其中不少还是当年我在学生时代的熟读句子，但只有这时才感到诗词中所言之具体、实在。据此而言，中国的古典文学名作大半是和四时景物有关的，如不依时依景而读，怕是只能了解得太有限了。

另外尚值一述的是西湖边上的孤山上珍藏着秦代的石鼓文（石刻）。大约是太宝贵了，锁在室内，参观不得，殊为憾事。

扬州

扬州地处长江下游，位于南京的江北方向。1988年10月我赴苏州出差，沿途在南京停了几天，见见朋友，然后顺道去扬州玩了一天。从南京到扬州的公路是近年才新修的，道路很宽广，质量也不错，应该是可以跑快车的。可惜沿途都是小拖拉机，农民晒的谷子以及不时还有的自行车、牛车等，使得汽车开不快，经过近两小时半工夫才到达扬州。

扬州是南方有名的城镇，历史上曾经是个工商业和文化的中心。扬州不仅在历史上是个经济工商业发达的地方，其文化方面的成就，尤其可观，如著名的"扬州八怪"就产生在这儿。历史上，扬州又称广陵、江都，是南北、东西的交通枢纽。就是今日，当你一到扬州，便深感文化的气息。

扬州有名的瘦西湖，今日整理得井井有条，而且在原有的基础上又不断地往外延伸修葺。扬州城近年也在不断翻新。横贯市中心东西的大街是有计划地整片拆建。新建的大街，仍然注意保持古城的特色，新的建筑也注意保持和原有古迹的协调。同时市区南面仍然刻意保存着明、清的一些建筑，诸如茶楼等，可以方便人们休息品茶。我在大陆也算跑了不少地方，很多古城的改建都不免将原貌给毁了。能如扬州这样有条理、有计划的改建殊是难得。

话题回到瘦西湖。瘦西湖的确是美丽异常。依我之见，胜过苏州的园林和杭州的西湖。瘦西湖兼苏州园林的娇好和西湖的宽广舒旷，而且环境整理得很干净、清爽。不如苏州园林原本窄小，而今日又是旅游时代，游人如织，直如闹市，实在破坏了古朴风韵的气氛。清朝乾隆皇帝曾南下江南也在扬州留下足迹，瘦西湖就有几处乾隆年间的古迹。我在瘦西湖转了一大圈，徜徉碧草如茵的绿草上，虽是晚秋意浓，但到处是菊花的海洋，望着碧蓝的天空倒映在湖面上，又衬托着琼楼亭台，不禁有感大好河山任我抱怀也。

扬州尚有多处古迹，如唐代名僧鉴真的所在大明寺。可惜今日的建筑是前几年才修建的，除为人凭吊外，已无何古意可言。还有就是市区西沿的一座八角亭，当年太平军曾为守此亭，和清军血战多日。我打算登楼远眺扬州城，可是已做他用，不开放，甚是可惜。另外就是城东的一个阿拉伯王侯的清真寺院式的墓地。从此可见当时扬州城可是个国际城市。

史可法的衣冠冢就在扬州城的北边。袁枚的名作《梅花岭记》是多年前高中时念的，但至今印象犹深。原以为梅花岭是个小山头，必在郊区野外，其实，梅花岭只是个人造太湖石的小假山，高度不过两米左右，大小如一个大院子而已。袁枚的《梅花岭记》对史可法当时力守孤城的境况有着感人肺腑的描写。今日的"史公纪念祠"内尚有一些史可法的遗物如佩剑等以及手书遗稿。依我见，史可法的书法也是很有风采的。我想买些史可法的书法作品以及袁枚的《梅花岭记》一文，但均落空。据管理人员讲，该祠尚在整理中，故不少东西均阙如，甚是遗憾。祠内的对联："数点梅花亡国泪，二分明月老臣心"很是感人！

扬州的博物馆有多个，均是利用原来的古寺。展出内容相当认真、丰富。我在博物馆内停留多时，了解了不少有关扬州的历代政治、经济、文化的发展情形。

展出内容中印象深刻的是在清兵"扬州十日"屠城后的数十年，有个当年是小孩的幸存者依照当年印象所画的屠城图。图中到处刀枪血海，恐怖之极。此事虽已过三百年了，但今天人们提起，应尚悲哀，诚民族之痛事也。

扬州虽处江北，但具典型的江南风光。城内尚有多处名园，即如"个园"。大运河绕城而行，如果好好整理，应是风光明媚的。唐诗云：烟花三月下扬州。可见三月的扬州一定是充满着诗情画意般的美。但愿他日再游扬州，并赏唐诗宋词中的咏扬州句。

［附记］

游罢扬州，准备乘车返回南京时，没料到当日返南京的车票均已售空。真是一时着急，因为留下过夜可是麻烦事也。就在这时，突然看到离售票处不远有个窗口，上面挂着"台湾同胞接待站"。字体还是少见的繁体字。这是1982年以后的新生事物——为大量返乡的台湾老兵服务。急中生智，我便跑过去向窗口的人讲了我住北京，但是台胞，希望能买票回南京。同时出示我的工作证，上面写有我的籍贯。该办事人员望了我几眼，便带我到售票处的后门，让我在外面等着，他自行进去里边。一会儿，他又出来带我进去付款买票。原来，票没卖光。他们总是保留几张，以备"急需"。这是大陆上各种形形色色售票的共性。

镇江三山

镇江地处长江下游，紧挨着南京。如果从南京乘火车往上海方向走，也不过一小时多就到达镇江了。

镇江自古是长江重镇，而且是重要的经济中心。清末以后，这个角色逐渐为上海所取代了。镇江依临长江，宛如长江之咽喉，是个军事要塞，自古就是兵家必争之地。历代南北对峙时，镇江总是扮演着举足轻重的角色。历代名将，大诗人辛弃疾、姜夔便曾在此驻守，留下过脍炙人口的诗篇。

镇江有三山，即北固山、金山和焦山。

北固山靠近市区，紧接长江，而且地势高。远眺长江，形势异常险要。今日的北固山，就建筑而言，已无何可观之处。倒是流传着刘备招亲故事，以及辛弃疾、姜夔等人驻守于此时所写的千古绝唱诗词，令游客有着深深的"白云千载空幽幽"之叹。

北固山附近就是著名的甘露寺。见此寺，令人联想起汉朝的甘露事变（但地址不在此处）。和北固山一样，甘露寺今日也无甚可观之处，倒是那场宫廷政变，杀得天昏地暗，几乎把老本都赔光了。

金山寺因传说中的白蛇水淹金山寺而出名。金山寺亦临江边，是个建筑在山腰的建筑群，气派不凡。而且造型有其特点，不似一般庙宇，几近千篇一律。金山寺的建筑应该说是杰出的、脱俗的名作。金山寺山脚下的风景区也是配合着整个金山寺的。这些风景区，地方开阔而且多是湖泊，我去时（1983年秋）正值荷花盛开的时节，相当宜人。从这些地方远望依山而立的金山寺，有着类似北京颐和园从昆明湖眺望万寿山上佛香阁的感觉。

镇江三山中最具文化色彩的是焦山。焦山是个岛屿，正处江中。其中有个寺院，内有著名的书法名牌"瘗鹤铭"。我去时，正见工人们正在塔建一个小亭子，保护好它。从清末至1949年，中国的古迹文物基本上放任自流，难有系统的整理、保管。1949年后，"文革"前，政府对此是相当重视的。可惜"文革"中破坏惨重。最近十年，我几乎每年都外出，显然感到各地政府是有计划地在修整古迹，而且一年比一年地有成效、进展。所见"瘗鹤铭"的保养就是一例。

焦山还多处留有郑板桥当年读书、生活的足迹，郑板桥是位不拘传统，而能开创新风格的书法家和画家。他是"扬州八怪"之一。所谓怪者，正是创新的表现。依传统的老观点来看，怪，不顺眼，正是有发展的结果。否则，不怪，顺眼，就没有生命力了。中国传统习惯势力中的排挤新意，否定新意、奇意，正是社会进步缓慢的原因之一。在今天的社会中，时时不是还有个无形的笼子，有意无意地罩着人们吗？

焦山脚下还有一些炮位阵地的遗址，是清末时抵抗外来侵略的历史遗物。

焦山环境幽静，古意盎然。可惜附近江边处就是一座水泥厂，竟日浓烟滚滚，大杀风光，并且污染严重。这种情况不予改变，怕焦山不出几年亦难逃池鱼之灾。这与我1988年所见注重环境治理的扬州，差别很大。但愿今天的镇江焦山已是"干净之土"了。

苏州

俗话说：上有天堂，下有苏杭。

苏州在中国历史上曾经扮演过重要的角色。历史上的苏州是吴国的都城。

建城至今已有2500年了。历代的苏州是文人荟萃之地，出过很多很有才华的艺术家、文学家。且不说别的，你如果注意一下宋代以后的书法家、绘画大师，十有五个是出自苏州的。所以如此，与苏州是中国南方兴盛的手工业、丝绸业，以及商业的中心有关。

苏州号称是东方的威尼斯。元代马可·波罗也曾来过苏州，当时苏州的繁华给他留下了深刻的印象。苏州的水渠其实是大运河的一部分，当年是主要的交通工具。苏州城内因为布满水渠，所以相应地到处是桥。可谓是小桥、流水、人家了。这些大大小小的桥的造型均极雅致，富于古典美。著名寒山寺外的枫桥是较典型的代表。

除了桥之外，由于军事上守卫的需要，苏州城池又有很多的门。这些门有的至今尚在，有的只余地名而已。这些门有金门、阊门、盘门……今日的盘门已经维修得相当完整。盘门的结构还遗留着周代的城池建筑格式，所以是很珍贵的。

苏州的庭园举世出名。70年代末期，中美关系改善，经两国文化交流协议，美方花了几百万美元复制了苏州庭园的一部分，搬到纽约大都会博物馆，称作明轩。所谓橘生北方变了味。明轩我曾去看过，和苏州的庭园的趣味相去太远了。

1975年春天，我第一次去苏州。南方春天多雨，细雨蒙蒙，而且到处花木盛开，万紫千红。那次游览苏州园林给我留下了毕生难忘的美好印象。

苏州的园林场坐落在城内，地方也不大，但是对空间做了最大的利用。所以虽然是小小的一个园，在里面可以东转西转，让人感到空间的延伸。此外，就是注意造景、取景，从不同的角度可以观赏到不同趣味的图景。园林内的三个主体是假山、石头，突出一个趣字；古色古香的建筑，突出一个雅字，以及美丽色彩的花卉竹子，以为衬托。所以要能欣赏苏州的园林必须是游人绝少，安安静静地在园中漫步，方能得其妙处。1975年时，园内游人尚少，可是1988年秋天我再去时，游人如织，园内摩肩接踵，而且到处是台湾乡音的旅客。这怎能叫赏园呢？

苏州园林的历史少则上百年了，有些已有三四百年的历史。几百年来，园林历易其主。显然这些主人均是艺术家，或有艺术家做其参谋，所以园林虽然历代均难免有扩建，但均能保持它自己的独特风格，而不遭破坏。这点是很难得的。每个园林的风格都很特别，比如狮子林，以趣石如狮子出名；拙政园以古朴、淡雅著称，反映一种远离官场尘俗的超脱意念；而网师园则突出一种优雅的静美。

到苏州游览以春天为宜。我前后三次去过苏州，一次是春天，另两次是秋天（1978年、1988年）。春秋相比，气氛相去甚远。唯有春意似乎才能衬托出苏州园林的美。

苏州尚有几处古迹，比如虎丘山、天平山均在郊区，遗留着春秋时吴王、西施、孙武等人的足迹和美丽的传说。

城南的沧浪亭是顾炎武当年的住所，亦值一提。

苏州城内坐落有当年太平天国忠王李秀成的王府，也就是他的办公室。太平天国的晚期，南京方面的天京由于内讧，自相残杀，局势急剧逆转。这时期主要还是靠着李秀成在苏州一带辛苦支撑局面。李秀成是个有争议的历史人物。他被俘后在狱中所书太平军的起事过程对曾国藩是极其不利的，因为其中对湘军的腐败揭露很多。李秀成的文稿受到篡改，并被曾国藩先斩后奏。历史应还其本来面目，李秀成死时还不到30岁，可谓英年早逝。对他的历史角色和地位应该予以肯定。

"姑苏城外寒山寺，夜半钟声到客船。"寒山寺可说是苏州的象征。唐代诗人张继落榜长安，经苏州返乡时，顿感人世不平，遂写成这首诗。倘若他当年科举及第，万事如意，今天大约没有人会知道他，也不会有《枫桥夜泊》这首唐诗，而张继在唐代文学中，自无何地位可言。何谓坏事、好事，实不能以眼前一时之标准来衡量。

1988年秋，我到苏州大学参加学术会议，晚上夜深人静时，我独步苏州城郊的运河边上。望着缓缓流动着的渠水，江中的不眠渔火，以及苏州古老的城墙，不禁古意盎然。人生难得几回如此享受这种意境也。

1988年的苏州和1975年时相比有不少变化。可喜的是新建的城市均在西边，而苏州老城仍然保持着原貌。但是这些老城内的住房卫生条件，确是不好。如何保持老的建筑外观，且能改造好居住的条件，也不应忽视。听苏州的朋友讲，这是一个重点课题，已有不少改建住屋内部条件的方案。

我有个遐想，哪日退休，有闲工夫时，能在苏州住上一段时间，仔细了解苏州的历史、文物、艺术的古今大观，那该多有趣、难得呢！

南京

六朝金粉南京具有典型的江南风光。中国语言中向以山水替代风光、风景，可见有山有水之处方具备称得上好风景的基本条件。南京不缺山和水，著名的山有紫金山，水就更不乏了，有如玄武湖、莫愁湖等。

我南京前后去过三次，第一次是1975年，另外两次分别是1983年和1988年。

紫金山上的中山陵是大家熟悉的。中山陵环境优美，建筑雄伟。整座陵园的色调是蓝色的琉璃瓦，雪白的汉白玉墙、柱，以象征国民党青天白日的党徽。对台湾来的人觉得比较突出的是陵园中有个大碑石，上书"中国国民党葬总理孙先生于此"。此外孙中山陵寝外两侧刻有孙中山先生的建国大纲，亦予人深刻印象。一代伟人就长眠于此。

大陆上的一些上层人物有谓，孙中山的理想，共产党人业已完成，并且大大超过了。这是不很贴切的。盖孙中山先生的理想崇高，他理想中的中国是个屹立于世界的中国，经济生产发达，社会有公义，人民生活水平高，安居乐业。显然，今日之中国离他的理想还相去甚远。

1983年我去中山陵时，看到很多游人，特别是青年学生胸前均佩戴着旅游纪念章，上面是孙中山先生手书的"天下为公"。这是民心的表示。

南京的雨花台埋葬着多少20年代至40年代勇于追求理想、献身于中国人民解放事业人们的身躯。这些牺牲者所追求的可爱中国，今日如何？倘若这些人英魂再现，是否能不再蹈历史之覆辙？有人说，假如鲁迅不死，他今日也难免劫数。是耶？非耶？中国的历史似乎是在循环的圈子里打转，几时才能建立一个不用血和死亡而能正常运转的政治制度呢？雨花台今日苍松翠柏，但来此凭吊的人们一定心潮起伏，忆想当年的孤魂野鬼今日得以安息否？雨花台的入口处是一组当年狱中人物的大型雕刻。许多游客均在此拍照留影，或凝神注视，是冀望神州大地永不再有此悲壮的事迹？

南京城内的古迹不少，有如明代替朱元璋打天下的名将徐达的王府，今日已辟成公园。但我以为比较值得一游的是洪秀全的天王府。当年太平军打入南京时，正是盛气的高峰。历史是后人徒为前人可惜。太平军在南京的迅速转化，终于导致覆亡。参观天王府，抚今追昔，令人浮想联翩。

城南的中华门是明代的遗物，城墙几道，甚是宏伟。离开中华门不远处就是有名的夫子庙。夫子庙原是孔庙的所在，抗战期间毁于日军的轰炸。以后遂成不雅之地。1988年我去时，夫子庙已重新修建完好，建筑仍保持当年风格，而且是专卖古玩、小吃的旅游胜地。夫子庙的前面就是著名的秦淮河。秦淮河也已整理干净，游人可在其上泛舟、赏景，体验古老金陵的气氛。秦淮河两岸入夜后，尽是人潮，街道两旁都是卖小吃的。这些小吃摊贩有些甚至是从远处安徽来的，这也可见这些年市场活跃的景象。这些小吃中有一种是很独特的"臭豆腐"。小时在台北所见臭豆腐炸前是白色的。但今次所见却是黑得发亮，一如木炭。我一时口馋，同时以为油炸的东西总是比较卫生，便也吃了一块，味道也是不坏。

南京城郊有部分城墙遗址是三国东吴时遗下的，年代已经很久远了，甚是宝贵。我是骑自行车去的，但不得门而入。城墙里外均以铁栏杆围住，只能在外面照相留影。

城郊的扫叶楼亦有名气，是当年一些名人读书的地方。扫叶楼的山上是当年南唐的宫殿遗址。其中有口井，传说是李煜所用的。李煜的词千古绝唱。他被俘前的词缠绵悱恻，莫非写就于此？而今日此地已是一无所有，但余荒烟蔓草而已。

燕子矶在南京郊外，紧挨着长江。因地势颇高，故由其上眺望长江，可以看得很远。所谓"滚滚长江东逝水"确是如此。1983年时我曾登上燕子矶的最高处，望着西来东去的江水，感触颇深。苏东坡说是"浪花淘尽英雄"，想他对长江的了解是很深刻的，故能有此名句。燕子矶上立有乾隆的手书碑刻"燕子矶怀古"。乾隆六下江南，他很可能来过此处。

说起清朝皇帝的碑刻，我得提一提明孝陵内的康熙手书"治隆唐宋"四字碑刻。康熙的汉文是不好的。他在西湖的题字"曲院风落"的曲字还写了别字，应有"麦"旁部。这几个字"治隆唐宋"字体也写得平庸，但是很会揣摩汉人的心理。说朱元璋的功绩，治隆唐宋，是吹过了头。另一理解是一代胜过一代，明代胜过唐宋，我清代自胜你明代了。

南京更远处有栖霞山，是著名的古寺。栖霞山上有隋代的佛雕，但经不起风雨的侵蚀已经逐渐剥损。栖霞山上有小径通往高处，可以远望长江，因为图标不清楚，我费了不少功夫也找不到路，只能放弃此念。

最令我意外与惊奇的是在从南京去栖霞山的道路上，有三座南朝的梁代的古墓。古墓至今只余碑刻，无甚可观。但是当年的墓道（今日已不可见）上的几只怪兽，历经了15个世纪，其间多少风吹雨打，日光暴晒，冰雪寒冻，但却形状完整，少有损坏。这几只怪兽的体积相当大，而且造型粗犷，和明、清以后的狮子相去甚远。这几只怪兽的造型相近于西安唐武则天墓道上的怪兽，但年代上要早一百多年。从此亦可见南北朝时，中国历经人口大迁移和与北方的少数民族大混血之后，一改汉末以来的颓弱气质，益显豪迈粗犷，这和宋以后的文弱之势是大相径庭的。一个民族如果没有吸收外来的文化、经常吐故纳新，最后总是要衰亡的。

我凝视这几只怪兽良久，也叹服当年的工匠很有选材的眼光，否则经过1500年，这些石料早就破毁了。另外一奇的是在墓碑上还见到一些阴文（字体相反）。我后来问过一些历史学者，但都解答不出原因所在。我是骑自行车去的，也因此才能有机会见到这些古迹。一般的旅游，特别是旅行团，大约是不会有此机会的。

有一回，我骑自行车到南唐二陵。那是李后主李煜的父亲和祖父的墓地，50年代时，在一次工程开挖中偶然发现的。在途中的小道上，我偶然看到标示到郑和墓地的路牌。我顺着路牌指示的小路崎岖而行，沿路问当地的村民，但都不知晓有郑和的墓地。我几次想放弃，但又觉遗憾。直到最后，功夫不负苦心人，终于在荒郊野草中，找到了。郑和的墓地不大，和古代达官贵人的相比，也很勉强，且不说和皇帝的相比。郑和不仅是中国，也是世界历史上的伟人。见此光景，我不禁感慨。那些以帝王和世俗贵人为标准的"被颠倒了的历史"是应该重新"再被颠倒过来"。中国自宋代以后，逐渐式微，其来有自。

曲阜

从北京乘火车南下，经过济南、泰安，再往南行就到了兖州。如果你在兖州下车，换乘汽车，再约一小时就到了曲阜。

曲阜是古时鲁国的政治文化中心，也是孔子的故里。因为孔子是中国历史上，也是世界历史上有名的，影响非常深远的思想人物，所以到曲阜一游，自然是令人感兴趣的事（相信很多人均感如此）。

曲阜是个很小的城镇。1980年我去时，整个城镇给人的气氛，宛如50年代，我小时候在台湾花莲那样小镇上的感觉。曲阜虽然说是春秋战国时的古都，事实上大都是明清以后的。而且和孔子有关的遗迹莫不套上历代皇帝所给加封的外衣。因此现今你在曲阜所感觉到的气氛大都和"神圣"联系在一起。这些肯定不是本来的面目。孔子本人及其思想经过历代统治者的塑造、改造，早已不是原样了。

对于从小在台湾受教育长大的我，因为熟读《论语》，所以对在曲阜的所见并不陌生，反而有"《论语》上所描述的，原来就是这个样子的"亲切感情。

曲阜的孔庙，孔府、孔林是有名的三孔"胜地"。孔府是孔子后人，历代祭祀官的住处。祭祀官，通俗地说，就是孔子家庭的传薪接棒者。这祭祀官，历代皇帝对他都得客客气气，不敢多加怠慢，皇帝还给食禄，保证其生活。为什么？无非表示皇帝尊重圣人、德被其后嘛！而且不管改朝换代，保证名利不损，饭碗不破。这实在是"史无可比"的铁饭碗。就是今天，孔子在台湾的后人不也是有官可当，而在大陆不也是有当政协委员的。我只能设想，这是历代统治者的"秘密武器"之一。话题回到孔府。孔府其实没什么可看的。里面房子之间的距离意外的近，阴森森的，简直可怕。

孔庙是历代祭祀孔子的所在。整片的建筑群，规模不算小。周围由三米左右高的围墙圈着，这就是论语上所说的"万仞之墙"了。孔庙的中心是大成殿，其中供奉着孔子的牌位。小时候所读教科书上的孔子画像（现在想还是没变）——唐吴道子所绘，就高悬在此。可惜原来的画在"文革"中给毁了，我见时是照原画的样子又复制了一张新的。"文革"中，孔庙的古物可能受到很多破坏，因为，1980年我去时，很多地方均空空荡荡，不然就是在整修。这个大成殿其实是仿照北京故宫的太和殿，自然规模要比北京的小很多。此外，大殿周围空间小，因此显不出雄伟庄严的风格。殿前的柱子，虽说是受皇帝的特准，雕上了龙，其实照我看，反而是破坏了原来建筑的美感。不过据介绍，柱上的龙，就雕刻艺术而言是珍品。可能我不懂，或对之有成见，看不出所以然来。

说起龙，它是历代皇帝的专利品。上海有个豫园是比较出名的。豫园的围墙上攀着几条龙。当时的主人（明代）不知何以如此犯忌。果然新居落成不久，就有人向皇上告发，说房主想造反，当皇帝。这下主人吓坏了，不诛九族才怪呢！这主人也够狡猾或是聪明绝顶，硬编造说是其母病中梦见皇上遣龙下来恩宠一家（大意），所以此龙非它，乃当年皇上。主人一家受此皇恩，自当下跪，高呼万岁了。这才避免了一场浩劫。中国成语中的"叶公好龙"比喻人表里不一，口头说喜欢什么，等事到临头，却吓坏了。叶公为何见到真龙反而害怕呢？依我之见，这是由于龙和杀头紧密的因果关系所致。叶公不傻，他知道如此一来，肯定逃脱不掉"诬蔑不实之词"，结局就是掉脑袋、诛九族。即便哪日得到平反，怕也枉度此生了。人们讥笑叶公怕真龙，实在强人之所难。中国的成语是历代生活哲理的结晶。"叶公好龙"这成语深刻反映了中国历代封建统治的残酷性。

大成殿的正对面就是杏坛，是孔子当年讲学之处。据传当时有棵杏树，故曰杏坛。今日仍有一株杏树，想是后人所植。孔庙里尚有棵柏树，传说为孔子手植。有趣的倒是树旁有个刻石，好像是明代（记不清了）所刻。其上就是刻的这株柏树。对比之下，刻得还相当真实。几百年过去了，柏树长得又高又大，生命力强盛，反而刻石已相当残破了。有生命力和没生命力的对比是如此分明。

孔庙内最具文化价值的是数不清的碑，更可贵的是有不少汉碑。难得的是有组孔子周游列国图。虽然刻的是孔子周游列国图，其实反映了不少古代的生活、科技生产等活动的情形。这类碑刻，从科学史的角度来说，应具有很高的价值。此外大量的碑刻书法，不乏上乘之作，但可能是因为要突出"颂扬圣人圣道"，所以字体大都保守有余，少见潇洒之作。特别是大量的历代大臣的歌功颂德的碑刻，字体都是谨小慎微的馆阁体。虽然孔庙的碑林和西安的碑林并称中国的碑刻圣地。二者相比之下，孔庙的碑林要逊于西安的许多。其原因，我想是坏在一个"卫道或护道"上了。

孔林在曲阜的郊区，是孔子家族的墓地。几千年来，孔子的家族一代一代地在此埋葬，形成了一个少见的大墓群。孔林规模之大，历史之久远，我想是举世无双的。

一般人到孔林，如果是乘汽车去，便只能在入口处下车，然后在入口处的中轴线上游览参观。中轴线上有几座享殿——举行祭祀仪式的殿宇。1980

年我去时，所见这些建筑均已相当破败。显然随着时代的推移、变化，这些建筑物已失去了它的作用。沿着中轴线往北走不远，就到了孔子的墓地。墓碑上刻着"大成至圣先师孔子之墓"。整个坟墓只是个大土堆，倒无特别之处。左边有个碑，上刻子贡守墓处。根据《论语》的记载，孔子死后，子贡曾在此守墓三年。对于熟读论语的我来说，见此光景，心中不禁涌现着一种亲切"久违了"的感情。墓的右边，竖有好几个历代来此膜拜的皇帝所遗留下的碑刻。记得有宋、明、清等朝的皇帝。这些碑刻或有史料价值，可惜均无整理，不少不仅看不清楚，且有残破现象。

想要深入孔林内部去探个究竟，便只能依靠自行车了。因为孔林很大，而且受时间的限制，那次我也只能在孔林的一部分做线条式的巡礼。根据地图上的说明，很多地方怕也是去不了的，举如其中的汉墓区、晋墓区。那是汉、晋时的墓葬地。这些地方不仅没有道路可去，而且又在乱草、树林中。即便是以探险的方式进去考察，怕非一组人马，经过充分准备不可。从此亦可推知，历代的孔林位置是不断变化着的，而且不断地在扩展。

我沿着主道绕孔林转了一圈，也费了几小时。算是走马看花，很多地方也不能久留，主要原因是大量的蚊虫追着猛跑的缘故。沿途所见，尽是密密麻麻的，一个紧挨着一个，一望无尽的墓碑。我想这应该是世界上最大的墓地了。不是身临其境，很难想象世界上有如此之大的墓地，实在令人叹服。一路所见墓碑，大多是明代的。每块碑上都相似刻着孔子几世孙某某公之墓等字样。一般的墓地都很小，只够一个墓碑大。比较出名的，当过官的，或者考过进士等的，受过皇上加封的，墓的规模便大些，有些规模也不小，而且还有墓道，墓道两旁还有石像、石兽等。清朝以写《桃花扇》出名的孔尚任的墓地也在孔林内。他的墓地规模就很大了。

我想孔林是个有待开发整理的历史宝库。单是那些地上的碑刻就不知蕴藏着多少历代正史上可能没有记载的、失散了的、误谬的，甚至是被歪曲了的史料。就其地下而言，中国人过去讲求以有价值的东西陪葬，也不知埋着多少宝贵的文物以及史料。孔林是个罕见（或是绝无仅有）的家族墓葬群。研究其中的家族脉络迁延，必然是个和社会发展、历史文化演化有关的、有趣的题材。我以为不能将孔林单看成一个墓葬地的原因就在这儿。

泰山、泰安览胜

泰山是五岳之首。古代的人把泰山看作是神，以为它具有灵气。所以从远古以来，就有朝拜泰山、膜拜泰山以及登泰山的习惯。

秦始皇可说创皇帝亲临泰山、封禅的先锋。在他之后，如汉武帝、唐明皇等武略雄伟的皇帝都来过泰山封禅，显耀自己的功德。

自然历代的骚人墨客、名人名士也都以来泰山一游，视为莫大的心愿。

也因此，千百年来，便在泰山一地遗留下大量的书法碑刻。游客从山脚下的泰安县城往上行，在到达泰山之顶——玉皇顶的沿途，均随处可见历代皇帝、名人以及各类官员的手书碑刻，碑刻的内容，有记载史事，颂扬泰山的，如皇帝的封禅，也有歌咏泰山的形势险峻，以及抒发个人人生遭遇、咏情等的。这些作品很多均具有很高的历史文物价值和书法艺术价值。如果你喜欢了解历史，泰山上的碑刻就是丰富的历史事迹博物馆，碑刻上面记载着哪些皇帝曾来此封禅，哪些历代名人、诗人曾来泰山一游等。如果你又爱好书法，这些大量碑刻书法令人大开眼界。泰山山上的刻石令人感到一种书法的雄伟气派和大自然之美相结合。这种大自然衬托下的书法美感是很独特的。它具有普通碑帖作品所不能有的一种英豪气派。从这个角度看，我想泰山的碑刻体现着中国书法艺术的另一种空间境界的艺术感。游览泰山，你如果有这两点概念，便能得其所趣了。这是我的观点看法。

李斯是秦始皇的宰相。秦始皇到泰山封禅，想当然李斯也跟随来过泰山。在泰山的山腰便刻有李斯所书写的小篆，字数不多。但是因为是刻在山间的河床石板上，等人走到跟前时，因为字不小，而且散布的空间也不小，所以便难看清整个作品的全貌，除非是从高处天空往下俯视，方得见其全貌。记得电视台有过介绍泰山风光的节目，其中便有从空中鸟瞰此作品的镜头，能够摄此镜头肯定是动用直升机了。李斯的这块刻石刻在河床的石板上，千百年来上面经流着河水。河水流着总会侵蚀着石块。我想这些刻石在历代定有重刻、修整好的。否则能保存至今也是奇迹了。

在离泰山山顶不远处的一个小山山腰上，有个劈山而成，上刻有上百字，而每个字有近半米见方大小的碑刻。这个气势宏伟的碑刻，从很远处便清晰可见。唐明皇手书、刻于唐开元年间的这个书法作品可谓苍劲、潇洒，透露着一种非凡的气派。那年（1980年）夏我登泰山时，便曾从远处（以欣赏整个作品的完整气派）近处（以及仔细揣忖每个字的细微笔法走势）伫立、凝神观赏此碑良久。我当时实在慑服于该碑刻的豪迈气势，心潮似是有感而起伏。透过这个矗立于山巅之上的、与大自然融于一体的，充满英雄气概的书法作品，我似乎感受到唐朝盛极一时的气宇。透过这个具体的书法，也让人认识到唐明皇当年的雄才大略。从史书上读来的对唐明皇的印象，究竟与亲眼见此碑刻的感受相差很远。所以说，历史不是一堆枯燥文字的积累，通过实地实物来认识历史、了解历史，才能有助于真实地了解历史的本来面目。

就泰山的自然风景而言，比起黄山自然不可相提并论。但因为泰山周围地势均不高，所以仍然凸显出泰山的屹立挺拔。从中天门至南天门（接近山顶）是有名的十八盘。从中天门往南天门望去，阶梯式的盘山石道节节升高，如入云霄，气势是够大了的。南天门处有个城墙正好压住山口，成语"一夫当关，万夫莫开"源自此景，说的实在不假。

登泰山，过十八盘需要点毅力才上得去。令人难忘的是沿途但见得一些小脚老妪，她们以乌龟的步伐，锲而不舍的毅力，艰辛地一步步往上爬，手中还拿着供品，是到泰山顶上上香膜拜的。当我们快上到南天门时，天色已晚，不一会儿工夫，云气全都围了上来，望着前头高处的南天门，风声呼呼吹响，真有入鬼门关之感，毛骨悚然。

十八盘沿途还见得不少当年红卫兵刻的毛泽东诗词。这些都是匆忙之作，谈不上艺术的作品。另外值得一提的是路上有五棵柏树，号称"五大夫"。这五棵柏树是秦始皇当年封禅泰山时所命名的。因为皇帝给加封的，而且有官位，一般人自然对之尊敬万分，不敢毁的。现在的"五大夫"是乾隆年间种的，也有200年了。

我们上了南天门后，便在山上过夜。山上旅舍，谈不上什么条件，而且潮气很重。几个年轻管理人员见到我是台湾人便很热情地为我们倒茶。当时已过了晚饭时间，他们还热心想为我们煮面。然而，我们已很累了，吃不下，婉拒了他们的好意。睡觉前，便和他们闲聊了一阵子，打听好第二天上玉皇顶的情况，同时也议论一下时事。就他们的感受，日子是比前几年好多

221

了，至少游客比往年多许多。倒是他们在山上有好多年了，还是第一次见到台湾同胞来过。

第二天清晨一大早登上玉皇顶。顶上此时已聚了不少人准备观日出，可惜当日云层厚，没见到什么特别的景象。等日出后，我们便在山顶上转了一圈，所见山石上，尽是碑刻。在一处平台上，我们果然见到昨晚登十八盘的老太太们在烧香拜佛。十年前，"文革"后不久，公开烧香拜佛的人还很少，而且主要是老太太们。不似今日大人小孩，年轻的年老的都有。望着这些老妪，令人感受到中国农民的毅力和虔诚之心。

泰安的岱庙是历史上皇帝祭祀泰山的所在。今日岱庙内含丰富的史迹和文物，其中最突出的是一幅明代的大壁画，内容画的是王侯出猎图，人物造型栩栩如生。明代以前的壁画今日所留无几，所以甚是可贵。另外庙内藏有甚为丰富的历代珠宝珍品，设想都是和膜拜泰山有关的。庙内有几棵古柏，相传是汉武帝来此封禅时所植的。

有名的隶书"张迁碑"就珍藏在岱庙。成于汉代的"张迁碑"内容记载了张骞出使西域的史迹。就书法艺术言，它是隶书的代表作。2000年前的古碑至今尚存，弥足珍贵。我见张迁碑和其他不少名碑均外套玻璃框架，不许人抚摸，可说是保存完好的。

成都

成都古为巴蜀首邑。三国时，成都是蜀汉的建都之地，历史是很古老的了。

成都的古迹主要是和春秋战国时的秦代、三国时的蜀汉以及唐代安史之乱后的大迁徙有关。相应的古迹有都江堰、武侯祠以及杜甫草堂等。

都江堰在成都郊区的灌县，是秦代李冰父子引岷江江水灌溉的不朽水利工程。由于都江堰的建设成功，才使得秦国的生产力一下子上升起来，国富民强，奠定了日后统一六国的经济实力基础。不仅如此，历代成都所以能扮演举足轻重的角色，也是得力于此。即便今日，虽然古老的都江堰工程已由现代的小坝所取代，但整个水利工程的系统仍然沿袭李冰父子的设计。了解这些，你就知道李冰父子所建造的都江堰工程是有着不朽的历史功绩的。

都江堰工程的基本思想有两点：一是将岷江水流三七开。三分之一引来灌溉。同时在岷江中以人工做成一个小岛，以达成这个作用。由于四季岷江水流量不同，因此这个分流小岛的大小，高低便非常关键，以达到分流量常年不变的恒量。即在枯水季节，水量大部分流入灌溉区，而在水流旺季时节，大部分的水流能漫过分流的小岛流出，保证流入灌溉区的水量恒定，不致闹水灾。李冰在两千多年前便能精确计算岷江水的常年流量，而设计出这个人工小岛的准确大小，特别是水平高度，确实是一大科学成就。此人工小岛的前沿受水流冲击会自然损毁。李冰设计出用竹编筐装卵石的办法来抵挡水流的冲击。此方法非常成功，几千年来就是一直沿用这个方法。

工程的第二要点是引出的水流受小石头山阻挡，必须将之凿通，方能引入灌溉区。这就是今日所见凿通的宝瓶口，将岷江水流来个90度大转弯，以引入灌溉区。在宝瓶口所见水流，汹涌澎湃。以两千多年前的工程技术要凿通这个宝瓶口是非常不容易的。宝瓶口处有个李白祠，以纪念当年李白来此的事迹。李白大约见了宝瓶口，佩服李冰父子的不朽功绩，曾留下著名的诗句。

今日游都江堰大都是乘汽车到山上，下车后，先游纪念李冰父子的二王庙，然后下山来到都江堰领略岷江的自然风光，接着顺道宝瓶口，再走回灌县市区。

二王庙的历史是很久了。可惜，"文革"中毁坏不少文物古迹。整个庙宇，依山而筑，面积不小，且有气派。1978年我去时，但见工人们正在重新塑造李冰父子塑像。历代的建筑，有废有建，不该毁的给毁了。但拟依原样再造，我以为大可不必均如此。因为有些东西，再塑再造也无法恢复原样，且无多大意义。对待古迹，亦应有科学的眼光，如都江堰，应该多宣扬它的科学成就处，这总比简单地塑一些泥像来得有意义。这点应该多参考国外的做法。比如在美国，对自然风景区的介绍，多着重自然地质的形成特色以及生物活动圈的情况等等。但在中国，比如桂林的七星岩石灰层地质形成的岩洞游览区，都只在介绍一些毫无意义，不知何人编造的荒诞故事以及这个像水牛、那样像女仙等没有水平的形容。这确实是反映一个民族的科学文化水平以及思维分量的不同。

武侯祠是纪念诸葛亮的祠堂，诸葛亮死后并不葬在此处。祠内倒是有刘备的墓地，规模很小，只是一个小土堆。我猜测，在古代是先有刘备的墓地在此，而后人方于是处筑建起武侯祠，以纪念诸葛亮。从此，亦可见诸葛亮的声名早就超出过刘备的。

武侯祠的规模不小。内中有很多历代文人来此留下的诗词名句。尤其是一些对联，做得非常精彩。我最欣赏的是"能攻心则反侧自消，自古知兵非好战；不审势即宽严皆误，后来治蜀要深思"。此对联深刻揭示了诸葛亮的军事思想和诸葛亮对局势判定的拿捏准确。诸葛亮的功绩是知其不可而为之。从历史发展的大趋势来说，他要北伐中原，复兴汉室是不可能的。这点，该是料事如神的诸葛亮也非常明白。但诸葛亮能将有限的政治、经济资源做最大程度的发挥，可谓历史上少有的伟大政治家。读历史，大家可知历代多少皇帝、大臣是脱离时代，脱离人民，躲在深宫中，目不明，耳不聪，想当然地胡搞一通，没有动乱也搞出动乱的，多矣。历代人民肯定诸葛亮的功绩，怕正是这点吧！

成都的杜甫草堂值得一游。草堂就在浣溪沙畔。可惜这条历史上有名的溪水，今日已经所余无几，快将湮没消失。草堂是当年杜甫安史之乱后经长安来蜀避难时所居之处。杜甫在草堂住有几年，写有大量作品。草堂时期，是杜甫一生中重要的创作时期。今日草堂已无当年杜甫的遗迹。主要是一些后人的建筑。草堂内有个小展览馆，专门展出杜甫诗选的各种中外版本，内容相当充实，予人印象深刻。

成都市区尚有薛涛井，是唐代著名女诗人薛涛生活过的地方。在古代封建社会中女性能出人头地的是凤毛麟角。薛涛和李清照一样是历史上有名的女文学家。

此外，市区内，前几年新出土的五代王建墓亦值一看。

成都市中心原有蜀汉时期的古城，可惜"文革"期间遭拆毁，盖了一些仿斯大林式的建筑。成都市区"文革"后亦拓宽几条大马路，原有的古城风采可谓荡然无存了。这点比较扬州等地的城市改建，水平相去太远！

成都市郊区有个青城山，是风景区，号称"青城天下幽"。1978年我去青城山时，正值秋天红叶时节，但见青城山，层林尽染红霞，煞是美观。青城山上有佛寺。佛寺内有不少40年代于右任来此时所题的书法横匾、对联。于右任的书法有其特点，很容易认出来。可惜同行者大陆上的同龄人均不知晓于为何人了。

成都小吃出名。1984年，我去成都时，但见入夜后，整条马路边上尽是小吃摊贩，人群熙来攘往，好不热闹。小吃文化应当也是成都的特色之一。

成都一带历史上出过不少名士文人。成都周围的小城小镇有不少这些人物的遗址、故居，如新都等地。这些史料是只有当你到那里游览时，方能体验到的。这或许可以说是成都历代的"地方文学"或"乡土文学"？

灵渠

上文提到都江堰水利工程是历史上的杰作。还有一个建成年代稍晚于都江堰，但对中国的历史发展，特别是西南地区历史上的经济、文化乃至政治发展起过重要作用的水利工程，它就是秦始皇时期开凿的，位于广西兴安县（桂林北面）的灵渠。

兴安县境内的湘江和漓江两个水系是分流的。湘江由此往北流，而漓江则南流。话说秦始皇当年南征到此，越过两水系的分水岭，再往南行，便发觉粮草南运的困难。唯一解决的办法就是凿通分水岭，将两个水系联接起来。为此，尚需解决两个问题：

一是湘漓两水的水位高度不一，漓江水位比湘江低，因此需解决水位差的问题，使得北从湘江南来的船只能够降低水位，驶入漓江，而从漓江北上的船只能够在此升高水位驶往湘江。两千多年前伟大的工程师所采用的方法就是今日我们所用的水闸的方法，来提高或者降低水位。

二是湘江水流量较大，为了保证水利工程建成后，不会受到湘江在雨季水流量大时所冲淹破坏，在水利工程附近乃采用了如都江堰的分流办法，使得湘江和漓江相接的水流量保持恒定。

就在这个指导思想下，灵渠开通了。灵渠的开通，使得当时北方较高的文化、科学技术得以传播到南方，迅速提高了南方的生产力水平。这对于南方的发展，中国边陲的巩固起到了关键性的作用。灵渠的这一作用，延续了两千年，一直到20世纪上半叶，湘桂黔铁路的建成通车为止。

一般人到桂林旅行，只在桂林市区游览，以及乘船游览漓江和阳朔。事实上，兴安县就在桂林的北边，汽车行程约两个小时左右就可到达的。我是1985年去灵渠的。

从桂林乘汽车到达兴安县后，往前走一会儿，便到了灵渠的运河部分。游人顺着运河需步行四五十分钟方可到达前面所提的水闸部分，再往前行才是分流湘江的水利工程，从此可以远眺湘江。

今日的灵渠运河两岸仍是矮小的平房，相当冷清。人们可以想象过去的2000年间，此处可是繁华的市井街头。运河两岸有不少人来此后留下的碑刻。

当我步行到水闸处，曾花了不少时间仔细观看古代时是如何灌水、抽水的。自然，那时运用的是人工。观其设计，可谓灵巧。我去的那天，水量不大，为了越过分洪道，需涉水而过，不得已，只有脱下鞋子，赤脚而行。到达对岸后，望着四周的山水一色，景色是异常的宁静、优美。这一带风景虽然比不上桂林、阳朔，但也是青山绿水，令人怡然自得。

灵渠地区自古以来就建有不少庙宇。这大约是后人为求平安福祉而建的。今日尚遗些许古建筑。但对比于灵渠建设的科学文化遗产，这些实在算不了什么。

灵渠是今日国务院颁布的重点文物保护单位，名不虚传。

济南

济南，历史上称为历城或泉城。

济南的泉水在历史上是出名的。济南市区的泉水便有好几处，如趵突泉、黑虎泉等。这些泉水的流量很大，而且泉眼也不深，人们用眼睛望着泉眼，便可看到如注的泉涌。

可惜这样一座美好的泉城，近一二十年来却因为地下水的过度开发而使得地下水位急剧下降，奔涌几千年的泉水居然有断水的危机。

开发资源，发展生产和破坏环境、毁灭文化的对立，在此是如此的尖锐、凸显。

1983年夏天，我去济南时，正看到人们采取引黄河水以取代抽地下水的办法，来挽救泉水。同时为了避免污水随意排放，污染地下水源，正在城市市区铺设地下管道。整个济南城是一片治理的景象。

但是，就在这一景象的同时，却也看到有妇女在黑虎泉处大洗衣服。就是在趵突泉，水流汪汪的泉眼附近几米，也看到妇女抱着小孩在撒尿。这是一场有意识保护环境和无意识破坏环境之争。

在众泉水当中，今日以趵突泉为历史之胜迹。原因之一是趵突泉水流量大；二是这里是南宋女词家李清照的纪念馆。李清照是中国宋代有名的女词家，她的作品自有其历史角色与地位。今日趵突泉公园，整个面积不小，园内充满着草木花卉以及清盈透澈的泉水。公园的气氛给人一种明媚、晶莹、柔和的美好感觉。

济南的大明湖是出名的。读过刘鹗的《老残游记》的人都知道该书中对大明湖有着生动的描写，其中对当年大明湖畔的两位女艺人——白妞、黑妞的绝唱的叙述更是脍炙人口。今日大明湖仍然风光明媚。古人说大明湖是"四面荷花三面柳"，确实生动。大明湖畔尽是荷花和柳树。阳光洒在开阔晶莹的湖面上反射出来的如珠般的耀眼色调，配合上岸边的荷花和柳树，确是一幅美丽的国画。大明湖的中心岛屿就是著名的历下亭。历下亭出名主要还是由于诗人杜甫曾来此地，并诵过千古名句"海右此亭古，济南名士多"所致。

济南郊区有个地区叫历下。历下地区是在一个山坡上。今日所见唯有一些果林、农田而已。然而历史上所传舜耕于历山，就在此处。为此，我特别冒着夏天炎热的太阳，去一睹庐山真面目。历下上有一隋代的石窟，内中供奉着一些佛像。但由于年代久远，剥损的是不少了。

提到济南，还不得不提观黄河的事。据《老残游记》所载，当时老残到黄河边看黄河破冰，得走一大时辰才到。今日从市区有汽车可达黄河边上，只需半小时的工夫。到了黄河边，展现在眼前的是一个高高的黄土坡，高度有好几十米。当我爬上坡顶时，一眼望去，方知原来土坡上走的就是黄河。所谓"黄河之水天上来"，果然不假。黄河就是走在由山坡所堆积而成的，离地表几十米高处的河床上。所谓"天河"之说，不到此处一看，还难以想象了解。

黄河岸边有渡船可过河，每次渡河收费大约是9角钱。我也乘渡船过黄河，以了了过河夙愿。过河时，因是夏末水流不多，但是河水全是暗黄色，随处可见淤泥。渡河的船是很大的，上面可以载汽车、自行车等。我看到当地不少跑单帮的人，竟是乘船两岸跑来跑去，而且有时想赖账，便受到管理人员的叱喝。此亦是一景也。

承德

承德是一个避暑胜地，其原因是承德地处两山的山沟里。夏季里，凉气流顺着北边的山口吹进谷里，加以承德地处北方，靠近沙漠，空气干燥，因此夏日的承德就显得特别的清凉舒爽。

承德靠近山海关，离北京不远，不远的郊区就是开阔的草原，宜于猎狩。清朝初年，对于初入关的满族王公贵人而言，紫禁城住起来并不舒服，他们宁愿经常出入承德。因此，承德是清朝初期的又一政治中心。1979年，我去了承德。一到那儿，就感到有股文化气息。可能的原因是当地人不少是当年王公贵人以及随他们而去承德的人的后代。另外一个特点就是整街的人都喜欢养鸟，到处是鸟笼，叽叽喳喳，好不热闹。这就更证明他们是满人的后代了，因为养鸟是满人的爱好。北京有些地方的人也喜爱养鸟，原因同此。

承德的避暑山庄是出名的皇家园林。避暑山庄的入口处并不雄伟，但是一入里面，却显得异常宁静怡然。山庄分两大部分，一部分是庭园式建筑，在小山坡上，是当年皇帝办公及住宿的地方。另一部分在山脚下，整个布局均模仿江南的风光建筑，突出一个水字。一般所谓的避暑山庄指的是前者。山庄的建筑采用家居式的风格，不似紫禁城以雄伟著称，所以显得亲近怡然，果然符合避暑休养的要求。建筑当中引人注目的是一个小平房，当年咸丰皇帝因避英法联军，北逃至此，遂生热病，就是病死在这里的。平房墙上挂有咸丰自己手写的一帧挂轴，上书一个"忍"字，字体很大。可见当年咸丰的日子也不好过，万事不顺只能借助这个"忍"字。

1979年的中国，旅游尚不兴盛。那时避暑山庄的游人也不多，我在那里转了大半日，感受是美好的。那时，旅游的纪念品是拿着乾隆皇帝刻的"避暑山庄"四个字的印章，给人盖章。每盖一次两角钱，印章是真实的，而不是复制的。这样的事，相信现在不会再有了。我当时也盖了一个这个章，保留至今，甚是可贵。乾隆爱好风雅，展览厅展出刻有"避暑山庄"四个字的印章，就不下十余种，而且字形各异，非常有趣。

前面所提避暑山庄山脚下的那一部分，就面积而言，要比避暑山庄大。

整个园林，布满水道、湖泊、柳树、亭台楼阁，都是仿照江南的风光。乾隆多次南下江南，他酷爱江南风光，所以在承德、在北京的颐和园都建有仿照西湖等江南的名胜。避暑山庄就有一处是仿照镇江的金山寺。我去时，正值夏秋之交，到处长满荷花，景色令人陶醉。1983年，我有机会去镇江的金山寺，对比之下，承德的金山寺应该说是青出于蓝而胜于蓝了。镇江的金山寺，面积很大，布满了整个山头，但缺少自然风光的衬托。承德的金山寺单单突出镇江金山寺的一个具有象征代表性的建筑，而配以盈满的湖泊和松柏、荷等，整个造型异常的细致、典雅、脱俗。

在此，需要一提的是皇家图书馆之一文津阁就在这里。就面积而言，以现今大的图书馆来说，自然是小了。但当年，这里可是珍藏着丰富的历代珍本缮本等重要图书的。

到承德，不能不去郊区的外八庙。顾名思义，外八庙指的是城外的八处庙宇。这外八庙可不只是古老的庙宇而已，其实，更确切地说，它们是清朝初年，清朝皇帝利用宗教为手段以争取蒙古、新疆、西藏等王公、喇嘛合作的历史见证物（或说是工具）。因此，这些建筑的里里外外充满了政治的色彩，虽然它们均是宗教的庙宇。因为这些建筑是用来笼络蒙古、新疆、西藏的王公、喇嘛，所以造型风格有蒙古包、清真寺以及西藏建筑的特点。这些建筑的来历有单纯的仿照少数民族风格的，更多的是历史事件的遗留物，比如清朝皇帝对哪个王公的归附表示高兴，就建立了某座庙宇给予赏赐。其中一个很大的建筑俗称小布达拉宫，完全仿照拉萨的布达拉宫，城墙又高又大，就是当年班禅喇嘛不远千里而来给乾隆六十大寿祝寿时，乾隆为表示慰劳，给班禅盖的"居所"。相信当年班禅也没在此住过几天。里面的建筑很多，应该说是一个大的建筑群，而且藏有大量经文，实是文化宝地。

到承德外八庙游览，我的感触甚多。当时清朝皇帝为统治这样一个幅员辽阔、民族文化差异甚大的疆土，单动武力不行，还得配上各种"软功夫"，也是费尽心思，用心良苦了。

和台湾来的朋友谈起旅游，我喜欢向他们推荐承德，特别是外八庙。我觉得台湾人缺少的就是看问题的空间广度和时间深度。若到承德外八庙看看清朝皇帝如何为统治一个江山的所作所为，相信是会很有启发的。这是我的感触，一个很深的感触。

大同、洛阳

大同位于山西省的北部。北魏时期，魏孝文帝厉行汉化，从北方迁都至此，称作平城。大同附近的云冈石窟便是那一时代的珍贵遗迹。北魏是鲜卑人，他们为了汉化，不仅迁都南来，还着汉服，取汉姓，从汉人的生活习惯。吸收外来的文化，给其民族融入了新的生命力。他们吸收佛教文化，但不是简单的、形式上的吸收，而是呈现出新的内涵、新的形式和新的表现方式。这点，在云冈的石窟艺术中表现得淋漓尽致，予人强烈的印象。

大同离北京不远，乘火车不到12小时即可到达。我是1980年初夏时节去的。乘火车到大同后，还得乘汽车约近40分钟，方可抵达云冈。

云冈坐落在半山腰。晋北的山，光秃秃的，全是黄土。北方少雨，干燥的黄土异常坚硬。云冈的石窟便是凿山，造佛像而成。所以说是石窟，其实是土窟。满山的洞窟，有大有小，小的窟只有半米宽度，而大的窟则有五六米，甚至近十米高。所造像也有大有小，小的才只有几厘米大，大的则有十来米高大。今日所见佛像几乎都是黄土的颜色，但仔细观察，也可见得一些佛像带有色彩。这些色彩，尽管因为年代的久远已经剥落大半，但依然清晰可见。所刻佛像，其实均已"凡人"化，而不再是神圣不可亲近，高攀不到的佛了。我至今仍然印象很深的是有一组类似浮雕式的作品，其中有数十个"佛"每人均手拿不同的乐器在鼓吹、弹奏。这些乐器有唢呐等汉人的乐器，也有琵琶等西域少数民族的乐器。

这些佛像历经15个世纪，而仍然保存至今，可谓奇迹。凝视这些造型和今天庙宇中的佛像，呆板、枯燥、没有生命感，相去何止十万八千里。来到云冈石窟参观令人耳目一新，让人真正感受到什么样的文化作品才是有生命力的。同时，在这些历史遗迹面前，亦让人真正感受到一个民族、一个文化，如果不去吸收外来的、新鲜的事物，故步自封，甚或美其名曰"保持纯洁性"，则必然走向反面，丧失生命力。一个没有生命力的民族、文化只有一个结局：被历史所淘汰，走向死亡和终结。

1980年我去时，云冈没有什么特别的保护措施。石窟前虽有牌子说明游客不得拍照，触摸佛像，但所见闪光灯是闪个不停，游人若欲触摸佛像，也是举手之劳。该处有管理处，但也没见到管理人员在值勤。另外，当日还正值下雨，山上的土块有时便剥落下来。自然的损毁以及近年逐渐增多的游客所给历史文物古迹造成的破坏也是不能大意低估的。云冈的这些情况，至今不知有改进否？

到云冈必经大同，大同市也有不少古迹。其中有座华严寺，规模相当大，是辽代的建筑，年代已经很久了。辽代是少数民族建立的朝代，他们虽然汉化，但仍保持其固有的、有别于汉人的建筑特征，其中之一是整座寺均取暗色，相当特殊。

说到云冈石窟，也得提一提年代较之稍晚的洛阳龙门的石窟。

龙门石窟位于洛阳郊区，洛河旁的山腰上。石窟的佛像也是开山凿成，这点和云冈的一样。不同的是龙门的石窟佛像是石头刻成的，而且整座延伸的范围要比云冈的大。

龙门石窟的佛像给我的感觉和云冈的一样，一种充满着生命力的美感。其中一尊大佛，据考证是初唐武则天的自造像，显得异常雍容华贵。最特别的是这尊佛像的鼻子是希腊式的，古代中国和西方文明之有往来，是毫无疑问的。

龙门石窟的山石因受洛河的冲击，年代久了，也产生崩塌的问题。另外一个问题是陇海铁路经过这一地带，经年火车行驶所造成的震荡对石窟的佛像也是个威胁。近年听说准备将这一地段的陇海铁路往远处修，这是个喜讯。

顺便一提的是石窟的南面（洛河之南）小山坡上就是唐代著名诗人白居易的墓地。

洛阳我是 1988 年才去的。历史上，洛阳是仅次于西安的古都，但今日可游者似乎不多，市内的"白马寺"是东汉时期始建的，为中国第一个佛教寺院。

洛阳附近有嵩山。嵩山一带是"夏代"的旧地，但今日无甚可观之处。少林寺也在附近，地方不大，但人山人海，如同闹市。其附近盖了个武术馆，招收门徒。看来是改革开放赚钱的结果，因为所见尽是港澳人也。往昔少林寺的带有几分神秘色彩的幽雅环境可说是完全被破坏了。

西安

西安是著名的古都。从远古的年代开始，一直到唐代，几千年的时光中，西安是中国历代政治、经济和文化的中心。西安所以能成为这样的中心，扮演这样的角色的原因固然很多，比如，当时它是通往西方，丝绸之路的起始点，起到连接东西方，举足轻重的关键角色作用等，但和其对周围的地方，对周围的世界大开门户的这种状况和条件，我以为是息息相关的。

从今日历史遗迹中可以领略得到的往昔光辉的西安和今日西安、陕西乃至黄土高原一带地区的落后和闭塞，是极其不相称的。恍如两个绝然不同的历史和地理名词。

闭关必然导致保守和落后，缺少生命力。唯有开放，接受新鲜的外来事物，吐故纳新，才有生命力，才能兴旺发展。历史上光辉的西安和后代西安的没落，正是这一历史规律的写照。这是我几次到西安参观、访问、旅游后的最大感触。

就从西安的市区说起吧！

今日的西安市，就城市的建筑来说谈不上有何吸引人的地方，方块式的，没有色调变化，实在枯燥。往昔的西安人口近百万，市区的市局方方正正，东、西、南、北各有各的不同作用，如文化区、商业区，层次分明，井然有序。每个独立的小建筑群，其英语称为BLOCK的，当时就称为"坊"。今日汉语中的"街坊""坊间"便是来源于此。

今日西安的城墙是明代的建筑，比起唐代的范围是小很多了。目前大陆上，一些城市的城墙，基本上所剩无几，独有西安的城墙，保存完整。前几年，国家还拨了巨款，重修了城墙，同时也将城墙边的护城河整治一新，开了不少公园，这地带的环境是改进了不少。

登上高大且宽厚的城池，可以眺望整个西安城，可惜今日的城市建筑，高的高，矮的矮。在古代，情况肯定不是这样，当时的街坊低而矮，而且鳞栉有次，排列有序。这些街坊为高大的城墙、钟楼、鼓楼所怀抱，整个布局是线条分明、整齐、有节奏的。今日的城墙和西安市区是两个上下几百年的不同产物，它们如何搭伴、共存，实应仔细研究。这个问题，不知西安市的有关人员如何看法？

城内的鼓楼，巍峨矗立，可惜附近的建筑也不矮，破坏了布局。我几次到西安，几次想登鼓楼，但均不曾开放，很是失望。

城墙南面的碑林，所藏大量碑刻，特别是唐代的作品，实在是无价之宝。中国的书法自魏晋以降，到了唐代发展到了一个高峰。碑林中所见唐代的碑刻书法充满着一种厚、实、端、美的力感。

历代著名书法家，如褚遂良、柳公权、颜真卿、王羲之、怀素以及后代的董其昌等，在此均有珍藏。端详着这些千年前的豪放、潇洒的作品，令人除感受、欣赏到书法美外，更重要的是一种联想，什么样的时代和环境能够产生这样高超绝伦的书法作品。我几次去西安，总要去碑林。凝视着这些书法作品，我总在揣摩当时作者透过他的书法笔势和布局所要表现的是什么，以及他们的心理境界又是如何。

这些碑刻大都有两米多高、半米多的宽度，每个字也有握拳般大。这样整体的书法气势和其所迸发出来的力感和市面上经过缩小、裁截后的印刷品的感觉，有若天壤之别。前人有言，要体会书法作品的真正韵味，还得看原作品，是个真言。

每个中学生都要临写的柳公权的《玄秘塔》碑的原作，就在碑林。我至今印象很深的，中学历史教科书上所提的记载唐代天主教在中国传播的《景教流行中国碑》也在此处。见到这些碑刻原作，令人感到兴奋、亲切。

碑林内容丰富，确是宝贵的文化资源，可惜作为旅游之地未得很好地开发与利用。所见销售的旅游纪念品或与碑林内容有关的书法作品，寥寥可数。

碑林旁边，就是陕西省博物馆，内容相当丰富，但是展出的说明、布置，则是相当粗糙，相当可惜。所展出的昭陵四骏，尚缺一骏，是多年前被人强夺而去，今日仍在大洋彼岸的华盛顿博物馆，可叹之至。此四骏，乃当年唐太宗的坐骑，随着唐太宗奔驰天下。唐太宗死后葬于昭陵，并于墓上刻上四骑，以示怀念。雄赳的驷马，象征着主人的英豪雄略。

关中地区南有秦岭，西北有黄土高原，东边是狭而窄的关口。今日乘车由东而西到西安，经过函谷关、潼关等隘口后，景观便豁然开朗。有一回，我乘汽车从华阴，经过渭城、新丰、细柳营到西安，沿途所见，除了一些村落，农田，没有任何可观之处。但是这一带，历史上却是森林、水草茂盛之地。唐诗有云："风劲角弓鸣，将军猎渭城。草枯鹰眼疾，雪尽马蹄轻。忽过新丰市，还归细柳营。回看射雕处，千里暮云平。"诗中地名依旧，但景物与今日显然差别很大。沿途汽车有时行在高处，往北望去，但见渭河往东流去，视野是很广阔的。诗中所云"千里暮云平"倒是相当写真。千百年来不停的战火与人为大肆地砍伐森林，使得关中平原逐渐丧失了它的"沃野千里"的美誉。如果你富有想象力，不妨于此刻回顾一下历代在此一带的战役，那倒真有神游历史之感了。不提别的，就说刘邦率大军入关，随后项羽尾随而至的杀烧，楚汉相争的历史，不就令人神往吗？

关中地区由渭河分为南北，南面地势平坦，历代是长安的所在，咸阳城就在离长安不远的西边。历代的宫殿也大抵建筑于此。如秦代的阿房宫，汉代的未央宫，唐代的大明宫等。渭河北岸，地势稍高，称作"原"。因为地势高，地下水位相对深，作为墓葬之地，自然较南面的适宜，这就是为什么历代的帝王陵寝均于此原的原因了。今日渭河北岸，由东往西，仍然可见高耸的土堆，一个接一个，它们就是西汉帝王的陵墓。刘邦的长陵在最东边，接着是文帝、景帝的陵墓，武帝的茂陵等等。当你见到这些历史上赫赫有名的帝王的陵寝时，实在感触很深。往昔的光辉似乎从这些今日仅存的高硕土堆中可见一斑。这些陵墓，往日是有地表建筑的，但由于历代战争的破坏，早已荡然无存了。即便是地底下的陪葬珍宝也早被盗墓者所盗走。

武帝的茂陵是今日旅游之地。1984年，我去时，茂陵只是一堆黄土，墓前有清代一位太守所书"茂陵"字样。可叹的是茂陵土堆顶上竟然是个广播天线杆。好在1989年我再去时，这具广播天线杆已经除去，并且在茂陵上广植草皮与树木。

茂陵的东北面，距离几百米的地方，就是汉武帝的爱妃李夫人之墓。往东，是霍去病的墓。霍去病，19岁当了将军，横扫匈奴几千里，可惜20岁出头就得病死了。汉武帝爱其才，便将其陪葬在自己的陵旁。霍去病的墓北有座假山，象征他往日征战的祁连山麓。1984年，我游茂陵正值寒冬，当日，登上此假山时，已是夕阳西落。望着落日余晖，望着茂陵，呼呼的北风紧刮，我方解"西风残照，汉家陵阙"的意境。

霍去病的墓处，今日有放不少汉代石刻。有个石刻叫"马踏匈奴"，很是写意，当年威风，凛然可见。

在离开这一带称作"原"的地方，往北面的梁山之前，还得做个关于"原"的补述。"原"这个字，是很平常的，识字的人都认得。但不到关中，不见到渭河北岸的地理环境，还真不理解唐诗中有关"原"字的意境；"离离原上草，一岁一枯荣"，"向晚意不适，驱车登古原。夕阳无限好，只是近黄昏"诗中所描写的光景，和所要表达的境界是有个实在的自然地理背景的。

渭河北岸的梁山是唐代帝王的墓葬群。整个陵墓以李世民的昭陵为中心，向南延伸。唐代三百多年间多少皇亲国戚、功臣、贵族死后葬于此处。梁山的西边是唐高宗与武则天的合葬墓——乾陵。昭陵位于梁山深处，今日的昭陵博物馆是唐太宗时的名将徐懋功的墓地。博物馆中展出的出土文物陶俑，许多是着西服的，可见当日与西方往来之密切。从昭陵往乾陵一路所见"原"上，均是一个个土堆，这些都是当时的墓地。原来墓前均应有碑及建筑的，但这些今日均不可见，唯独少数尚余墓碑。

乾陵有三个特色。一是从山顶上往下望，关中平原尽收眼底，气派是很大。二是墓前的石像、古兽，引人入胜，特别是一匹飞马，造型粗犷。还有一只像是鸵鸟的兽类，造型自然。这些石刻予人朴素的自然美感，和明代以后（如北京的明陵）的刻意描绘"福、禄、寿"的概念、气质，是有很大的不同。我想，这些才是我们民族的历史、文化的精髓所在。墓道上的"无字碑"反映说明帝王的无限功绩以及当时来送葬的西方诸国大使的石刻，在在均显示出唐代中国的风貌和宋明以后有着很大的不同。三是墓道左右各有两个小峰，从"原"上往乾陵望去，或登上乾陵的最高处往下看，均极似女性的乳房，而且曲线优美。这种体现人体的自然美观，肯定是和后世绝然不同的。

据考证，乾陵未曾被盗，哪日发掘出来，必能提供有关初唐的社会、经济、文化的丰富史料。

乾陵附近有几座陪葬墓群。今日挖掘的有永泰公主和章怀太子墓。其中壁画生动地反映唐代宫廷人物的生活状况。章怀太子就是李贤，一生受尽其母武则天的迫害。最后死在流放地，死时年纪也不大，可见宫廷斗争之残酷。

我几次去乾陵，均见到当地农村小孩向游客兜售古币。所售古币大都是唐宋以后的。倒是1984年那次，我买了一些汉代的五铢钱和王莽的布泉。五铢钱币上的字形随着朝代早晚而有不同。至于布泉，因为王莽当政时间不长，发行量不多，弥足珍贵。1984年时，还见有售战国时期的刀币，以后就再不曾见到了。这些古币按规定是不得销售的，但也许民间所藏太多，也不容易禁止得了。

梁山的东南，就在渭水的南面，坐落着骊山，骊山脚下，就是著名的华清池。而骊山稍东，便是秦始皇陵。

骊山自古以来，因为山上多柏树，远望呈绿黑色，像匹马，故曰骊山。山顶上，有个烽火台。传说周幽王为博褒姒一笑，佯称西戎入侵，放烽火，引诸侯救援的故事，便发生在这里。我曾登上此处，但见烽火台，不过是近年盖的一座楼台，且破损不堪，实在糟蹋了风景名胜。倒是登上此峰，北望渭河、梁山，关中平原历历在目。

华清池自古就是温泉出处。唐代，这一带建有大的宫殿群。唐明皇与杨贵妃的爱情故事，更由于白居易的《长恨歌》，而传诵千古。这几年，在华清池内发掘出唐代的华清宫遗址。虽然尚未开放参观，但游人可登上高处，望见出土的当年浴池，面积不小。

华清宫经过安史之乱，到了晚唐已经面目全非。杜牧当年路过此处，便感叹华清宫的颓败。他有首诗回忆当年的初唐盛景，说是"长安回望绣成堆"。今日华清池附近的房子乱盖一气，毫无章法。路面小而拥挤，灰沙滚滚，大小摊贩，随意摆设，乱成一团。即便在华清池内，也见到一些机关单位随意加盖的房子。这一切和华清池的名气实在太不相称了。事实上，不仅这一带如此，西安的整个历史古迹旅游点，就缺少全面的安排，有计划的布局，以及有规划的开发，这样的思想，总之，与西安拥有的历史资源相比，目前的状况，实在太落伍了。

今日的秦始皇陵，只是一座小土山。但据历史记载，这一带原来是有大量的地面建筑。自然，由于历代的兵乱，这些地表建筑早已荡然无存了。近年挖掘出来的兵马俑，号称世界第八大奇迹。我相信，随着对整个秦始皇陵的逐步发掘，更多、更令人叫绝的东西将还会再出土。这一切将丰富我们对秦代政治、经济、文化各方面的了解。

登上秦始皇陵的山顶，远望关中平原，遥想当年秦始皇东征六国，统一中国，你会感到这一切是如此的真实。的确，就在眼前。望着成千上万的兵马俑，往日的威凛不是栩栩如生吗？

我以为要了解历史，还得做实地游，才能真正体验到，了解到历史生动、具体的一方面。广阔的关中平原给我们提供了上下几千年，秦、汉、唐三盛世的无穷尽的文化历史遗迹。我真盼望哪日能得有闲，好好在这一带走个几个月，深入地了解、深入地感触历史的脉搏。

西安可数的古迹还很多。大雁塔是玄奘西天取经回来以后所建。唐代文人科举中榜，得来此临塔题诗。南面的曲江，当年池水、柳树遍地。杜甫诗云"三月三日天气新，长安水边多丽人"便是指的这地方。可惜今日已无江水，只余一片黄土。

今日市区内的兴庆宫是唐代的宫苑所在。李白当年曾醉卧此处，吟出著名的《清平调》：云想衣裳花想容，春风拂槛露华浓。若非群玉山头见，会向瑶台月下逢。

往事已矣！了解历史，认识历史，以为今者鉴。汉、唐盛世的长安，路通八方，人从海内外来，一个包容万物、万事的胸襟，才足以成一代之盛事。而一个闭塞、排外，不知吐故纳新的局面，终究是要被历史所淘汰、消亡的。古今的西安，予人竟是这样鲜明对比。我们期待关中地区今日仍然落伍的局面能早日改变。

旅顺

东北的旅顺是个值得人们去凭吊的地方。这些地方记载的是近代中国斑痕累累的血与泪。

旅顺港口与大连毗邻，仅隔一座小山头。旅顺港口呈凵字形。三面是山区，城市就建筑在山区上，所以显得错落有序。旅顺城市的建筑风格和青岛相近，流露着西方建筑的风格与色调，这自然是和它悲惨的近代历史有关。

旅顺是个优良的军港，港口的出海处，即凵字形的顶部是非常窄小的。难怪这样一个军港，俄国人、日本人，谁见了都垂涎三尺。

我是1989年7月到旅顺的。我在旅顺转了一圈，有一种历史的压抑感，在这个城市里，流淌着近代中国的悲惨史。

旅顺19世纪末受俄国人的侵夺，20世纪初，日本人入侵来了，终于免不了和俄国人在此打了一仗。俄国人战败，旅顺就从此沦为日本人的殖民地。

我在城区见到一座外观一如欧式的建筑，该建筑今日已改为饭店，其实当年是令人毛骨悚然的日本侵华的司令部——关东军总部的所在地。今日已改建为博物馆的另一栋建筑内部尚可见着当年的豪华装饰，也是当年的日军侵华的重要本部。就在门口，今日陈列着几尊大炮，其中之一是当年甲午战争中，中方镇远号船上的大炮。镇远号当年被击沉了，这尊大炮是多年后，被从海底捞上岸来的。

　　甲午一战，清军战败，台湾、辽东相继割给日本。只是后来由于英、俄等国不满日本独吞东北，才逼得日本吐出辽东来，但中国也付出了巨大的代价——要再付几亿两银子给日本，以"赎回"自己失去的土地。而台湾却从此沦为日本人的殖民地。

　　东鸡冠山是当年日俄战争时，最后决定胜负的战场。当年俄国人占领此山头，作为攻击日军的制高点。日军死攻不下，损失很惨重。最后日军以挖地道的方法，逐渐逼近俄军阵地，终于攻克俄军的堡垒，俄军终于全线崩溃。日本名将乃本的儿子就是在该战役中被打死的。今日在鸡冠山上仍可见当年俄军的坚固阵地，其中坑道纵横，到处砌有厚厚的水泥墙。

　　就在东鸡冠山上，有个水泥柱是当年日军打败俄国人后所建立的纪念碑。可愤的是纪念碑的建立完全是驱使中国的劳工去修筑的。为了建这个碑，也不知有多少中国劳工死在日军的铁蹄下。

　　旅顺市内尚有座规模很大的监狱。该监狱早期是俄国人修建的。专门用来监禁反对它的中国人。以后日本人来了，便在原基础上加以扩建。从20世纪初，直到1945年中的40年里，不知有多少中国人，有平民，有学生，有知识分子，还有商人……总之，凡是反抗它的，抓来了就在这里遭受酷刑，监禁以及绞死。今日该监狱已建成一座博物馆，人们可以见到当年各种类别的牢房，有些牢房是又黑、又窄、又湿、又深的，被关进去的人，很多是再也出不来的了。博物馆中还展出各种行刑的工具，五花八门，无奇不有，令人毛骨悚然。当年的刑场——一个绞刑架，今日还在。可叹而又可恨，多少善良、正义、勇敢的同胞，在此永别了自己的亲人、祖国。博物馆中，相当有分量地展出当年被关押于此的各界同胞的情况，包括各个历史时期与阶段的中国人民反抗帝俄与日本帝国主义的斗争过程，可歌可泣，感人肺腑。

　　最具讽刺意味的是博物馆还展出了当年日军侵略中国时的一些文献、档案。侵略的罪行在这些文字记载中都成了神圣的职责。其中不少还是当年一些将军出战之前手书的一些自勉或勉励三军的书轴。有一幅是这样写的："大日本前途决定于此次圣战。"疯狂的侵略必然导致最后最彻底的失败。

博物馆中还有一些伪满政权的历史遗物，印象比较深的是一件溥仪的戎装以及"国务总理"郑孝胥的一些遗物。这些当年炫耀一时的气焰，到底还是经不起历史的裁决。

到旅顺，我以为去看看这些遗迹是很有意义的。

写于1990年春

东南半壁游

　　1978年秋天，我和小黄跑了小半个中国，今日回想起来，仍是回味无穷。其中，最主要的原因是1978年的中国大陆和今天的有着很大的差别。十年来，大陆经过改革开放的新经济政策，已经有了很大的变化。其中，固然产生很多新的问题，但总的说应该是有很大的进步。本文中的叙述力求凸显当时大陆社会的鳞爪，反映一些当时的情况。可喜的是，这样的一个时代是过去了，并且永不复返。

　　十多年前，旅游的人很少，不仅外来的游客绝无仅有，就是大陆上的也是很少的。当时，各地方的旅舍非常少，马路上的饭馆也是非常少，并且人山人海。大陆上各省有着各省地方自己的粮票，在各地饭馆吃饭，凡是买米、面食都得付当地的粮票。当然，如果有全国通用的粮票一般饭馆也收。为什么说"一般"呢？因为我也曾遇过不收全国通用粮票的。读者会问，既然是全国通用的，为何不收呢？这我也无法解释。事实的情况是，饭馆不收，当然不卖饭给我们，而我们也只有饿肚皮，或买别的不需粮票的食物，如花生米权充一顿饭了。当时，各地方粮票制度的执行是很严格的，同今天很不一样。今天（指1990年），你如果没有粮票也可以跑遍中国。不是说没有粮票制度了。现在仍然有，只是饭馆、小贩见你没有粮票也卖东西给你，只是要贵一些。他的理由是他得多花些钱去买没有粮票供应的粮食。十多年前，你若没有粮票，简直寸步难行，虽然那时人们是可以随便买车票到别的城镇去的。所谓粮票不是有价券，它只是个买粮食的允许证。买粮食以及由之做成的产品，如面包、糕点等除付相应的粮票外，尚需现金。

　　说了这些，理由无他，就是出发之前需先由工作单位开个介绍信，说明某某外出的缘由，然后到粮食部门拿当地的粮票换取相应的全国通用的粮票。

　　解决了食的问题，还得解决外出住的问题，否则到外地人生地不熟，上哪边过夜呢？当时的大陆，可不如今天很容易找个地方睡觉过夜的。为此，我工作单位的一同事便向科学院院部讲清了我的情形，科学院院部便开了个给各省市的介绍信，内容就是说请各地方部门予以协助食宿及购买车票等。我事后发觉这张介绍信可是"威信"十足，使得我们的旅行顺当不少。其中奥秘不是那几行字，而是那个含有天安门国徽的院章。因为科学院是直属国务院的单位，这个带有天安门的院章的"效力"比各省的要高。换句话说，各省的官员、干部平日可无机会见着这类级别的公章。一旦见着这类来自中央的信函，自然不敢怠慢了。

有了这两样东西，在亲友的祝福声中，我们便踏上旅途了。所谓亲戚是指我太太那边的，我一人在大陆，哪来亲戚？倒是同事们的祝愿关心令我难忘。我在大陆这些年，一个很宝贵的人生财富就是结交了一些真挚的朋友。这些人中有一般的同事，有邻居，有高官，有一般干部，有党内，党外的。这些朋友对我坦诚相待，并且在各种场合给了我很多帮助。人事无常，特别是关键的时刻，就显出友谊的可贵、难得。

桂林

话说我们离开了北京，南下桂林。经过一天两夜的行程，才到达桂林。抵达桂林时，还是清晨3点多，没地方去，只得在车站的座椅上坐着假寐，等待天亮。天亮后，就在车站附近买张地图，了解一下城市的方位。然后打听出省委或省政府的办公地方，首先得请他们帮忙解决住的问题。果然，那张介绍信起了作用。省政府内的交际处（相当于公关部门）很热心地为我们联系了旅社。这旅社，其实不是一般概念中的旅社，而是外地来此出差、办公事的干部的接待处，所以是不对外公开营业的。在这接待处住有几个好处，一是便宜，二是安全卫生，三是有时还代买车票。当时住房一天约是2元左右。接待处有食堂，只要买好餐券，即可在内进餐。一人一餐只需五六角钱。这类接待处，大约无所谓营利与否，主要是给出差干部服务的。今天，这样的接待处还有，但大多数都以营利为目的，所以也对外开放。自然价格也上涨了十倍以上吧。

桂林地区的一些风景区，我们看着地图自己跑。我们本来打算租个自行车，这样可以节省等候公车的时间，跑起来效率高。这是在大陆旅游时诀窍之一。但是，因为一些风景区如七星岩等都在远郊，所以打消了这念头。桂林地区的这些风景区，地下岩洞，都是人间难得的好地方。但是当时，这些旅游点都没怎么建设。

到桂林，一般总乘船游漓江、阳朔。经过接待处的安排，我们随着一团香港来的客人游漓江。记得香港客人是收费20元。我们算是"内宾"，二人共收10元。这个导游是个女同胞，年龄和小黄相近，也是"文革"中上山下乡回城的知识青年。因此，我们便聊得挺投机。这些香港人对导游的解说不感兴趣，只顾着照相留影。倒是我们问了她不少沿途的有关种种。午饭是在船上吃的，这位导游小姐还兼送饭给客人的工作。我们见她一人忙不过来，也帮忙她送饭给客人。她非常惊讶。在她想象中，外国博士不是这个样子。

桂林山水甲天下，阳朔山水甲桂林。漓江两岸风光如画，这些且不用我来多形容了。阳朔风景的绝好处在郊区的一棵大榕树附近，这棵大榕树有几百年的历史了，长得又粗又高大。榕树旁边就是碧绿的湖水，后面是景色独特的独秀峰。这带的风景直如童话世界。

我们在桂林住了几天，白天外出东跑西跑。傍晚时分就在市区城郊散步逛逛。天色将晚，路上行人很少，城市的气氛显得异常宁静。整座城市衬托着奇峰山峦，风景如画一般。

桂林市区有几个纪念碑是民国初年护法运动时期，孙中山先生来此亲手树立的。其原因是有个国民党人给杀害了。孙中山先生于是来桂林，一则安葬这位烈士，二则表示谴责袁世凯的帝制。

当时我见到的桂林市区人民生活水平约略相当于50年代，我小时在花莲市区的那样子。由于天气尚暖和，不少小孩便蹲在门口吃饭。记得，我小时便经常如此。另外，还看到一些打铁店，工人们用锤子在打铸铁器。记得小时在大溪镇上，就有这类的小工厂。

桂林漓江上的渔夫捕鱼用的是一种鸟，这种鸟能将头潜入水中吞食鱼类。渔夫在鸟的颈部系上一个圈子，不使鸟将所捕捉到的鱼真正吞进肚子里。用这种方法捕鱼，效率还是蛮高的。小黄口齿伶俐，和渔夫聊得上天，渔夫一高兴还载她在漓江上游了一圈，甚是有趣。

我喜欢书法。桂林自古文人不少。抗战期间，更有许多有名的作家、画家、诗人避难来此，所以至今，桂林的文化气息还是很浓的。一些古迹，也尚有大量的书法碑刻，甚具观赏价值。有回在公园里见到一个颜真卿的碑刻，上书"逍遥游"，这岂不是我们的真实写照。

夏末初秋的桂林，天气仍然炎热。我们便买了印有"桂林"字样的草帽戴着防日晒。这草帽伴着我们一路，有时下雨了也作防雨用。有趣的是，因为草帽上的"桂林"两字有时也吸引别的游客和我们搭讪，以增旅途风趣。

虽说我们是"逍遥游"，但我们也需赶路，因为总的假期才只有三个星期。临离桂林时，买不到往重庆去的卧铺票。从桂林到重庆，乘火车需二夜一天，没卧铺过夜，也是问题。不过为了赶时间也顾不了许多，先上车再说了。

贵阳

上了火车后，先找到列车长，向他说明情况并出示介绍信，果然不一会儿，来了个乘务员领我们到卧铺车厢去。我一见车厢内尚有好几个空铺。以后，我才知道大陆上几乎是各种票，说是售完了，其实均"留有余地"。这"余地"有为临时机动，自然也有为"搞好关系"用。说来说去，主要原因还在东西匮乏。

火车夜行经过柳州，第二天近午时分到达贵阳。我见地图上说明贵阳有个黔灵山，是个风景名胜。同时见着天色尚早，何如先下车玩个半天，等晚间再乘车去重庆，不是也理想？于是赶忙下车。下车后，先忙加签至重庆的车票，然后买张市区详细地图，顺着地图说明，我们便至黔灵山。

原来黔灵山号称西南第一山，整座山是座大公园，风景很美，特别那时已是初秋，山上的枫树也开始变黄变红，煞是美丽。黔灵山上尚有大湖（可能附近有水坝），除见到许多人在游泳外，湖上还见有划水的气艇，估计这是专供体育训练用的。

黔灵山上也有石灰洞。但我们已去过桂林的岩洞，估计再好不过桂林的，便下山。这时天空突然下起大雨来，匆忙中躲进一个类似破庙的老房子。原来，这里是当年杨虎城被蒋介石囚禁过的地方。实是意外发现。西安事变后，杨虎城被囚，几经周折，最后被杀于重庆。

重庆

离开贵阳，经过一夜的火车，第二天清晨，就到了山城重庆。临达重庆时，和列车员谈话，当她得知我来自台湾时，还特别招呼我们下车。一位陌生的旅客还特意带我们到开往省政府的公共汽车站去。

经省政府交际处的安排，我们很快在一处旅馆住下。这个旅馆是50年代初苏式建筑。房子又高又大，但显得空荡荡的，似乎没有几个客人。

重庆可去的地方主要是抗战期间的遗迹。比如，当年日军大轰炸，几千人躲在山洞里，因为通风不良，竟有闷死上百人的事。这个遗址，现今仍在，足为后人凭吊。另外，我对当年蒋、宋居处亦感兴趣。可惜，这些地方当时均未开放。

重庆的红岩村是抗战以及日后国共对峙时，共产党方面代表团的所在。房子本身是很平凡的，倒是当时的史事令游客回味无穷。在一个展览室中，我们见到一张信笺是毛泽东当年手书的，很出名的那首词——雪，是毛当年与蒋会谈时发表的。末句是"数风流人物，还看今朝"，好一派风光。可惜凡事不得绝对化，否则走向反面。毛自己也逃不出这历史规律。

另有两处展览馆亦予人深刻印象。其一是抗战时期周恩来的故居曾家岩，一是毛、蒋重庆会谈地点桂园。当事人如今均已故去，而国共两方领导人物均已换手，特别国民党方面变化得更快，可是这场中国的"世纪之争"看来远远未有结束的样子。

入夜后的山城，万家灯火，很是耀眼。我们登上枇杷山，从上望尽整个山城。嘉陵江，长江在重庆会流亦清晰可见。

山城的人虽然地处内陆，但似乎挺"洋气"，不亚于上海人。这可能亦是过去战乱，人口流动迁移的结果。

四川人喜欢吃辣。什么样的菜，都要加上辣味。在重庆街头看到一些人在吃火锅，我探头看了一下，火锅汤居然是红色的，全都是辣椒。似乎是在吃辣，而不是在吃饭、菜。

三峡

离开重庆，我们顺江而下，经过三峡，前往武汉。

行驶于江中的轮船，不算大，但也不小，并且卫生干净。因为行船有几天时间，所以船上有三餐供应，饭菜的质量也还可以。从重庆到武汉需时三天。第一天，从重庆到达万县，船停在万县江上过夜。第二天过三峡，傍晚时分即可到达宜昌，然后一路不停，于第三天早上到达武汉。所以这三天的时光，都在船上，也正好可以休整一下几天来的累劲。

船上分五等。很奇怪没有一等舱的票。我们买的三等舱，四人住一舱，因为均对号入住，所以从重庆朝天门上船起，一路上的秩序算是好的。

行船一日，也实在枯燥，我因有准备，在重庆买了一本书，便躺在床上看。同时船上三三两两的人不是聚在一起打牌就是聊天，特别是知识分子，干部往往容易谈论国家大事。这是在大陆各地出差的一大特点，时至今日，情况依旧。因为大家都是陌生人，一些话也敢讲，反正旅途一完，各奔前程。也因此，在这种场合，最容易听到真实的声音。

万县产竹，当地盛产竹篓、竹椅、竹桌等各种用竹子编成的用具。当船到达万县一靠岸，旅客便纷纷下船去采购这些东西。大伙儿好像有备而来似的。因怕旅客买太多东西上船，因此船上有规定，一人只准带一大件上船。我们随着人潮下船，果然见到市街两旁尽是竹椅、竹桌。卖主不停地在吆喝。这就是所说的"搞活政策"。那时城市的居民想买家具也很难，有钱买不到东西。买家具除现金外，还需"工业券"。买不同的家具需用不同点数的工业券。这工业券是每月发工资时，按定量的点数发给的。新婚夫妇可以凭结婚证卖给一张床、柜、桌、椅等。因为情况如此，所以外出各地，也是大家采购的机会。这就是为什么在大陆，火车上行李特多的原因。这种情况今日稍好，十年前是很严重的。因为我们尚有一大段路要走，我便不主张买竹椅，问题是：如何带至北京呢？小黄毕竟从小在大陆长大，知道如何处理。她以为到了武汉便将之托运到北京。我当时想，中国的火车竟是运载这些东西，又如何"现代化"呢？不管如何，我们总算买了两张竹椅。回到船上，已见船上的人几乎人人都有收获。

　　船就在万县停泊过夜，第二天清晨才驶入三峡，原因是三峡水急，航道又窄，为了安全的因素。

　　第二天清晨一早，客轮起航。行船约一小时，天色已大亮了。这时抬头一望，在高高的山上有座造型优美的白色寺院。李白诗云：朝辞白帝彩云间。不见此景不了解白帝庙和彩云有何关系。刘备当时病故于此。临终前，将阿斗托孤给诸葛亮。

　　船一过白帝城，就立刻进入狭隘的江面。水流变急。迎面而来的是两岸耸入云霄的峭壁，状至雄伟。首先进入的峡口叫风箱峡，可能由于地形的缘故，船行至此突感风大。我但见就在悬崖壁上还刻着不少字。水流如此急，也不知这些字是如何刻上去的。一般人都知道三峡指瞿塘峡、巫峡、西陵峡。这三峡所涵盖的地段有上百公里。瞿塘峡以峭壁出奇，巫峡以滩多湍流出名，西陵峡则以风光出名。船上的广播设备沿途且担任起导游的解说工作。沿途所经过的风景区，如果没有解说，单看旅游介绍是无法辨认的。三峡一路所见尽是山峦，没有什么村庄。山上偶然见到一些羊群。李白诗云：两岸猿声啼不住，显然，环境的变化（破坏），古今是很不一样的。

　　三峡途中，经过巴东。我记起高中时读郦道元的《水经江水注》中的一句：巴东三峡巫峡长，猿鸣三声泪沾裳。当年书上美妙词句所描述、形容的地方风光，今日竟然展现眼前，我心中浮现起一种喜悦的满足感。我当时甚有不虚此行，不虚此生之感。

　　三峡沿途所遗三国时期一些人物的踪迹，遗址不少。比如关羽、张飞当年驻守过的小塞等等。相信如果三峡大坝哪日真的筑起，这些历史文化遗产均将埋没入水中。有些东西是失而可得，但有些东西是不可再恢复的，文物古迹即是如此。物质文明的享受毕竟取代不了人类历史文化的遗产。今日力求物质建设而不计较历史文物古迹的保存，哪日再想起它，却已是万劫不复，不可不慎啊！

　　船行至傍晚，突然眼前展现出一个极狭隘的关口，两岸尽是绝崖峭壁，感到似乎伸手可触及。过了这关口，眼前是一片开阔的大平原，江面的两岸也因太远了而看不清楚。船上的人们不禁为这突然而至的，豁然开朗的境界而欢呼。船再行不久就到了宜昌。

船过宜昌不久，天色就暗了。望着晚霞映红的江面，令人遐想千古风流人物今安在？入夜后，江面渔火如若繁星点点，煞是可爱。从宜昌至武汉的直线距离不远，但长江至此进入江汉平原，江水九折。经过一夜的船行，隔天上午才到武汉。

武汉

到达武汉以后，我们了解到一天才只有一班船开往芜湖，而且是一清早。因此，我们先在码头买了第二天的船票。再来，就是先到汉阳火车站将竹椅寄去北京。

当我们在汉阳寄东西的时候，我第一次了解到一般人都寄些什么。邮寄者无非是一些日常生活的琐碎东西。就在那段日子，有次我出差去上海，尚且有人让我帮忙托带洗衣粉给朋友。读者可想见那时大陆物质缺乏的程度。我们在北京几位早年从美国回国服务的朋友夫人生小孩，坐月子，也是托人到郊区去向农民直接购买鸡、蛋的。我刚到北京时，每户每月只有半斤的鸡蛋。单身的则没此待遇，因为是吃公家食堂。而我算是给照顾，每月有半斤蛋，还订有牛奶，当时只有婴儿及病人可以订牛奶。那时我才到北京，又是单身，不免有同事、朋友请吃饭，我看情形经常是带些蛋等去的。1978年，我尚且度过一个没有暖气的冬天，主要原因是住的平房，而我自己又烧不好煤渣的炉子，屋子里经常接近零摄氏度，我只得不时喝热水来取暖。当然，这些情况1980年以后就迅速改观了。但是经过那岁月的早期留学回去的我们，大家有一种纯真的友谊，而我和周围的一些同事、朋友亦有类似的挚情。说实话，当时除了年纪比较轻，尚有一种坚毅的精神和人生观基础，否则不堪想象。

我们在武汉溜了一下，街上人山人海，秩序也不好，虽近秋天，但武汉的气温却近30摄氏度。我们便乘公共汽车到武昌东湖一带逛逛。乘客上车都是你推我挤，毫无秩序。汽车在路上走也是不停地按喇叭，整个市区给人的印象是乱成一团。东湖的自然环境是不错，稍有整理，但明显可见附近的房子也是乱盖，没有规划，破坏了原本宁静的气氛。

我们在武汉可是饿了一天，只得买些饼干、点心充饥。武汉的饭馆非常少，而且人山人海，可以说是吃不上饭。服务人员的态度也是很恶劣的。反正大家拿工资，我行我素，照样过日子。这种大锅饭加无所谓的人生态度40年来在大陆如毒瘤般蔓延，吞噬着我们民族的生命，想来令人痛心。生活有保障，免受生老病死之痛，原是让人们可以无顾虑地劳动，生产社会财富，使大家过上更好的日子。但如走向反面，人人都以为生活有保障，而不努力工作，大家都只吃饭不干活，能维持多久有饭吃呢？

我们以为在武汉只过一晚，而且第二天清晨就得上船，所以就不去找旅舍过夜，权且在码头挨一晚，等第二天上了船就可以睡个大觉。我们约近9点来到码头，但见一片人潮，有蹲有躺着准备过夜，这些人过大半是农民。我们就和身旁的农民聊了起来。原来，这些农民一半从安徽南部来，准备去湖南投靠亲戚。安徽南部当年大旱，农民食不果腹，只能外逃。这些农民看起来年纪不小，满脸风霜，但一问之下不过30而已。其身边所带小孩，大约十来岁，我看也无所谓读不读书的样子。那晚，我们谈不上休息、打盹，倒是和农民聊了不少，感到中国的农民实在太苦了。他们大约只有生存，而无所谓生活的。

贵池

第二天上午上了船，便继续顺江南下，巧得很，船上有一旅客主动和我们打招呼。据他讲，他在贵阳黔灵山避雨时见过我们。他说我们好认，戴着有"桂林"两个字的草帽！于是我们便一路聊起来。这位旅客家住上海，但在昆明工作，过去是一家两地分居。现在"文革"结束了，组织上同意他转调回上海。这次是他最后一次由昆明返上海，想着日后再少有机会路过长江一带，便顺道玩一玩。他对这一带地形、风景很熟，沿途为我们指点不少"江山"，古代的"赤壁之战"就发生在这一带。记得当船经过一块突出江中的小高地时，他同我们讲，那就是当年赤壁之战时，诸葛亮指挥全军的所在。我看这带地形很是平坦，而且江面很宽，在不少地区长江且分成几个支流的。所以在此地要打陆地仗或水仗均有困难，军队很容易困在水中或沙中，而且援军要到来也不是直来直往，得绕不少弯才到得了，且不知当年如何布兵阵？

这位旅客还告诉我们要上黄山不必到芜湖，可就近在安徽的贵池下船。从那儿有车可上黄山，距离也近。

船行至傍晚就到九江。停船一小时，旅客可以下船逛逛。到了九江，我便想起王勃"滕王阁序"打听一下，果然滕王阁就在附近，可惜没有机会去参观。从九江可以望见著名的庐山，但当日阴天，所以见不到什么。

九江城镇中等大小。城市的气氛显得安静，人们也显得有涵养，我们在街上逛了几家商店，发现这些售货员的服务态度还不错。商店里东西品种有一些，但是不多。离开九江，船行不久，天色就黑了。我们在武汉一夜没睡，这晚一大早就呼呼入睡了。第二天一早，不到6时就到了贵池。

下了船，我们便赶往汽车站，不巧一天一班开往黄山的汽车已于6时发走了。没办法，只得等一天。于是，我们问了路，找到贵池政府机关所在。

事情正巧。在机关里遇见一位台胞（第二代），他热心地告诉我们说："你们不用在此过夜，今天有位离休老干部要上九华山，你们就同他一道上山好了。来此不游九华山是个莫大损失。九华山和峨眉、普陀、五台并称佛教四大圣地。"这位台胞负责外事接待工作，他和山上招待所熟悉，在我们出发的同时，他已给招待所打了电话，请帮忙安排食宿。我们虽然乘的机关的车子，但还是付了钱，一人5元。

车行约两小时，就到了九华山。

九华山

九华山的创始者相传为朝鲜的一个王子。这王子鄙视人间的权和钱，出家来到中国的南方。他将袈裟往天空一抛，袈裟覆地而落的地方就是九华山一带。于是王子便在此地落脚修佛。九华山一带的风光是不错的，因为是佛教圣地，所以古迹不少，可惜均破陋不堪。我们到达后，先安顿下来，便在附近山区参观游览。九华山的殿（大雄宝殿）上有清朝年间名人手书的"东南第一峰"等几个大字，殿宇内有几尊佛像，但显然"文革"中遭受破坏很严重。我们见到一些木匠正在安装几尊新造的佛像。我们想和庙主搭讪了解一些情况，但庙主显然很害怕，不敢多言，只是叹息着说："唉！当年红卫兵一来都完了。"我们走到邻近的旁厢和管事的老和尚请教有关九华的种种，这位老和尚见我们千里迢迢来此，便说："这些年，不需要这些东西了。咱们要的是阶级斗争，佛这东西没用了。九华也少有游客，难得你们年轻人还不远千里来此。"我们见他如此真心热诚，便捐了几块钱，说："'文革'结束了，你们这里是圣

249

地，以后肯定会有很多人来此进香的。"老和尚接着说："你们来此时，可见到上山的公路在扩大？九华地方不大，名气也比不上五台、峨眉，可是东南亚的华侨多属九华宗。政府有料如此，从去年开始便拨款修路。这里人手不够，近日也从芜湖一带调来了几个出家人来此。"我们又问关于他们的生计，他说"政府每月给每人15元，用以买米，日常生活用品，其他的食物和蔬菜等，我们都自己种。"

老和尚拿了钥匙打开平日不开放的文物收藏室，带我们进去参观并仔细解说。这些文物也相当珍贵，有宋元明清年代的，当然大都和佛事有关。其中有件法器是清朝时期那位班禅喇嘛赠送的，弥足珍贵。还有一件是缅甸什么王的贡品，据老和尚说是："国宝。"

山上的雾气很浓，时而阴雨，时而阳光普照。我们在山上转了一大圈，所见庙宇大约破陋不堪，其中有个肉身塔供奉的是百多年前一个和尚死后身躯不腐的全身。我对这东西不感兴趣，记得中学时期曾和我父亲骑车去汐止玩，也在那儿的慈航寺见过这种金身。小黄没见过这类东西，倒是看得津津有味。

山上的伙食是供应的素菜，但做得很不错。食堂的人因有山下机关的招呼，对我们颇为照顾。入夜后，我们住的旅舍（庙宇改装的）空无他人，山上没电，又漆黑又阴森，如果不是胆子大些，怕是吓坏了。

第二天清早我们便上九华的主峰，主峰不算高，但是相当陡，沿途见到庙宇不少，口渴了，我们就向庙里的和尚要些茶水解渴。这些和尚均很乐意给我们茶水而且待人热情，简直和尘世判若两个世界。九华号称有庙宇九十九座，可惜往日的风采，给"文革"一把风，洗劫得空空荡荡。老和尚们说能留下庙宇的外壳也算造化了。

我们登上主峰，但见云彩在脚下翻腾，四周尽是青山点点，仿佛是人间仙境，世外桃源。山顶上有座庙宇，尚有几个巨大的进香用的青铜器，造型优美，年代久远。当日不知是如何搬来此地的？或许正因在山顶上，所以才能保存至今。

我们于近午时分，赶回至旅舍住处。用完午膳，便搭车下山。九华之游给我们很深的印象。我们在山上时间虽然不长，但其难得的清幽，像是洗尽我们多时来的累意。

黄山

我们在九华山下附近的一个小镇（名字记不清了）过夜。这是一个很偏僻的小镇。整个小镇，除见有些人家编造手工的竹器外，便冷冷清清。倒是在一个电线杆上看到一个法院张贴的、字体歪歪斜斜的布告。布告内容是有关某某犯抢劫、强奸罪，判死刑等。

隔天，我们乘了近一天的车，到傍晚时才抵达山脚下。

黄山脚下有座大宾馆。从外观看，似乎质量不错。那些年，国内的旅游风气已渐兴起来，到黄山旅游的人也日渐多起来。黄山宾馆也能动脑筋，还在附近的山区里盖了不少独立家居，一座座用竹子和木头盖的小房子。这些房子是专给新婚夫妇来黄山旅游住的，我们便在这类房子中住了下来。山区白天有阳光尚不觉阴冷，但入夜后寒气袭人，住在这种简陋的房子里对身体是不好的。果然，我发觉那些被子都是阴湿的，好在就只一宿，也顾不了太多。

入夜前，我们在附近山沟里转了一圈，到处是竹林。这里的竹子和别处的不一样，特别粗犷，很有造型美。在传统国画中的竹子，很多都是被画得很粗犷，我想就是取材于这类竹子。这种竹子在台湾没有，我是来大陆以后，才见到的。

第二天一早，我们便开始上山。一开始，并没有觉得景色有何特别。但是爬了一阵子，登上一个隘口，往四周一望，豁然开朗。所见尽是石灰色彩的山峦，上面长着造型不俗，甚至是怪异的松树。以后一路，尽是这种景色。黄山的奇松异石是出了名的。黄山的松树，山石还有一种气派超凡的感染力。不到黄山，怕是很难了解到传统中国画中的山水、松石竟是从何而来。原来，古代的这些画家有的充满气势的山水画，不是凭空想象的，在祖国的大地上，在黄山就有这样的画境。

记得1965年，当我还在念高中时，有天自己跑去台北外双溪的故宫博物院看展览。我那时对国画不懂，但所见一些古代气势磅礴的山水画，却给我留下了难以磨灭的印象。

今天，身处古代那些山水画中所描述的境界时，我不期然有一种文化上的上通古今的超然感觉，或许这就是对民族文化、意识的一种再肯定与再认识的感情升华。我想，我得承认，去过黄山，走遍（正确地讲，应该是走了不少）

祖国大陆，这种亲眼所见的具体实感，对于从小在台湾出生、长大的我而言，冲击力是很大的。经过这些年的从感官认识到理性思维，我以为我对大陆乃至包括台湾在内的诸种事物的看法和很多台湾人乃至大陆人有着种种差别。我现在才比较了解为什么古人说"读万卷书，行万里路"的道理。读万卷书，再熟读也只能是别人与过去的经验与记录，只有行万里路才能感受到现时具体的世界，也只有这种感觉与认识才是自己能够拥有、掌握的。

整个黄山地区的面积不小，有起有伏，有时往上爬，相当艰辛，有时下行或走平路，所见尽是奇松怪石，不尽的一幅幅如画般的景色。而一些往上行的石阶，从远处看直如垂直上升，附在山上的云梯，状至可爱。沿途，我们遇到不少各地方来的游客，大家见此风光莫不喜悦异常，也不禁有着一种共同的骄傲，江山多娇。

我们登上了黄山的顶峰之一莲花峰。山上尽是奇松，这些松树就长在石头缝上，看不到有何土壤，但却苍劲有力。莲花峰地势颇高，不时云彩飞来，如入雾中，真是奇妙的感觉。在顶峰的高处，我们请旁人帮我们照了张相。照片中，小黄偎依在我身旁，我们肩上各挂着那顶在桂林买的草帽。我们的身边就是白云、松树，背景是山，相当写意。这张照片至今仍然会撩起我对往日的依恋与回味。我以为它相当表露了我年轻（相对地讲）时的一股走遍天涯、蔑视时尚（从美国来到中国大陆）与追求纯真爱情的执着。我现在年纪渐长，更深深感到年轻人这种执着的可贵，而天下人，特别是年长者更应该爱惜、保护与尊重年轻人的执着。这样，我们的社会、我们的民族才有生命力的泉源。

黄山中的绝妙风景有多处，举如迎客松、蓬莱三岛等处，可谓非笔墨所能形容。过了正午以后，我们到了黄山的另一头，称作北海、南海的地方。这一带地形多绝壁，而松树又长在绝壁上，有个称作"飞来石"的大石头就躺在一个小石柱上，似要倒下又安然处之，可谓奇景。

我们到了南海，已近傍晚。彩霞投射在松、石、山上显露出一种特有的色彩与造型美感。我们在此见到不少人在写生、绘画。其中不少人已多次来过黄山，并且一来到此，非画一个星期以上不下山。

我们在南海过了一夜。住的是通铺，吃的是面条，可谓"艰苦"。第二天一早起来，大伙聚在山头等着看日出。由于天阴没看成，但是黄山一奇的云海却也没见着，大伙儿不禁有些失望。

等天色大亮以后，我们便到始信峰。取名始信峰是因为到了这里，方才相信黄山乃天下第一峰的意思。果然这一带确是非常的美，特别是松树长得非常高大，有近十米高，覆盖的面积也大，和平日所见松树很不一样。游完始信峰，我们就取道后山下山，下山是很快，约行三小时就回到山下的宾馆了。

黄山自古便有很多名人来过，比如李白、徐霞客等。徐霞客不仅是个诗人，还是一个旅行家与地质学家。他写有著作，介绍过黄山，徐霞客对黄山的评语是"五岳归来不看山，黄山归来不看岳"。我素喜登山，在台湾也登过玉山，我想世界上能像黄山这样的风景，大约是没有的了。我更以为不到黄山便不能理解中国传统艺术、文学中的一种美的境界。

在黄山宾馆的澡堂，我们痛痛快快地洗了个大澡，但是代价却是当时的高价三元。价钱如此高，可能是因为缺水的关系。黄山那年缺水，一些风景区的瀑布也消失了。而昨晚过夜的地方，洗个澡是五元，我看大家都忍着不敢去洗。

吃完中饭，我们见有长途汽车往钦县、杭州的方向，便搭车下山了。

车行到傍晚，到达钦县。钦县是个小县城，整个小镇显得异常安静，恍若隔世。我们在县委的一个招待所住下，由于爬黄山是累人的，当晚早早就呼呼入睡了。

第二天一早再乘汽车往杭州，沿途经过一些小镇。随着逐渐离开山区，地势变得平坦，车外的景色也逐渐变化，是渐有江南的山水气氛了。沿途的公路虽小，但质量还可以，只是农民多在马路上晒谷子，因此行车速度快不起来，而且往往尘土飞扬。中午就在一个小镇停车，司机要休息，旅客也想吃饭。小镇上那些餐馆又脏，但众人均不在意地吃起来。我们比较保守，只在街上买了一些饼干、水果，当做午餐。下午3时许，终于到达杭州。

杭州

到达杭州后，我们住在西湖边上的一间旅社里。旅社的服务人员看了我们的介绍信，便将我们安排在一间带有套房的屋子。这间屋子有书桌、办公桌、电话，显然是给高级干部来此住的。我们但见屋内设备虽然讲究，但处处是灰沙，特别是浴室又黑又脏，只有冷水，热水出不来。房屋显然多日无人来住过，而且保养也是很差的。我们住了一晚，觉得不舒服，又贵（一天十元）。第二天，我们便向服务人员提出我们不那么讲究，可否搬到一般的房间。但这惹得服务人员很不高兴，直说："这可是你们自己要换的。"她可能觉得我们挑剔，给你们好的还啰唆。我们搬到普通的房间，被子、蚊帐都很干净，有热水可以洗澡，收费一天才三元。

我们在杭州还遇到一件至今难忘的事。自从离开北京以来已近三个星期，一路风尘仆仆，洗脸、洗澡、洗衣服的肥皂用完了。我们在旅社内的小卖部买不到，便去街上的杂货店买。杂货店有肥皂，但顾客得凭当时的居民证才买得上。我们无奈，但亦无办法，可见当时日用品的供应是很紧缺的。

我们在杭州逗留了两天，主要是游西湖。西湖之美，世人称道，我以为西湖之美在于它的水、柳树、小桥以及地名，前三者容易明白，后者更给西湖添上无限的韵味。当你听到"平湖秋月""柳浪闻莺""三潭印月"或"花港观鱼"的地名时，你不就期然有了一种美意、诗意的境界。我们去时正是早秋，荷花盛开，到处充满了一种温馨、优雅的气氛。

西湖的苏公堤是苏东坡当年在杭州任职时所建，它将西湖分为大、小两部分，苏公堤上还有几座造型优美的小桥。北京颐和园内的昆明湖南岸就是仿造苏堤的。那日，我们沿苏公堤绕西湖而行，正好遇上细雨霏霏，别有一番滋味。

杭州郊区的虎跑泉以其水质好，宜于品茶而出名。我们在那里逗留有一个时辰，细细品茶，享受宁静的周遭环境。70年代末游客尚不多，今日人多口杂，怕是再享受不到那种怡然心境了。

到杭州，六和塔，灵隐寺是必游之地。六和塔在钱塘江边，是宋代建筑，在中国传统塔的风格中具有典型的代表性。登上六和塔，可以远眺钱塘江及铁桥。灵隐寺的历史亦很久远，可能是东晋时期所建，整个寺院在山中幽谷之处，显得古朴庄严。当时游客绝少进香、膜拜，以及抽签卜卦的。1983年，我再去时，但见香火缭绕，一个个低头膜拜，抽签卜卦之声不绝于耳。我看，大家都不拜神，不是正常，而人人都拜也不是正常，反映着一种扭曲的社会心理因素。

杭州自古是文化城市，整个城市给人的感觉是相当文雅，充满文化的气息。店员的服务态度也是不错的，这点和许多别的地方不同。

上海

离开杭州，我们就到上海，我在上海有个姓金的朋友，他是上海人，前不久才从北京我们的工作单位调回上海。夫妻二人及两个小女孩，一家两地分居有十多年。"文革"结束了，落实知识分子政策，不少长期两地分居的家庭才得团圆。这位朋友的夫人原是医生，时过境迁，十年后，她已是上海市的副市长。我们在上海住了几天，姓金的朋友给我们帮了许多忙，从找旅店，到逛街、采购。我们到他家拜访，谈及一路经历，乐而忘形，甚至不知中秋节已过了。这位朋友心很重，隔天来旅店看望我们时还特意为我们带来月饼。此事已过多年，但我难以忘怀。

上海毕竟是个大城市，洋味也重，入夜后，街上尽是霓虹灯光。这在当时的大陆城市中是绝无仅有的。街上的饭馆也很多，里面自然是人山人海。我们到南京路上的商店逛了逛，货品、花色、种类还是不少的。我印象较深的是理发店的橱窗上写有"美化人生"几个字。这在"文革"才刚结束不久的年代是很显眼的。当时，我对上海街头熙来攘往的人群所流露出的一种朝气印象很深，这和当时北京浓厚的政治气氛，西单墙上的大字报以及成千上万上访人群的对比是很强烈的。

我们在上海逗留期间，还去苏州玩了一天。

关于苏州的种种，我在另文中有所叙述，不多详言。在苏州的公园里，我们见到不少个体商人在贩卖纪念品，向行人兜售，相当热情，和同样是卖纪念品的公家商店的售货员懒洋洋、爱理不理的样子有很大对比，这些小贩一眼看出均是郊区的农民。

同我三年半前首次来苏州相比，可谓景物虽同，人事已非。那时，我和几位朋友尚在美国念书，来中国旅行带有一种惊奇、探索的心境。今日再来苏州，我虽还是旅客，但心境已完全不一样，我已由旁观者变为中国大地的一个成员了。

结语

我们的旅行就要结束了。在回北京的列车上，我们和一位邻座的来自农村的干部聊了起来。这位干部向我们介绍了农村这几年落实的新的经济政策，包产到户以后迅速变化的情景。从他的目光中，我可以看到一股对于未来的自信心。是的，中国正向一个充满崎岖的，但也是新的道路前进。

当火车徐徐开进北京站时，望着人群，我深感我的双腿深植于自己的土地上，我的心和周遭的人一样溶在祖国的昨日、今日及明日。在中国即将步入新的年代的时候，在海峡两岸关系也即将进入新的历史阶段的时候，我自豪地，不失历史时机地走入我的一个崭新的人生旅途，去追求新的生活、新的空间、人生价值以及爱情和家庭。我至今以为这个抉择是千载难逢的。为了做此抉择，我必须放弃、抛弃过往的东西，这实在需要一股毅力与决心。这种抉择的勇气与潇洒的劲头只能在年轻人当中寻找。在我日后和年轻人的接触中，我总是以这个标准、尺度去衡量一个年轻人的素质、水平的。

人生本无平坦之路，我想将来当我步入我的人生终点时，回顾这一生，对这个抉择一定是无悔的，甚或是最自傲的一件事情。

写于1990年春

新疆纪行

许多中国人，包括在台湾的人都不真正了解中国的全貌，当然，每个人都只生活在一个局部的天地里。不能要求所有的人都对全中国的事物，件件了然。我自然不是指的这点。我要指出的是，平常大家所耳熟的对中国人的界说："炎黄子孙""龙的传人"乃至"黑眼睛、黑头发、黄皮肤"是应该再予重新的考虑。这事情其实牵涉到中国历史、文化的发展问题。在远古时代，华夏之邦仍是炎黄子孙，这是一致的。但以后经历了多次大的民族融合时期，诸如魏晋南北朝，以及唐亡后的十六国时代，特别是元、清两代，蒙古族、满人的入主中原，使得中国的人种起了很大的变化。近代中国政治疆土的雏形奠基于清朝。清朝前期，文治武功强盛，势力范围深入西陲，巩固了新疆一带与内地的经济、政治关系。从这里，可以了解到，今天说中国人乃是指的炎黄子孙，或龙的传人是非常不恰当的。事实上，今天的中国乃是一个具有56个民族的国家。这个概念，对台湾的人来说是比较新鲜的。就我在台湾受教育的经验讲，主要是由于台湾教育的不当所致。台湾的学校教育从总体上讲是灌输大汉族中心的思想。在台湾的教科书中，中国的少数民族只有五个，即满族、蒙古族、回族、藏族、苗族，这当然与实际的情况相差太远。而在大陆，平等的民族观教育是很重视的。大家对中国是个多民族统一的国家这样一种概念是比较清晰的。

提到新疆、西北，这些有别于中原内地的区域，往往给人一种神秘、浪漫的色调。1985年秋天，我有幸到新疆、西北游了一圈。此行令我大开眼界，印象弥深。

我们是先从北京乘飞机前往新疆的首府乌鲁木齐的。飞机从北京起飞不久，就进入了黄土高原。飞机沿着河套和西南方向拐入酒泉地区，然后再往西北方向飞入新疆。当飞机临近酒泉时，便望见皑皑白雪的祁连山。祁连山北面一片平坦之地，就是著名的河西走廊，从飞机上望下，一目了然，飞机进入新疆后不久，就见到了雄伟的天山。飞机沿着天山山麓再飞行不久，绕过主峰博格达峰就到了乌鲁木齐。古代西域之行，得历时数月数年，而今日从北京至此，不过三小时而已。

乌鲁木齐是新疆的首府。清朝，民国年间称为"迪化"，带有歧视的意味。1949年以后，改为当地人民的称法，乌鲁木齐是汉语的音译。

乌鲁木齐坐落在一个山谷里，虽然市区内、郊区种了不少白杨树，但仍然予人荒凉感觉，郊区外围的沙漠似乎就虎视眈眈地望着这座古城。整个西北，新疆缺少水源乃是最大问题。缺少水和干旱，荒凉，沙漠是息息相关的。据当地人讲，在新疆、西北，凡有水源之地，就是绿洲，就有生机了。因此，城市就是绿洲所在。我们登上城北的红山口眺望市区，发觉灰沙、黑烟的污染是相当严重的。灰沙的来源主要是大自然的风沙所致，当然这和市区内缺少植被，特别是草皮有很大的关系。裸露的黄土地表，遇有大风，自然是一片飞沙走石了。据当地人讲新疆地区在冬天，气温是非常低的。而且风也刮得厉害。至于黑烟的污染，一是当地居民生活用煤，另一是由离市区不远的一些炼油厂的排烟所致。

我们从机场乘汽车一入市区，便感到有"异国"的情调，映入眼帘的是不少类似清真寺风格的建筑。中国整个大西北地区的人民以信仰回教为主。此外，在市区中除不少汉人外，也明显见到许多维吾尔族、哈萨克族等的面孔。这些少数民族的外观，虽说类似"西方人"，但细看下，还是不很一样的。他们的皮肤，头发的色调要暗很多。

我们一到旅馆住下来，就更感受到了"西域"的色彩。旅馆的服务人员送来了西瓜、哈密瓜和葡萄，我们一路所见，尽是这种瓜果。这三种瓜果以哈密瓜最甜，所以要最后才吃它，否则就破坏了"倒吃甘蔗"层层入境的感觉。新疆的瓜果因为日照时间长，阳光又暴，地区又干，所以是异常地甜。我们去时正是八月金色的秋季，一路上可饱尝了这些瓜果。新疆盛产瓜果，可惜因为运输问题不能将之大量地往外运，只能在当地销售掉，这就降低了经济的效益。哈密瓜、葡萄有做成罐装的，但其味道与新鲜的是无法相比的。

乌鲁木齐市区内少数民族生活有关的种种都引起我的很大好奇感。他们不食猪肉，以羊肉为主，整个乌鲁木齐街头，尽是可见的羊肉烤串、羊肉面食等。少数民族的饮食习惯与汉人不大相同，我看他们尽是吃羊肉，不怎么吃蔬菜，这肯定是和缺少蔬菜有关。

在街头可以见到不少具有民族风味的土特产品。这些土货不论是何种制品，金属的（有铜、锡）、皮革的还是布类的，其上都有很细致的花纹，造型独特。少数民族喜爱戴帽子，维吾尔族、哈萨克族的小帽，色彩鲜艳，风采别致，惹人喜爱。

清真寺是回教徒进行膜拜的场所。有天傍晚，我们信步来到一座清真寺，这是一个极其普通的清真寺，谈不上什么建筑，只是一座平房而已。我们去的时候晚了，该寺业已关门。经我们自我介绍是从北京来的，寺院的管理人员很热心地打开大门，让我们进去参观。只见内部空旷，不似佛教、道教、天主教、基督教的庙宇寺院和教堂有各种的装饰和圣物，倒真有点寒酸的感觉。倒是清真寺院内部洁净异常，人们都得脱鞋、洗手后才能进入。寺院管理人员是维吾尔族，他很详细地向我们介绍寺院内的种种，并回答我们的问题，态度和蔼可亲，普通话也讲得不错。临离时，我们对他表示深切的谢意。

提到普通话，我们在新疆、西北所见，多数年轻人基本上都能说普通话。当地的人告诉我们，学校里进行的是双语教育，除学习本民族的语言、文字外，也学汉语、汉文。据他们讲，如果不会汉文，简直无法学习科技方面的知识。就民族间语言平等的问题，我想中国的情况要比别的很多国家好。即便是美国，布什总统不久前还将学校里的双语教育经费取消了。他的论点是大家都应该讲英语。作为一个统一的国家，自然需要一个共同的语言，但各民族的语言，乃至文化均应有其存在的权利和价值。大陆这么大，民族又复杂，40年来，普通话的普及虽未如台湾理想，但成绩也不错，这是维持统一局面的根本因素之一。

乌鲁木齐的博物馆展示出当年丝绸之路的历史及有关的各种文物。历史上的丝绸之路由西安开始，经西北、新疆、中亚、而到欧洲。在新疆境内，分天山南北两路，北路则经过乌鲁木齐。这些展览让人们了解到当时东西贸易的发达。昔日的景象，骆驼商队，繁华的城市似乎又再现在人们面前。随着丝绸之路的衰亡，有不少城市也跟着消失，楼兰废墟就是有名的一个。当然，有自然环境变化，特别是水源迁移的原因。

乌鲁木齐的南郊，有个称作南山的山区。山区高处，在海拔3000米左右的地方是一个冰河所在地。到了那样的高度，便没有树木生长，只有一些小草而已，所见巨大的冰河就躺卧在山坡、山谷间，状至雄伟。冰河的边缘处有个不小的洞，从里面不停地发出"轰轰"的巨响。冰河其实是不停地在化冰，溶解的水就由此洞流出，成为小溪流。

在前往山区途中，我们见到在山腰处有工程正在进行，似乎是在扩建供旅客休息的公园。汉人来此，仍然仿照内地的习惯，增建亭台楼阁。如此就显然破坏了这一带山区所独有的自然景观。

回程途中，我们在一处碧草如茵的草地上，见到几座蒙古包，里面住的是牧民。牧民所放的羊群就在附近活动吃草。随着季节的变迁，牧民，羊群和蒙古包也跟着迁移。牧民见我们都很善意地让我们进去参观他们的蒙古包。蒙古包内部陈设简单，地上、墙上都是地毡，中央是个烧水、做饭的炉子。我们所见的牧民是维吾尔族，他们的小孩长得很是可爱，但是却尚未上学，不能说汉语。临离前我们且和他们合了影。

乌鲁木齐郊区还有个出名的自然风景区——天池。所谓天池就是山区的湖泊。这一带山区都是松树林，松树又高又大，湖泊也是蔚蓝清澈。特别可爱的是山坡上尽是碧草如茵。

天池的面积不小，我们沿湖边走了一大段路途，但只及天池的一小部分。湖边的牧民见着行人就要出租坐骑。但是湖边的道路是很窄的，崎岖不平，马不能跑，即便一步步地走，骑在马上的人也是感到颠簸不平。

天池风光秀丽，特别是远处天山上的皑皑白雪映在湖面上，更显得风光如画。同行的新疆科学院的朋友没去过美国，问起美国的种种，我便告诉他，美国的西部山区就是如这儿一般。确实，天池风光同科罗拉多州一带是极其相近的。

新疆地区很大，有台湾的35倍。城市之间的距离也多以百公里为单位。新疆还分几个区，北有阿尔泰山，南有天山，北面的准噶尔盆地，南面的塔里木盆地也是有名的。这些盆地，地表上虽是沙漠，但据考察，地下可能蕴藏丰富的石油、天然气。新疆的地形，也是复杂的。因为时间的关系，我们只去了乌鲁木齐，及其附近的石河子和吐鲁番。但相信，新疆总的风貌应该和美国的大西部是相当的。

我们驱车从乌鲁木齐往石河子，沿途公路两岸虽种有白杨树，但沿途所见尽是赤地千里，偶然有几块绿洲，是一些小村落。我们行车费时大半天才到达。

石河子是一个绿洲，但是能有今日的规模，主要还是60年代以后，大量的内地汉人来此耕植，建设起来的。石河子不仅有农业，尚有不少的工业，如毛纺厂、食品加工厂等。

石河子的周围都是沙漠，为了防止流沙的吞食，整个城市的外围，市区都种满了树。市区的公园内到处鲜花盛开，给人的印象如同中亚地区的风光一般。城郊有条河流叫玛纳斯，筑有水库，我们在那里划了一下午的船。身处沙漠地带，见到水是有一种亲切的感觉。陪同我们的是当地的一位干部，汉人，50岁出头，一口标准北京话，原来是北京人，是60年代初期北大法律系的毕业生。当年全国青年响应建设西北号召，他就是那时来新疆的。我问他想回北京不？他说来此久了，工作、生活也可以，如回北京，条件也难说，就以住房讲，这里的条件是北京不能比的。所以也没有回京的念头。我在新疆见到的汉人，不少是陕西一带来的，大都是一、二代。除了汉族传统叶落归根的思想影响外，主要是移民来此后，经过几十年的风霜，包括自然条件的艰苦，以及很多相应的政策措施没能跟上去，所以往回流的情形也是不少，可能第二代的情况要好些。另外一点，就是交通不方便，通往内地的铁路，需时两三天，因此消息闭塞。所以报纸、电视新闻均晚个一两天。近年来中国已发射了同步通讯卫星，或可解决此问题。新疆地广，人稀，应该大力发展航空事业。另外和苏联、中东地区，乃至欧洲的贸易、商业往来若能开拓发展，新疆地区应该是不闭塞的，应该是大有前景的。

吐鲁番素有火洲之称，离乌鲁木齐约200公里左右，当年是丝绸之路上的重要城市。就今日游客而言，它仍然充满着一种神秘的西域风采。我们从乌鲁木齐到吐鲁番沿途所见千里赤地。公路两旁一望无涯的沙漠和远处的高山所组成的画面、色彩相当单调。加上气温干燥，暴热，司机如不打起精神是容易打瞌睡的。

正如其他的绿洲一样，吐鲁番市区内种了许多树。时间虽然已是8月下旬了，但在白天，仍然难挡沙漠吹来的热浪。吐鲁番盛产瓜果。我们一到旅舍，服务员便送上来西瓜、哈密瓜、葡萄，请客人随意拣吃。吐鲁番的葡萄出名，葡萄藤尤富趣味，一则可以阻挡阳光，二则藤上的一串串葡萄往下垂，充满西域情调。

吐鲁番是个古城，往日丝绸之路的重要必经之路，今日的吐鲁番仍然保留有不少当时遗迹，例如苏公塔就是当年一个皇帝活动的遗址。吐鲁番市内的博物馆展出的历代文物相当丰富，充分展现了当日丝绸之路，新疆地段的风貌。其中引人注目的是已近千年的干尸，以及大量的出土丝绸。这些东西能保留至今的主要原因是当地天气的干燥少雨。

吐鲁番的城郊有两个古城遗址。一个是交河遗址，另一个是高昌故城。交河遗址比较小，今日所见尽是断垣残壁，但是仍然明确可见当时的住居、仓库、广场、军营、哨所、衙门等。当日繁华的市井隐约可见。古城的废弃无非战争之所破坏，或是自然条件，特别是水源移动所致。高昌故城在历史上是高昌国的所在。唐代的高昌曾经盛极一时，是西域重要的国家之一。唐代玄奘往印度取经就曾经过这里，并和高昌的高僧辩论过佛法，俱往矣！今日高昌城只剩一片废墟，同交河故城一样，从废墟的断垣残壁仍然可见当时城市的各种布局。如果有时间，仔细地了解当日城市布局的种种安排，应该会是非常有趣的。

离开高昌不远的山区就是《西游记》中所描述的著名的火焰山。火焰山上自然没有火，只是由于干旱，赤色的山脉上寸草不生，在阳光的暴晒下显现赤红色，因而得名。

离开火焰山不远，有个山谷，其中布满许多供奉佛像的石窟。新疆这一带历史上曾是佛教的势力范围，以后由于回教势力的东来，佛教势力才没落下去的。这些佛窟的年代久远，不少是唐宋年代的。

吐鲁番的郊区有个盛产葡萄的山沟，俗称葡萄沟，游人至此，但见整个山谷为密密麻麻的葡萄藤架所覆盖，简直不见天日。葡萄种类有绿的、有紫的，葡萄串大，葡萄也大，引人垂涎。所产葡萄主要是供酿酒的。听说该地近年已和法国造酒公司合作，准备生产外销。这是很好的主意。

吐鲁番的汉人不多，主要是维吾尔人，像在葡萄沟，我们就没见到汉人，整个地区的行政主管都是当地的维吾尔人，汉人一般只担任副手。在吐鲁番的第一晚，我们的晚餐是当地有名的烤全羊。席间，吐鲁番的正副县长和书记均来作陪。我见果然正职的维吾尔人一脸憨厚状，几杯酒下肚，便有不知天下几许的态势，倒是副手的汉人，年纪不大，显得精干，谈吐流利。吐鲁番宾馆服务员都是维吾尔族，个个能歌善舞。有天夜晚，他们全副盛装，在葡萄架下演出歌舞，节目精彩，一派西域风情，予人深刻印象。

新疆地区的水源很大程度上来源于天山的雪水，为了引天山的雪水，避免炎热的暴晒蒸发，便在地表下挖渠，这就是坎儿井。吐鲁番的坎儿井系统相当大。走近坎儿井往下望，但见水渠有一米深，并且听到"咕咕"的流水声。这种古老的方法，似乎具有相当的科学性，千百年来，兴废盛衰，但此法不变。我们一路所见，深感在沙漠地区，水是最可宝贵的东西，有了水，就有了生命，就有了一切。

吐鲁番当地人的生活水平仍然低下，我们曾到一般民房去探望，但见屋内是土墙，几把椅子而已。可能是游牧住蒙古包的习惯余留，当地人喜欢将地毡铺在地上，就在其上生活起居。我们在民房中，没见到电视机，主要是收音机。

吐鲁番地区的干旱可从另一种情景看出。当地的墓地尽是土坯砌成的，没见得使用水泥、石头。如此砌成的墓地能保持多年，可见雨水是绝少的。

从吐鲁番回到乌鲁木齐，我们的新疆之行就要结束。临行前，大家都手提一袋新疆挂毡。新疆地区因为多沙漠，自然景观的色彩单调，所以其地毡的色彩是很鲜艳的，这是它的特色。

就在我们离开乌鲁木齐那天，正是回教的库尔班节——相当于汉人的春节。这天，家家户户都准备了各种精美食物（以羊肉为主），同时载歌载舞。我们曾到几户人家家里做客，主人盛情款待我们，那些羊肉做的食物，味道是非常好的。维吾尔族的小女孩长得非常可爱，见到有客人来便大方地跳起舞来。

就在我们临上火车时，但见火车站前的广场上，人山人海，不断地有人在唱歌跳舞，场面相当欢腾。也感谢接待单位的设想周全，还为我们带了不少西瓜，以为旅途之用。我们原先以为这些西瓜是累赘，但火车开行不久，就进入沙漠地带，暴热的气温还亏得这些西瓜来解暑呢！

写于1990年春

西北纪行

我们乘坐的火车驶离乌鲁木齐，就进入沙漠地带。炽热的天气令旅客昏昏欲睡。傍晚时刻，西落的太阳，照红了赤地千里的沙漠。很快，气温就降了下来。入夜不久，火车驶入山区（天山的余脉）。半夜里，火车穿过入疆的门户——星星峡，进入了甘肃省。天亮不久，我们就到了甘肃最西北的城镇——柳园。

远从兰州一路开车来接我们的科学院的接待朋友，已在车站等候我们。我们这才知道，如果没有自己的车子，那是不容易乘车横贯甘肃省的。如果乘长途汽车，一个城镇一个城镇接力赛地跑，则需费时多日。西北地区交通之不便，于此可见。

我们离开柳园后便前往敦煌。这段行程也费了大半天的功夫。公路相当平坦，车辆又少，所以车子可以开得非常快，时速可达70至100公里。以后，我们横贯甘肃省才了解到，西北地区的公路质量是全国首屈一指的。甘肃省的这些长途公路比起美国的州际公路，除了路小一些，以及不似有完整的封路系统外，就路面的质量言是可以相比的。据当地的朋友讲，这主要是出于西北地区战略需要的考虑。我是很惊讶在此发现有如此高质量的公路，因为依据过去在各地方跑的经验，中国大陆的公路大抵相当落后，绝大部分还是单线道，而且路面质量不高，一般时速只能开上四五十公里，何况公路两旁的农民还经常在路中驾驶拖拉机，赶马车，以及晒谷子的。

从柳园至敦煌沿途所见也尽是沙漠，戈壁滩。从历史上讲，这一带大约是汉人活动势力范围的西北边缘。唐诗中有名的"西出阳关无故人"的阳关也就是在这一带。等我们到了敦煌，对莫高窟有了了解就更加深这一印象了。

敦煌是个绿洲，周围尽是沙漠。城镇很小，主要的街道就只一条。市面上是又脏又乱，特别是苍蝇非常的多。居民以汉人为主，似乎没见到少数民族。

城镇的这个面貌和赫赫有名的莫高窟旅游胜地不十分相衬。好在三年以后，我再有机会来此，果然见到街道变整齐了，环境卫生也干净多了。

敦煌是昔日丝绸之路上的重要城市。由此再往西去，就是另外的国度了。商旅们到了敦煌，准备西去，望着无垠的沙漠，生死未卜，为着求福保平安，就在敦煌的今日莫高窟一带，请来艺人，开窟造佛像，绘佛法，以尽善事，求得保佑。就这样，从北魏开始，一代代地经营，历时1500年，直到宋代以后，由于海运的兴起，丝绸之路的式微，这才结束。后来，由于莫高窟的与世隔绝，遂为人们所逐渐忘怀，一直到20世纪初，才又为人们所发现。近代莫高窟的盛名远播和张大千于20年代来此临摹壁画几年，以后又做大量的宣传报道有关。今日研究莫高窟的壁画已成一门独立的学科，称作敦煌学。

莫高窟在敦煌郊区的山沟中，山沟中有条溪流。估计古代这地方水草肥美，是商旅们远途辛劳的良好中转站。山中所开凿的洞窟有上百个，有大有小，年代不一。而且就在一个壁上，历代就在其上涂画几层的。洞中的佛像、壁画风格随年代而不同。壁画的内容主要是佛经中的故事，有些类似连环画，非常生动有趣。莫高窟中有座数十米高的佛像，据历史记载是仿唐武则天的造型，显得雍容华贵。

一般旅客只是来参观游览，不是来做学术研究。参观时间很短，只有半天，一般只是走马看花，看几个具有代表性的洞窟。若要做细致的专业性参观，恐怕需时数月，经年吧！

洞窟中的佛像、壁画能够保持几百几千年和当地气候的干燥以及人烟罕至有关。旅游的客人一多，洞窟经常打开，阳光的照射，均会影响到这些无价之宝的保存。1988年，我有机会再去莫高窟参观时，已见到人手可以触摸到的地方，均架有玻璃框，以资保护。有人尚且建议，可以复制一些洞窟，供游人参观，以便保存那些真品。这不失为一个好方法。

日本人对莫高窟特别感兴趣，远道来此一游的不少。大抵这和唐代的文化有关，而日本的传统文化又是从唐文化中吸收过去的。这是一个饮水思源的文化感情吧！近年日本的文化部门单位还捐助不少资金以赞助莫高窟的保存工作。

敦煌尚有鸣沙山和月牙泉。这两处，我另文将有叙述，在此就不重复了。（见《月牙泉的劫难》一文）

敦煌的博物馆值得一提，展示了不少丝绸之路当年的文物、历代沿革、变化，予人深刻印象。

离开敦煌，行经安西，不久我们就见到了祁连山。虽是秋月，但祁连山上，已是皑皑白雪。沿途所见，亦是无尽的戈壁滩。

武威、张掖、酒泉是河西三大郡。其中武威、张掖比酒泉要小得多。武威、张掖近年出土文物不少，我们参观了那儿的博物馆，就其展出的古代文物，有远至汉代的，给人印象很深。河西这一带早在汉代就已经和内地有密切的往来关系。著名的张骞出使西域就是在西汉早期。张骞出使西城经过这些地方，也因此才有郡的设立。

今日武威、张掖二城显得杂而乱，城市建筑似乎没有规划。所住旅舍的条件也很差，主要是管理不善，又黑又脏。

有天傍晚，我们在张掖市区散步，无意中走入一条较小的街道。忽然我们见到一个有趣的对比。在街道的一侧有一栋新盖的门面堂皇的建筑，是张掖市城关区中共党委和区政府的办公楼，而就在街道的另一边，在一条小巷的入口处，歪歪斜斜地挂着"张掖市城关区法院"的招牌。这个场面具体而深刻地反映着今天大陆上的问题。

西北地区对外来的客人很是好客，这也不难理解，因为地处偏僻地方的人总是如此的。倒是有一件事情大出我们意料之外。

我们在新疆、甘肃，每到一处，当地的领导干部总不免表示要请我们吃饭。这些饭菜自然不似家常便饭，而是宴会性质的，价钱也就不低了。早先，我们不以为意，后来才发现，这些费用都要我们自己出，包括那些主人的份。我们在乌鲁木齐的头一晚是自治区一位副主席"请"我们吃的饭。在吐鲁番也有一次是当地的县长、书记"请"我们吃的饭。这种我请客，你出钱的怪事，只有等我们临离新疆结账时才发觉。虽然发觉得有些迟，已用去一笔钱，但"犹为未晚"。等我们到了甘肃以后便有此经验了。凡是当地领导请吃饭，一概谢免了。我事后琢磨，西北边疆经济落后，来客不少，哪有这么多钱去请人吃饭？可见这种我请客，你出钱的做法，还是吃的对方的"公费"。此种陋习实在要不得，但是世风如此，又何得办法呢？

酒泉地区历史上，就是一个文化水平甚高的地方。唐末，中原大乱，这一带相对稳定，没有战乱，所以不少中原人士来此避乱，无形中给此地区的发展起了很大的作用。有一个时期，此地的经济发展还胜过中原一带的。只是宋代以后，随着丝绸之路的衰落，酒泉才逐渐落后下去。这一地区，历史上也出过不少文人名士。比如大书法家张旭就是当地人。

酒泉市区中心有座方形城楼，四个城门口上写有"北接沙漠，西通伊吾，南望祁连，东连秦岭"，可见酒泉地理位置之重要。

市区有个酒泉公园，是当年霍去病征伐匈奴取得胜利时，汉武帝赏庆功酒，霍去病将酒倒入池中与将士共饮之处。从霍去病这种豪爽的气派，后人应可追溯当年文治武功盛极一时的风采。中华民族原不是后世那种衰落状也。公园内有几棵粗壮的柳树，俗称左公柳，是当年左宗棠垦殖西北时所种的。不仅在酒泉，在河西走廊一带，沿途我们就见到不少"左公柳"。从其名称，可见凡对于社会、历史有贡献之事业，人民自有公论。

酒泉一带盛产玉石，唐诗中有谓"葡萄美酒夜光杯"。旅客至此，读到如此富于浪漫的诗句，都不禁想采购一番。

酒泉附近的嘉峪关是长城的西端。嘉峪关近看令人不觉得有何特别突出之意。倒是从远处看，只见开阔的平原上，突然显露出造型优美的城楼，相当的引人入胜。现在的嘉峪关城楼是明代的建筑。明代是个保守的朝代，它以嘉峪关为西境的终止端点，画地为牢，不求有所作为。

长城的西端，地处干旱的黄土地区，它的建造形式也和别处的不同。河西走廊的长城基本上是用黄土堆成的。长城如条大蛇，经常是在大平原上跑，遇到山岭，就沿着山的棱线往上走。这带长城大约有两米多高，一米多宽。当年如何堆砌成这些"土墙"也是历史之谜。

酒泉、嘉峪关一带的市容，居民和武威、张掖不同，显得相当"洋气"。这和它的身处内陆的地理位置所在似乎不太相称。据了解，原来50年代不少上海的工厂西迁来此，现在的居民不少便是上海人。我在市内就见到不少美容院、DISCO舞厅，这些东西即便是在西安也是不多的。我以为这里的人是比陕西、西安一带的人"开化"。

离开酒泉往东南行，逐渐进入草原区。碧绿的草原，白雪皑皑的祁连山，一幅开阔的自然风光，令人壮怀激烈。见到此景，也令人忆起少时在台湾所唱的歌曲"青海青，黄河黄，还有那滔滔的金沙江，羊儿肥，马儿壮，祁连山下好牧场"。

河西走廊的南面是祁连山，北面是马鬃山和龙首山，东边是乌鞘岭。乌鞘岭隘口地势高且险峻。车行穿过隘口，高度急剧下降，不久黄河在望。过了黄河铁桥，兰州就到了。

兰州位于中国地理上的几何中心。市区东西沿黄河边，距离很长，行车时间约近一小时，南北跨黄河两岸，有铁桥、公路桥相连接，距离很近。1985年我去时，所见兰州空气污染严重，主要是由于工厂，特别是石化工厂排出的黑烟所致，同时市区的环境也很混乱。1988年我再去时，污染似乎有所改善，沿着黄河边的地段也整治得焕然一新。

兰州的北面是北塔山，南面也是山区。从山上往下俯瞰兰州，一清二楚。北塔山是回教的历史遗迹，颇值一游。

兰州附近有个刘家峡，是建在黄河上的水坝，主要功能是防洪与发电。黄河上游的水坝有几座，另外尚有三门峡水坝与龙羊坝。由于黄河淤泥的影响，像三门峡水坝的作用就不是很成功。刘家峡和龙羊峡水坝因居黄土高原之上游，可能效果好些。

我与西北似乎有缘。1985年西北之旅是从敦煌至兰州，行程数千里，三年后，我又有机会去西北。这次是从西安乘汽车至兰州，再从兰州到敦煌来回，总共行程也有数千里。这两次西北之行共计行程有近万里吧！

西北之行就要结束了。西北风土人情与内地很不一样，宗教的气氛较浓，主要是回教。也因此，饮食方面以羊肉为主，这是特点。西北的羊肉食物制作技术在行，全然不会有腥味。此外兰州的拉面亦令人回味无穷。拉面是面粉加上一种黄色的调料和出来的面，可以拉得很细而不断裂。这种拉面吃起来有一种特别的质感，异常好吃。

写于1990年春

北京西山琐记

60年代下半叶，我在台湾清华大学上学。记得清华大学的校歌，开始是这么唱的："西山苍苍，东海茫茫。"当时，我以为这西山、东海是对偶的缘故，有东海，但不一定确有西山，即便有个西山，也不一定能对比得上东海。1977年我到北京以后，才知道确有一个西山，离清华园不远，而且颇负盛名。

北京的地形是西北略高，有山有水，东南是平原，连接河北、天津。西北方面的山，就通称西山，水主要是玉泉河。因为有山有水，所以景色是不错的。自金、辽代开始，西山这一带便成为王公贵人营建园林的理想地区。到了清朝中叶，西山园林建设到达高峰。这个高峰的标志是号称万园之园的圆明园，它的建设集中了中国传统园林的艺术精华。以圆明园为中心的这一庞大园林系统可惜随着1860年第二次鸦片战争的焚掠，以及以后几次战争的破坏，逐渐式微下去。到今天，一些园林还存在，如颐和园、香山公园、八大处；一些虽然尚存，但已面目全非，如圆明园、清华园；而一些只变成了地理名词而已，如蔚秀园、畅春园。但是不论如何，西山这一带是很恋人的。我在科学院工作，就住在西山附近的地区，从住处的黄庄到西山山区，如果骑自行车也不过20来分钟。因此，旅居北京这些年，西山就成为我日常闲暇的活动去处。

西山地区目前以颐和园为最大的公园。颐和园的前身是圆明园的一部分，称作清漪园。清朝到了19世纪的下半叶，事实上是慈禧的王朝。颐和园也成为慈禧个人活动和这年代的政治中心。颐和园中的石舫便是当年慈禧挪用（用今天的话讲，便叫"批条子"）海军公帑为一己之享乐而修建的。荒唐的历史永远铭刻在这石舫上了。

今日，颐和园是北京的旅游重点，可谓四季游人如织。中国园林的一个特色是取其"静"界。游人一多，这个"静"界被破坏了，便觉趣味索然。一般游客都从东门或北宫门进出颐和园，园内的参观活动区域也只集中在昆明湖北岸的长廊和万寿山的佛香阁一带。

颐和园的南岸是宽广的水域，水域当中有条堤岸，是仿照杭州西湖的苏堤。堤岸两畔尽是柳树，沿堤绕湖而行，足以观看到万寿山的全景，佛香阁尤其凸显，造型优雅。这一带风光宜人，而游人绝少，出奇地宁静，令人赏心悦目。

我经常骑车至南门，入园后顺着河边的玉带桥而到堤岸一带，或散步或席地而坐，静观颐和园的湖光山色，或读书。这一带游人虽少，但垂钓者颇众。这些垂钓者不少是从市区来的，我想他们来此并非为图鱼，而是贪这儿的静。如果有工夫，人们可以从东门入园顺着长廊走到石舫，然后沿着西堤南下到昆明湖畔南面的长堤，再绕道湖边东岸返回东门。这样走下来，需时二三小时。但沿途所见颐和园的风光，随着所在位置的不同而周转变化，颇富趣味。

星期假日，我素喜带着小孩登上万寿山或绕湖而行。子怡五岁而已，但已能登山而不以为意。有回绕湖而行，一面走一面和我玩游戏，走了有三小时，而不叫累。

冬天的昆明湖结冰，一片雪白。人们可以在偌大的湖面上溜冰或散步，尽情地享受大自然的美景。

近年海峡两岸开通，台湾不少人来北京旅游。有回我的一位亲戚来北京，自然也到了颐和园。那天见到我便说："你真有眼光，住到这么美的地方附近。"我可以了解对在台北等大城市住久的饱受喧闹、尘土之苦的人来说，见到颐和园附近的居民，可以随时来园散步，那种羡慕的心理，对于老人来说这种反差怕是特别强烈。我回答这位亲戚说："是啊！皇帝住的地方肯定不会不好的呀！"

香山位于颐和园西边的西山，以秋天的红叶著称。香山原本是寺院所在，清朝乾隆年间曾在山区大面积种植枫树，并建园林。现在香山的卧佛寺、碧云寺便是这段历史的见证。1925年孙中山先生在北京去世后，曾移灵于碧云寺。现在碧云寺有孙中山的衣冠冢，并有有关的史料展览，很值一看。

人们到香山去玩，经常是沿着山路登上最高点，远眺北京西郊。香山的最高峰俗称鬼见愁，取其险峻难登，连鬼见了都发愁之意也。其实登上山顶并不十分难。前几年香山建有缆车，游客可不费何工夫直上鬼见愁，一览江山。

说起这缆车，我且有段趣事。

我大约每年均和实验室的年轻朋友于春、秋郊游之季，到西山一带游玩。有一年，我们到香山来，为了避开每逢星期天的如织人群，记得那次是选星期一去的。年轻的朋友对新鲜事物感兴趣，便提议乘缆车上鬼见愁。出发之前我便表示看着办，有缆车便乘，但也做好徒步登山的心理准备。为什么这样说呢？我告诉这些年轻朋友道："中国的事情可不一定那样顺当。咱们还是多做各种可能的假设，这是需要想象力的。看你有没有办法想尽各种可能出现的情况。"不幸而言中，等我们走到山脚下的缆车站时，只见入口处挂着一个牌子，上书"今日不营业"。这今日究竟为何日，倒是不解之谜。也不知此牌是今早挂的，还是昨日，前几天挂的？年轻的朋友在失望之余，也不得不道："还是吴老师懂得国情，且富于想象力。"其实之前，我已告诉他们，不是周日，游人少，可能缆车不开，因为不是讲求"经济效益"吗？我的预料，果然言中。

这些年，搞改革开放，大伙儿也讲求时髦，追求新玩意儿。大陆上因而出现的所谓"时髦"其实和台湾五六十年代的社会过程相近，有些还相当重复。80年代初期，在公园里，随处可见一些人，特别是年轻人，三三五五成群，衣着"新奇"，并且不分晴天、阴天，总是戴着墨镜。而其最大特点，或说是标记是手中拿着一个带录放的收音机，放着震耳欲聋的音响。当时，我便告诉同事朋友说，这种现象在50年代末60年代初期的台湾也是随处可见。过了不久，流行穿西装。这一流行也是不分场合地穿西装，而女士们自然随着男士们穿着漂亮的西裙、高跟鞋了。我说的不分场合是指何也？最突出的便是在香山所见。整山所见，尽是西装革履的男士和着盛装、高跟鞋的女士在爬鬼见愁！当时，我便是脚着"土布鞋"，远比我身边的年轻朋友的"洋"，"土"多了，简直不可同日而语。我便和年轻朋友说起往日台湾的所见和今日在大陆所见之雷同。我说："再几年，大家生活水平提高了，就会穿球鞋、布鞋来登山了，我今天的土布鞋，可是先行者！"果然过了几年，流行起NIKE的洋球鞋来了。一双洋球鞋耗去一般人近四分之一的月收入！我对此虽有点失望，但仍有信心终有一天会"返璞归真"流行穿土布鞋的，因为据我观察比较，土布鞋的优点还在洋球鞋之上。所以至今在单位里，我的土布鞋仍扮演着"先行者"的角色。

在香山和颐和园之间的田间小路旁，尚有不少古寺庙，可惜至今多为部队所占有，不得开放。前些年，听说部队准备撤走，但至今还是原样不动。这一带充满田园的风光，我尤喜在夏日的傍晚，骑着自行车，徜徉在这一带的林间小道上，别富情趣。

香山附近有个"樱桃沟"也是风景名胜。当年一二·九学生爱国运动便曾在此举行过集会。另外，香山附近一带曾是曹雪芹晚年生活过的地方。有人以为樱桃沟的一块大石头，便是红楼梦中所述石头记的出处。香山附近，前些年在一座古屋壁上发现过曹雪芹的题诗。这一发现直接提供曹雪芹晚年在这一带生活，乃至写红楼梦的可贵史料。该处现已辟为曹雪芹纪念馆。

香山这一带，清朝时期多为满人驻军所在，至今尚有这类色彩的地名不少，如镶红旗营、镶蓝旗营、正红旗营等。这倒是有趣的事。

香山的红叶固然出名，然而"西山赏雪"更富北国的情调。北方的冬天，虽然雪少，但每年总会下几场较大的雪。雪后的香山，树上地面一片雪白天地，这时节游人亦少，可谓万籁俱寂。是时，游香山，更能体验出"天人合一""天地合一"的韵味。记得 1978 年春节，北京下了一场大雪。那时，我和小黄刚认识不久，曾在雪中香山游了大半天，至今印象犹新。

西山的山脉是相连的。有回春游，我和几个年轻朋友用了二三小时的时间，从香山的鬼见愁向西南方向走至八大处。

八大处顾名思义有八处，每一处是一个佛寺院。八大处依山而筑，年代久远。清朝年间，曾经香火鼎盛，康熙、乾隆都曾来过此处，并在寺院内题了字，以后逐渐衰落下去。

到八大处游玩，可谓春夏秋冬皆宜。春天，沿山尽是盛开的花卉，绿叶吐芽。夏天，北京城难免酷热，而这儿清风送爽。秋天，八大处漫山红叶比香山有过之而无不及。冬天，八大处的雪景也是别具一格的。

离八大处不远的山区里，有座寺院称作法海寺。法海寺的历史悠久，寺内松柏又高又大，可为见证。法海寺的特点是殿内有幅明代的壁画，艺术价值很高。中国至今所存明代以前的壁画不多，法海寺为其一，其他处为山西的长乐宫，敦煌的莫高窟等。这些年，为了配合北京市的旅游观光事业，法海寺及其附近的村落环境颇有改进。1989 年，我和实验室的年轻朋友到法海寺去玩。大殿的解说员见我们像是大学生、老师，直夸了不起，还特别认真仔细向我们讲解其中的壁画，并且给我们参观了他们模拟壁画的整个作业程序。据了解，寺中有一伙年轻艺术家酷爱法海寺的壁画，长年远离北京的尘与土，"隐居"于此，专心作画。据他们讲，他们准备用几年时间将法海寺的壁画模拟下来，一则提升自己的艺术水平，二则研究这幅壁画的艺术内容，三则准备出版画集，以弘扬法海寺的壁画。这伙年轻人的心意、用心是很令人感动的。

据讲解员的解说，法海寺的来历是，明万历年间，一个颇有权势的，童姓的太监生日，当时一群阿谀奉承的达官贵人捐了款盖的，以为贺礼。寺中的壁画是由当时宫廷中一流画师所绘的，其中所画佛像直如市井之人物，栩栩如生。特别是有幅观音图，其中观音所披薄纱直如实物，而且透过薄纱所体现出来自肉体亦生动自然，惟妙惟肖，实在难得。

西山北面，沿着运河而行，尚有多处可去之处。我曾经几次沿着运河绕西山而行。这一带有个"大觉寺"也是颇富盛名的古迹。可惜年久失修，相当萧条。寺中予人深刻印象的是有几株银杉，俗称白皮松。这类银杉为珍奇的树种，至今世界上所剩无几，而且只在中国才有。大觉寺的银杉高有十多米，硕大茂盛，造型十分优美。一棵树能长这么高大，总得需几百年。

大觉寺再往北面不多远，就是鹫峰。鹫峰是西山的主峰之一，也是喜欢登山的人的好去处。我曾登过此山，山的面积不大，而且也不高，但是"娇小玲珑"。满山是石头，登上石头高处可以远眺西山一带风光，令人心旷神怡。

这一带的西山，有个地名叫"九王坟"。我和小黄是1978年首次去的。当时不解其意，问了老乡方知西山这一带，因为景色宜人（风水好）葬了不少清朝的皇亲国戚。九王坟乃是光绪的舅舅（排行第九）之墓。此墓在山腰间，登上墓地，但见西山苍苍，可以远眺北京。由于年久，墓地的享殿均已损坏，倒是当年所种松柏至今长得翠绿茂盛，类似现象在明陵一带也不少。我以为这是有生命力和无生命力的绝好写照。人们可以想象昔日的享殿一定无比豪华。而那时所种的松柏是渺小的。随着时光的推移，人世的变化，没有生命力的事物，固定不能变化发展的事物，总得被淘汰、被削减，而有生命力的，能变化发展的事物才能生存发展下去。这是一个宇宙定律。

写于1990年春

访台纪行

两岸关系解冻以来，海峡两边的清华人已有不少的往来。但是这些大都是个人的造访，鲜为集体，有计划、有目的性的。去年12月，台湾清华大学校长沈君山率领各学院院长以及台湾清华校友来北京清华园访问。其间两岸清华商议了两校间较具长远设想的交流规划与设想。这些规划与设想最后落实在双方签署的协议书上。应该说，从此双方的交流有了脉络与规矩可循。此诚为两岸清华之大事，理应（亦必然）得到大家，包括校友们的热烈反响与支持。

沈校长在京期间会见了我们几位70年代毕业于台湾清华，今在北京清华任教的校友。我们当中有几位离开台湾已有20多年，但仍未得"回家"。沈校长深情体恤这种感情，当即表示在来年的北京清华师生访台人选中，特邀我们几位一并"归宁"。在以后的几个月里，我们赴台手续办理过程中即得到沈校长、洪同老师（洪同老师为38级老清华人，与姚依林同学。我们在台湾清华就读时，洪老师任训导长）的多方关照、帮助。台湾校方董传义、巫素祺二位则不辞辛劳办理具体事务。这些都让我们铭记心头，亦愿借此表示由衷的谢意。

在台期间，除与大队人员一起活动外：这些包括参观校园，参观台北故宫博物院，游览台北近郊阳明山公园，拜访台湾大学以及参观科学园区的联华电子公司。我们几位还脱队进行了具有校友拜会性质的活动。以下择要叙述这些活动经过。

6月4日下午，我们访问了台湾"中研院"的化学、物理以及生化研究所。4时至4时40分李远哲教授百忙中拨冗会晤了我们。李教授为国际知名化学家，获1986年诺贝尔化学奖。自中美关系70年代突破以来，他曾多次访问大陆，在诸多研究所、大学院系讲过学。李教授长期关心支持大陆的科学事业发展，受到大陆学界的尊敬，此乃有目共睹之事。在会见的40分钟里，李教授主要谈及台湾目前由他牵头主持的教育改革设想。这些包括，改变读书为升学，升学为文凭，就业待遇以文凭为主线的逻辑思维方式。而强调教育乃是培养一个较具全面人格发展素质的过程，因此不单只是学校的教育，应重视终身的教育观。此外亦应培养树立人与客观世界包括人与自然环境，个人与社会相互协调合作的，而不是相互排斥、对立（乃至对抗）的关系。李教授的这些观点很具前瞻性，然而要改变台湾社会长期根深蒂固的一切以"文凭"为中心的教育现实亦非易事。李教授目前还动员一批社会力量，主要是学界人士，积极探讨教育改革的各种方案，以及如何落实的有关措施。一切牵涉到社会层面的改革，本身就是一场给社会注入新生活力的过程。我们期望李教授主导的这场教育改革能大大提升台湾总体的教育素质与水平。

6月5日下午，化学系为我及赵玉芬开了个茶会，场面热烈，感情流露动人。我与赵玉芬分别为70、71届系友，离校已满四分之一世纪。我曾于两年半前回过母校，赵则为首次"归宁"。在场除有系里老师、同学外，尚有当年我们的授业老师们——郑华生、徐圣煦等，可谓三代同堂。系主任沙晋康教授首先发表热情洋溢的欢迎讲话。赵与我则表示很高兴见到母系发展迅速，蒸蒸日上，相信一代胜过一代，将来必有大成就。台湾清华化学系目前在台湾化学界执学界牛耳，教授们教学水平高，且研究水平亦高，系里硬件设备，如建筑、仪器设备在台湾乃至世界上亦属数一数二之层次。

6月6日我们脱队参观了位于新竹工业园区的度量衡标准研究所。该研究所掌管台湾目前有关度量衡标准的认定与相关研究。校友葛凯莉（69级）目前任该所副主任，她特别给我们详细介绍了该所的有关业绩。令人印象特别深刻的是葛校友且精通中国历代度量衡有关建制，她还给我们看了实物（复制品）标准。我对此特别感兴趣，盖度量衡乃最基本之物理"量纲"。葛校友一席有关度量衡的历史沿革，无疑给人上了一堂我国古代科技史，内容生动而富启发性。我当即向她表示来日她若来京，当请其给物理系做个有关度量衡标准的学术报告。又该研究所目前已和北京的计量院有着紧密的合作关系，其间良好的伙伴关系令人称羡，然却极少见诸报道，因此鲜为人知，诚一憾事。

6月7日上午台海基会同仁会见了我们。话说起来，大家且是同龄人，有着校友（高中）关系。其间除礼貌性谈话外，亦不乏坦率直陈两岸目前对一些事情的不同看法，固然各有说词，但亦不乏共识。总的谈话场面显得具体、有内容，令人印象深刻。

　　台北清华校友每双月10日左右在校友会址"月涵堂"均有固定聚会。洪同老师现在月涵堂主持校友会务，6月7日晚亦邀我们与会。席间遇到十数位校友，不少届数与我们相近，当年都是曾在新竹母校"勤学苦读"的学友。今日大家均事业有成，不少且与大陆有着经贸往来关系。席间大家谈及大陆改革开放以来的发展情况，亦指出其所带来之负面现象与因素。不少校友因亲临其境，故对这些弊端的陈述鞭辟入里。然亦有校友（可能未能对大陆做粗表之认识）问及大陆是否行私有制，是否有个人存款，财富等问题。此实为台湾目前社会之一小缩影：一方面社会上的资讯相当开放，另一方面，总还有相当高比率的人对大陆了解还极为有限，乃至偏见者。两岸交流，相互了解应是长期的过程。

　　此次访台，总的行程紧凑，内容丰富。令人难忘的是见到了很多当年同窗的莘莘学子，令人高兴的是也认识了很多新的朋友。上面所述说的只能是割爱之余，回到北京后，隔着海峡，我们诚挚地祝愿在台老师、同学、朋友们万事如意，永保康健。也再次感谢沈校长、洪同老师以及为我们此行付出过努力、汗水的教授与同学们。

写于1996年6月

伊朗：一个被美国西方污名化了的地方

 伊朗地处中东，地域广阔，是中东的大国。在中东地区复杂的历史和战乱局势中，扮演着重要的角色。我对伊朗很感兴趣的原因，在于70年代（1971—1976年）我在美国留学时，结识了一些校园内的伊朗同学（还有约旦、巴勒斯坦、埃及等同学）。当时，美国正打着越战，骑虎难下，校园内，美国学生充斥着反战的氛围。这些来自中东，在美国的留学生也逐渐觉醒，认识到美国在中东（乃至世界其他各地）玩弄两手策略，扶植依附它的政权的面目。这些政权统治下的社会充斥着社会的不平，百姓生活困苦，对于敢于起来反抗的人士，当局则是残酷镇压。这些中东的留美学生大抵出自富裕的家庭，其家族往往也和当地的政权有着千丝万缕的依附关系。他们不少都拿着政府的优渥奖学金（比起台湾的留学生）。然而，很难得的是，他们不少人都能秉持知识分子的道德良心，同情贫困的百姓，毅然站出来反对他们的政府。当时校园内的"伊朗同学会"就等于是反对巴勒维国王政权的同义词。相对于台湾的留学生，伊朗同学显得"不怕死"，义无反顾，勇于公开站出来，反对国王政权（这对于他们也是有风险的，他们的奖学金会被取消、被列入黑名单）。反之，台湾留学生很多虽然对于蒋家国民党在台湾的统治很不满，乃至主张台独，但囿于各种因素，敢于站出来的，则是绝无仅有。这样，当台湾当局拘捕党外人士，我们去抗议时，伊朗等中东学生便来声援我们（反而台湾同学固然私下同情我们，但大都选择回避）。反之，当伊朗国王镇压国内的异议人士，伊朗同学游行抗议时，我们也去声援他们。这段留学的经历，让我深感，在全世界，不论大家语言、肤色、文化、历史背景不同，但受害者都有着感同身受的同恸之心，这应就是所谓的"国际主义"吧！以后，来自四方的留学生们毕业离校了，大家也就失去了联系。1979年，震惊世界的伊朗革命成功了，巴勒维国王政权，果如我们的伊朗同学所努力的那样，被推翻了，我那时已经来到北京。这些往事，近40年来，总在我心中萦绕。

2015年10月，我终于有机会来到伊朗一游。我的重点，乃在我所向往的古文化（文明）之旅。一路之行，虽然走马看花，但还是能感受到当地的不少风土人情。

伊朗的历史和文化悠久，大约可以两个历史文化阶段来区隔，一是可以追溯到远古波斯帝国（拜火教，相当于中国的春秋战国时期）的文化时期，以及大约7世纪（相当于唐朝）后，阿拉伯人入侵后伊斯兰文化的时期。古波斯帝国横跨中东地区，高度文明，固然后来受到来自马其顿亚历山大大帝毁灭性的破坏，但其历史遗存，至今仍然可观，乃至影响着今天的伊朗。著名的Persepolis和Pasargadae古迹，位列世界文化遗产。看到这些2500年前的宏大宫殿遗址，以及居鲁士帝（Cyrus the Great）墓地不免动人心魄，引人遐想。波斯帝国的文明高度发展，但其对待帝国辖下，多种其他文明地区，仍然保持着宽容和包容，因此，当时在广袤的中东地区，商旅往来频繁，促进着不同文明的发展。波斯帝国虽然远去了，但至今，仍为伊朗人所引以为豪。波斯文化的遗传至今仍为伊朗人所珍惜，也是他们的骄傲。印象较深的是，古波斯的拜火教文化，至今仍是人类文化历史上的奇葩，其影响则远至东土。我到过泉州，见到那里现在还保存着拜火教的遗迹。拜火教对于土地是很尊重的，他们对人死后，不土葬，而是如吐蕃（西藏）那样的天葬，原因是他们以为土葬会弄脏了土地。波斯人还珍惜水源，认为水之交汇点，就是宫殿的所在，因此宫殿就建在水的汇聚之处。现在，很多地方的西方庭院都有长方形的水池，即如美国华盛顿林肯纪念堂前的大长方形水池，就源于古波斯的建筑美学。

伊朗地区的中部，地处南北高山之间，来自南（红海）北（里海）的水气被阻隔了，因此，非常干燥，一派戈壁滩。水资源的短缺，以及燥热的气候，使得上百、上千年来，人们就长期使用坎儿井（地下水渠），以及一种利用物理效应、起降温作用的风塔。一些数百年前的建筑，因为使用了风塔，至今仍然宛如安了空调，非常凉爽。伊朗近年来，由于大量使用抽水机抽取地下水，又建水库，已使得一些河流断流，导致气温（气候）的恶化。而新建的房子，则摒弃传统的方法，改采所谓"现代"的技术，据伊朗导游讲，即便使用空调，仍然热不可挡。看来，所谓的"现代化"可能往往是个误区！

伊斯兰宗教的风俗和伊朗人的生活是一体的两面。我们在路上，看不到人们抽烟、喧闹，也没见到过酒（就有无酒精的啤酒），KTV等娱乐店铺也是没有的，电视上的娱乐节目也没有如港台大陆等处的那些，社会秩序基本井然，行人似乎不守红绿灯，汽车也相让。妇女穿戴黑色头巾（少数有彩色的）应是基本习俗。很少有戴面纱的，穿黑色大袍的则多。我在德黑兰大学附近，见到年轻的女学生，虽然打扮入时，但也都戴着头巾。伊朗多出美女、帅哥，他们身材高挑，浓眉大眼，长睫毛，高鼻（因为太高，一些年轻女士还得美容削鼻），皮肤白皙，特别是漂亮的小孩和年轻的女子，可谓满街都是。我想，伊朗应是世界上"颜值"最高的地方（之一）了。撇开受西方影响的审美标准，伊朗女子穿起黑袍、头戴黑巾，走起路来，风度飘逸，特别是数人走在一起时所展现的韵律，谁说不是街上的一道风情呢。到清真寺去膜拜是伊朗人日常生活的组成部分，人们到此，不论贫富，社会等级，都是一样。清真寺非常干净，有时人多，但秩序井然。很多清真寺都是历史古迹，美轮美奂，且富科学技术（如声学）。伊朗人对中国人非常友好、大方，我们经常遇到主动找我们一起照相的。我们（外国人）每到清真寺，便有志愿者（如大学生）和我们接触，带领我们去办公室（类似外事接待室），简单介绍该处情况，回答我们的提问，并享客以茶水、点心。看来，他们也很重视对外国人的工作。我们在伊朗一路，即便到了农村，大抵相当干净，便池都是单间的，即便是男性的，亦然，让我相当意外。一些街道上，则设有不少便于人们善款捐助的救济箱，以接济所需者，街上也没见到乞讨者。和我去过的地方做对比，伊朗可能比上有所不足，如土耳其，但比埃及、印度等地，则还是高出一筹。想来，美国、欧洲等西方对它的禁运，也是影响不小的。

回到我所关注的伊朗革命的话题。我们的伊朗女导游Hanieh说一口流利的英语，她出生在1986年，德黑兰大学的硕士，非常敬业，素质很高，她的本职是工业设计，做导游是兼职，对于伊朗的文化历史，非常熟悉，她还准备多赚些钱，去美国读博士。据她讲，巴勒维国王为了实现"现代化"，过度依附美国，给了西方大企业很多利益，导致社会贫富差距过度拉大，国王对于反对者，则大肆镇压，在伊朗这样一个宗教的社会，宗教势力肯定也对其不满，最后导致巴勒维王朝的覆灭。应该说，这个革命还是有民意基础的，符合人民的要求。革命的发动者是"左"派的革命者和市民（伊斯兰团体）阶层，革命以后"左"派也受到清洗。我的那些伊朗同学大多是"左"派的马克思主义者，崇拜中国共产党的革命，他们回到伊朗参加革命后的命运如何，我真不敢想象。这些学生或也没想到的一个课题是：在伊朗这样宗教深入生活文化的地方，如何能将他们从书本上读来的革命理论、理想和现实的社会实际相结合？

伊朗旅游回来，我不禁想着，伊朗是个被美国西方污名化了的地方！

写于2015年10月15日

瞿昙寺

　　中华大地是个多民族相处、共生、共发展之地。从远古的年代开始就是这样的。过去人们认为中华民族的发祥地在黄河流域。但是，这些年来的考古发掘，似乎表明中华的古文明固然定型在周朝，但它的起源，实则聚汇了几个更为早期文明的精华。即便是一些长期"侵扰"中原地区的游牧少数民族，在历史的进程中，也起到了和中原文明既相互融合，又互增添生机的作用。这个多民族融合的过程，贯穿了中国几千年的历史，直到今天还在持续不断。这当中，藏、汉民族的历史关系尤为久远。大家熟悉的唐文成公主进藏的史实，已经成为经典的历史记忆。青海湖畔的日月山是当年文成公主进藏的所经之地，现在每年吸引着众多的游客。而作为这方面历史遗存的见证，体现汉藏关系有名的文化景点也还不少，举如拉萨的大昭寺、青海的塔尔寺、云南迪庆（现名香格里拉）的松赞林寺，以及承德外八庙的普陀宗乘之庙等。然而具有同样历史文化意义，位于青海西宁郊区的瞿昙寺却少为人知。

　　位于青海西宁附近乐都地区的瞿昙寺是个很独特的藏传佛教寺院。该寺院俗称"小故宫"，与北京的故宫相仿，但却早于北京的故宫。由于该寺地处山区，交通不便，因此，知道的人少，去过的人就更少了。按瞿昙寺始建于洪武二十五年（1392年），至宣德二年（1427年）落成，总共修了35年。它的建筑年代早于故宫，历经600多年，至今保存完好。从建筑形式讲，瞿昙寺是北京故宫的翻版（准确地说，应是北京故宫是它的翻版，但故宫的太和殿曾经毁于大火，又复建过），且为木质结构，可谓建筑宏伟，让人叹为观止。几年前，大修故宫前，北京还派了专家来到瞿昙寺，仔细观摩，考察一番它的结构，以为参考。此外，尤令人感兴趣的是它的历史，实则反映了600年前中原王朝和青海地区少数民族间的亲密关系。

　　话说元朝末年，随着元朝的灭亡，青海边疆地区异常混乱。当时青海的三罗喇嘛眼看局势最终还是要定于朱元璋，他不忍生灵涂炭，便凭借其声望，招抚藏族部众归顺明朝，使得青海地区结束了动乱。有鉴于三罗喇嘛的功劳，朱元璋顺应了他的请求，建寺赐名，于是有了瞿昙寺。瞿昙为梵文译音，是佛教始祖释迦牟尼的姓氏和尊称。明太祖将该寺命为瞿昙寺，可见其重视的程度。以后，明朝历代皇帝，包括永乐、洪熙、宣德，都对该寺扶持有加，扩建寺院、颁敕谕、赐田地、施佛器。可见瞿昙寺不是一般的，而是和中原皇室关系紧密的寺院。因此，它虽为藏传佛教，但整个建筑却是汉传的风格。总之，瞿昙寺起到了明朝中央政权联系青海藏区，体现了政教合一的纽带作用。

瞿昙寺殿居中院正中，其上悬有朱元璋所赐的"瞿昙寺"匾。隆国殿则是瞿昙寺最大的主殿，建筑宏伟，类比北京故宫的太和殿。瞿昙寺的壁画也是一绝，描述释迦牟尼从降生到圆寂的生平经历，这些明代壁画，至今仍鲜丽夺目，是国内绝无仅有的藏传佛教绘画瑰宝。

虽然瞿昙寺在清朝中叶以后逐步衰落。但它是清朝在承德建外八庙的早期样板。清朝以少数民族兴，它更知如何统治多民族的广袤中华大地。外八庙就是清朝初期，为了联结、笼络蒙藏的王公统治者而修建的寺院。"派十万兵不如修一座庙"，是明、清两代的治国方略。我们从历史的政治角度看，便明白这些寺庙——不论大昭寺、塔尔寺、松赞林寺、普陀宗乘之庙还是瞿昙寺都体现了中原王朝对于边疆地区的统治意义，也对边疆的长治久安起着支撑的作用。

瞿昙寺虽是全国重点文物保护单位，因它地处西宁郊外的乐都地区，交通不便，访客也少。近年，有关部门正在扩修公路，以方便游客。相信这个在西北地区，不论从宗教的角度，历史的角度，还是艺术的角度言，均负盛名的寺院，一定能迎来众多的八方游客。

写于2016年3月

以色列约旦游遐思

中东地区是人类古文明的发祥地之一，是知性之旅的必然去处。固然亘古的文化和宗教的冲突遗留至今依然，当下的利害争夺以及外部势力的介入，使得百万难民流离失所，叹为人间悲剧。期盼中国所倡议的"一带一路"发展思维，能给当地结束恶性循环的战乱历史一些启示。

位于今日伊拉克的两河流域文明，以及古埃及的文明是公认的人类历史文明的先河。它们均早于发端于黄河（有说法，不能排除长江）的中华古文明。王朝的兴替本见诸历史的长河中，然而，两河流域文明与古埃及文明的最终消亡则让人们不免探寻它们为何不如中华文明，虽然几经兴废，然终能否极泰来，而延续至今！其中的一个重要原因，大抵是历史上中东位于亚洲通往非洲，通往欧洲的要道上，其间固然有着沙漠的阻隔，但是并没有高山的阻绝，这样，从北方、东方、西方而来的后起民族便能长驱直入，进而破坏乃至取代消灭了原先固有的文明。这和东方的中华大地确有所不同。在中华大地上，中华文明独领风骚，远胜于它的四方其他民族，而南方和东方的大海，还有西方的高原无疑起了没有长城，却宛如长城的保护作用。

复杂的历史，纠葛的宗教冲突

确实如此，古埃及以后不敌马其顿亚历山大帝国，以及罗马帝国的势力，以后就逐渐消亡了。且不言远古的两河文明，古波斯帝国盛极一时，位于今日伊朗的波斯波利斯（Persepolis）古城也早在公元前4世纪，就为亚历山大帝国所毁。中东这块地方，自古以来，就是来自各方的民族、势力，接续登场的地方。我来你走，各种文明、各种民族固然有互相影响的因素，也不乏残酷的战争，都在这块地方留下了足迹。

　　犹太人在罗马时期就被镇压了，从此流落世界各地。作为犹太文化宗教象征的圣殿也被毁。以后到了7世纪阿拉伯人的兴起，穆斯林的势力便在中东地区占据了统治地位，这也引发了罗马教皇要求基督教军队出征，以解放耶路撒冷圣城的十字军东征。对于穆斯林言，基督徒号召的这场战争是对他们宗教的攻击，是对他们帝国的征服。今天耶路撒冷著名的阿克萨清真寺和岩石圆顶清真寺，说是建在原先犹太人的圣殿遗址上，是穆斯林的文化宗教的象征。不论是圣经还是古兰经中关于宗教的说法，我们只能从社会经济发展的历史角度，还有结合考古的发掘，而不是单就神学来理解这些历史的进程。不论是犹太教、基督教还是穆斯林宗教中"先知"人物的共有，就很反映出中东各民族在同一块土地上，共有历史的事实。以后，奥斯曼帝国统治中东400年，直到第一次世界大战。以后的中东就成为英、法两国的势力范围。原先统一的中东地区，到了20世纪，就四分五裂为各种教派的国家（从这些国家的边界线不少是直线的，可以了解到）。

　　中东地区对文化，特别是宗教的执着大约是局外人难以理解的。就穆斯林言，1000多年后，对其过往神学的经典奉为社会各方面不二法门的指导。犹太人历经2000多年，在世界各地漂泊，但其文化宗教仍能保持存续下来。希特勒法西斯对犹太人的种族灭绝是对人类历史的罪行。20世纪初期开始，大量的犹太人在英国的支持下，从世界各地移居巴勒斯坦（地区）。1947年英国将犹太人建国问题移交给联合国。联合国决定将巴勒斯坦一分为二为以色列和巴勒斯坦两个国家。但是阿拉伯人对此反对。犹太、穆斯林，或还包括基督教，三方势力各自拥有广泛的社会基础，亘古的文化和宗教的冲突遗留至今依然，当下的利害争夺以及外部势力的介入，使得这个地区，至今没有宁日。百万难民流离失所，叹为人间悲剧。以色列毕竟是拥有现代西方资本和技术的国家。耶路撒冷（Jerusalem）西城以及特拉维夫（Tel Aviv）的建设处处显现着现代的社会风貌。众所周知，犹太人控制着纽约华尔街的金融，而特拉维夫则掌握着世界的钻石市场。以色列拥有相对于巴勒斯坦，乃至阿拉伯，穆斯林世界的优势，不言而喻。

引人遐思的知性之旅

今日以色列的旅游点多为和犹太、基督教有关的历史遗存（不必然就是考古确切的历史遗址）。让人印象深刻的是在不过0.9平方公里的耶路撒冷古城内，就拥挤居住着众多不同民族、不同宗教信仰的居民：有犹太区、穆斯林区、基督教区和亚美尼亚区。哭墙是建于2000年前耶路撒冷古城的一段城墙，位于圣殿的下方。犹太的圣殿虽然两度修建，两度被毁，但支撑的城墙保存了下来，犹太人以为神灵之光从未遗弃这里。今日仍然可见众多的犹太教信徒，从世界各地来到这里，进行感人肺腑的膜拜。耶稣被罗马人处死前，在耶路撒冷古城内所走过的路径，是旅游者的必然拜访体验之路。此耶稣受难之路的终点是耶稣之墓的所在——圣墓教堂。此寺院宏大，且富古意。平日，即可见众多的基督徒在此举行仪式。令人惊叹的是在特拉维夫的雅法（Jaffa）古城，竟然出土了公元前13世纪，古埃及拉美西斯二世（Ramesses Ⅱ）时期的遗物。遗物上的古埃及象形文字说明了久远的历史。

约旦引游人遐思的，古文明之旅的，非杰拉什（Jerash）和佩特拉（Petra）古城莫属。杰拉什古城建于亚历山大统治时期，以后，罗马人修建了至今保存可观的遗址：广场、列柱、竞技场、神庙等。其中的广场，开阔有余，直到今天，每年的音乐节还在此举行。以后，随着贸易路线的转移，此城逐渐衰落。到了5世纪中期，基督教迅速传播，教堂建设迅速，取代了一些罗马时期的建筑。到了7世纪，穆斯林势力终于征服此地。经历公元747年大地震的破坏，此城就逐渐衰败了下去。

佩特拉古城是阿拉伯的游牧民族纳巴泰人经过500多年所建设成的。在公元元年前后，佩特拉古城依仗着香料的贸易，进入全盛时期。优秀的水利专家构建了水池和水渠以供应这座近3万人的城市。这座古城的建筑多为从山壁中凿挖出来的，规模宏大，令人叹为观止。以后，4世纪和6世纪的地震毁掉了这座古城，而逐渐为人们所遗忘，直到19世纪初才又为人们所发现，并进行了考古探索。从地理位置来看，很显然，佩特拉位于古丝绸之路的西陲，联系着东方通往埃及和土耳其的交通要道上。

约旦另一处足以说明这个地区是古丝绸之路交汇点的是，在位于马代巴（Madaba）的一所建于拜占庭时期（4世纪至7世纪初）教堂遗址的马赛克地板上，所发现的现今最古老的巴勒斯坦地图，该地图提供了当时巴勒斯坦众多城市的历史信息。

结束苦难，路在何方？

诚然，中东地区自古为东西方交通的要道，它的千年历史和丝绸之路的兴衰，关系密切。厚重和沉重的历史负荷和恩怨，今天固然一时还很难化解，找到出路，但历史必然要走出此战乱的怪圈，才有未来。中国所倡议的"一带一路"发展的思维，似乎给当地一种启示：只有共存才能共荣。极端的排他性，只会导致战乱的恶性循环，永无宁日。就此，我们也庆幸看到，在中华大地的历史上，固然不乏有入侵者，也不乏有战乱，但最终多能找到一条"融合"的大道，新的融合不仅焕发了新的生命力，并且造就了新的发展和辉煌。我们看，佛教在中土的传播是如此，少数民族的入侵历史过程也多莫不如此。作为对比，在今天，人们应不难认识到，维护我们这个多民族、多宗教团结统一的局面，是国家得以长治久安的根本基础。

写于2017年2月4日

图书在版编目（CIP）数据

两岸一世情 / 吴国祯著编 . — 北京：中国文史出版
社, 2019.3

ISBN 978-7-5205-1118-6

Ⅰ . ①两… Ⅱ . ①吴… Ⅲ . ①社会科学—文集 Ⅳ .
① C53

中国版本图书馆 CIP 数据核字（2019）第 101318 号

责任编辑：张春霞

出版发行：中国文史出版社

社　　址：北京市海淀区西八里庄 69 号　邮编：100142

电　　话：010-81136606　81136602　81136603（发行部）

传　　真：010-81136655

印　　装：北京地大彩印有限公司

经　　销：全国新华书店

开　　本：710mm×1010mm　1/16

印　　张：18.75　字数：304 千字

版　　次：2019 年 8 月第 1 版

印　　次：2019 年 8 月第 1 次印刷

定　　价：59.80 元
